首都经济贸易大学出版资助

财税体制与
经济增长可持续性研究

晁云霞 著

首都经济贸易大学出版社
Capital University of Economics and Business Press
·北京·

图书在版编目（CIP）数据

财税体制与经济增长可持续性研究 / 晁云霞著. -- 北京：首都经济贸易大学出版社，2023.3

ISBN 978-7-5638-3484-6

Ⅰ.①财… Ⅱ.①晁… Ⅲ.①财税—财政体制—关系—中国经济—经济增长—研究 Ⅳ.①F812.2②F124.1

中国国家版本馆 CIP 数据核字（2023）第 035769 号

财税体制与经济增长可持续性研究
CAISHUI TIZHI YU JINGJI ZENGZHANG KECHIXUXING YANJIU
晁云霞　著

责任编辑	潘　飞
封面设计	风得信·阿东 FondesyDesign
出版发行	首都经济贸易大学出版社
地　　址	北京市朝阳区红庙（邮编 100026）
电　　话	（010）65976483　65065761　65071505（传真）
网　　址	http：//www.sjmcb.com
E- mail	publish@cueb.edu.cn
经　　销	全国新华书店
照　　排	北京砚祥志远激光照排技术有限公司
印　　刷	北京九州迅驰传媒文化有限公司
成品尺寸	170 毫米×240 毫米　1/16
字　　数	235 千字
印　　张	13.5
版　　次	2023 年 3 月第 1 版　2023 年 3 月第 1 次印刷
书　　号	ISBN 978-7-5638-3484-6
定　　价	48.00 元

图书印装若有质量问题，本社负责调换

版权所有　侵权必究

前言 FOREWORD

中国的经济增长可持续性一直是国内外经济学领域的研究热点之一。尤其是党的十九大以来，提高经济增长的可持续性，实现经济高质量发展是一项尤为紧迫的任务。财税体制以及由其决定的财政税收政策在我国经济增长和社会发展过程中一直扮演着重要的角色。近年来，在经济下行和疫情冲击背景下，我国推行了包括增加财政支出规模，优化财政支出结构，"减税降费"等措施在内的一系列较为积极的财政政策，学者们也围绕积极的财政政策如何持续有效发力进行了广泛的研究和探讨。然而应当认识到，财政政策的贯彻与执行有赖于已有的财税制度设计。科学有效的财税政策如果得不到已有财税体制的支撑与配合，其执行效果有可能大打折扣。已有研究也表明，我国现行的财税体制设计（体现为政府规模、财政分权、税制结构、财政收入结构等特征）或多或少存在一定问题，这对后疫情时代我国经济的恢复和再平衡造成了一定的不利影响。因此，有必要在新的经济形势下重新审视财税体制特征对经济可持续增长的影响。这样不但有助于加深对我国多年来财税体制运行状况及其经济影响的认识，而且便于根据经济形势及时调整财税体制的改革方向，以提高财税体制及财税政策的效率和效能，为我国经济高质量发展打好制度基础。

在上述背景下，笔者在系统梳理我国经济增长可持续性、财税体制的经济影响等相关理论和经验研究的基础上，围绕我国财税体制与经济增长可持续性的关系，从多个视角展开详细的理论探讨和实证研究。首先，笔者厘清了经济增长可持续性问题的相关概念，在经典全要素生产率（TFP）视角之外加入了经济增长稳定、经济增长动态、消费结构升级等新的研究视角，以更全面地描述和分析我国经济增长可持续性和经济增长质量的状况。其次，鉴于财税体制涉及财政与税收制度设计的各个方面，笔者试图从政府规模、财政分权、税制结构、财政收入结构等不同的财税体制特征入手，研究其对经济增长可持续性的影响，进而从财税体制改革的角度提出促进我国经济持续高质量增长的建议与措施。

本书的创新之处主要包括以下几个方面。

第一，构建了一个比较全面的关于财税体制和经济增长可持续性关系的研究框架。笔者从传统的经济增长理论出发，再到财税体制与经济增长可持续性的联系，在系统的宏观经济分析的基础上，构建了一个较为全面的财税体制之于经济增长可持续效应的研究框架。特别是将经济稳定及增长动态、需求端分析（居民消费升级）等纳入经济增长可持续性的研究框架，这样既丰富了经济增长可持续性的内涵，也契合了当前我国经济高质量发展的主旋律。从财政服务于实体经济的角度来看，经济的可持续增长离不开财税体制的配合与支持。因此，研究财税政策赖以实现的财政管理体制对经济增长可持续性的影响，对财税体制改革具有重要的现实意义。经济增长可持续性是一个长期性的问题，而财税体制改革的方向是解决经济发展中的瓶颈问题，以促进经济高质量增长的长期可持续。将二者结合起来分析，一方面可丰富人们对长期以来财税体制运行效果和作用机制的认识，另一方面可促使人们从经济增长长期可持续的角度思考我国当前的财税体制改革。

第二，在研究视角上有诸多新颖之处。其一，笔者基于我国内地/大陆与亚洲"四小龙"这五个经济体的 TFP 对比视角，在统一的研究框架下重新审视了这些著名的经济增长奇迹及其可持续性，尤其是考察了政府（或行政机构）规模特征在这些经济体高速增长期的作用；其二，引入地级市聚类与情势转换视角，将我国经济增长可持续性问题从全国层面延伸到了地区和区域经济可持续性层面，并且突出了经济稳定对于经济增长可持续性的重要作用，揭示了特定背景下的财政分权对不同经济增长模式影响的差异；其三，从 TFP 增长和居民消费结构升级两个层面研究税制结构对经济增长可持续性的影响，并检验居民收入分配在其中的作用，从而比较深入地揭示了现行税制的经济增长可持续效应；其四，从政府收入结构视角出发，选取典型地方政府财政收入结构及经济增长数据进行分析，丰富了对财政收入体制与区域经济增长互动关系的认识。

第三，在研究方法上，笔者通过运用状态空间模型、马尔科夫情势转换聚类分析面板模型等，针对具体问题对不可观测的潜在变量进行建模，拓宽了对我国经济增长和财税体制经济效应进行实证研究的思路，从而有针对性地克服传统线性模型对这类潜在变量刻画的不足，对我国主要宏观经济变量之动态特征的描述也更加翔实，同时降低了宏观经济及财税体制等变量的内生性。

本书汇集了笔者博士在读期间以及从事高校教师工作以来的部分研究成

果。本书的完成，离不开笔者的博士生导师——中国人民大学财政金融学院陈共教授和贾俊雪教授的指导和培养，在此向两位教授表示衷心的感谢！陈共教授已仙逝一年有余，每每想到恩师的教诲，感慨良多，唯有以恩师叮嘱为念，负重前行，上下求索。笔者毕业走上工作岗位后，贾俊雪教授仍对笔者的科研、教学和生活给予了诸多诚恳的指导和建议，令笔者在迷茫之时豁然开朗。同时，也要感谢笔者的研究生陈滔同学、安艳丽同学等出色的助研工作和辛苦付出。此外，还要感谢笔者的家人在本书写作过程中所给予的理解和支持：感谢女儿的可爱乖巧，感谢先生的善解人意。本书完稿之时，腹中二宝已经 7 个月了，感谢这个坚强的小天使陪伴笔者度过了许多个写作的日日夜夜。

由于笔者水平有限，书中难免有所疏漏，敬请学界各位前辈和同仁不吝赐教。

目 录

第 1 章 导 论 ... 1
1.1 研究主题 ... 1
1.2 概念界定 ... 4
1.3 研究内容 ... 14
1.4 研究方法 ... 16

第 2 章 文献综述 ... 19
2.1 对经济增长理论的简要回顾 ... 19
2.2 对 TFP 与经济增长可持续性关系的争论 ... 20
2.3 财税体制与经济增长可持续性 ... 27
2.4 文献评述 ... 42

第 3 章 政府（或行政机构）规模与经济增长可持续性：TFP 视角 ... 45
3.1 问题的提出 ... 45
3.2 实证方法 ... 47
3.3 数据与变量 ... 50
3.4 我国高速增长期的 TFP 增长表现 ... 58
3.5 政府（或行政机构）规模等因素对 TFP 增长的影响 ... 68
3.6 本章小结 ... 70

第 4 章 税制结构与经济增长可持续性：TFP 视角 ... 71
4.1 问题的提出 ... 71
4.2 实证方法 ... 73
4.3 数据与变量说明 ... 74
4.4 实证结果及分析 ... 81
4.5 税制结构影响 TFP 增长的作用机制分析 ... 90

4.6　本章小结 ·· 94

第 5 章　财政分权与经济增长可持续性：聚类与情势转换视角 ············ 95
　5.1　问题的提出 ·· 95
　5.2　地级市经济增长路径的聚类分析 ··· 98
　5.3　财政分权对地级市经济增长可持续性的影响 ···························· 115
　5.4　稳健性检验 ··· 125
　5.5　本章小结 ·· 135

第 6 章　税制结构与居民消费结构升级 ·· 137
　6.1　问题的提出 ·· 137
　6.2　税制结构影响居民消费结构的理论分析 ·································· 140
　6.3　我国居民消费结构与税制结构现状 ··· 145
　6.4　税制结构影响居民消费结构的实证检验 ·································· 151
　6.5　税制结构影响居民消费结构的作用机制分析 ··························· 158
　6.6　本章小结 ·· 161

第 7 章　地方政府收入结构与区域经济增长动态：以北京市为例 ········ 163
　7.1　问题的提出 ·· 163
　7.2　实证方法 ·· 165
　7.3　数据与变量说明 ·· 167
　7.4　实证结果分析 ··· 168
　7.5　本章小结 ·· 176

第 8 章　结论与建议 ··· 178
　8.1　主要研究结论 ··· 178
　8.2　财税体制改革建议 ·· 180

参考文献 ·· 185

第1章 导 论

1.1 研究主题

中国经济增长可持续性一直是国内外经济学领域的研究热点之一。改革开放以来，我国取得了奇迹般的经济发展成就，令世界瞩目。尽管我国在2008年全球金融危机中也受到了一定程度的冲击，但之后快速反弹，直到2011年人均国内生产总值（real GDP per capita）增长率仍保持在9.0%的高速水平。在全球经济动荡、需求疲软、不确定性增加的形势下，我国仍保持了平稳较快的经济增长，延续了中国经济的"增长奇迹"。但是自2011年下半年以来，我国经济增速明显放缓：实际GDP增长率从2011年的9.5%下降到2012年的7.9%，2016年下降为6.8%，2019年为6.1%[①]。受新冠肺炎疫情的严重冲击，2020年实际GDP增长率仅为2.2%；虽然2021年经济增长有所恢复，但是未来仍存在较大不确定性。作为全球第二大经济体，中国经济增长放缓或波动势必会对后疫情时代全球经济的复苏与再平衡产生较大影响。党的十九大报告明确提出，我国经济已由高速增长阶段转向高质量发展阶段，提高经济增长质量是突破发展瓶颈的紧迫任务。因此，如何保持中国经济平稳较快增长以更好地促进经济社会的可持续高质量发展备受国际社会关注，亦是新时代我国政府亟待解决的一个重大问题，也是决策者面临的极其严峻和紧迫的挑战。同时，决策者也在思考如何让我国经济实现"软着陆"，并谋划财政政策、货币政策和财税金融体制改革等各项措施，以避免发生经济动荡和危机，顺利实现经济再平衡，谋求可持续的经济增长和社会发展。

财税体制以及由其决定的财政税收政策在我国经济增长和社会发展过程中一直扮演着重要的角色。作为国家治理的重要支柱之一，财政的基本宏观职能

---

① 资料来源：国家统计局网站。

包括经济发展职能和经济稳定职能，前者旨在促进经济增长，后者旨在降低经济波动，这与经济可持续性增长的目标是一致的。以"放权让利"为主基调的财税体制改革被普遍认为是中国改革开放以来最重要的体制变革之一，它不仅深刻改变了我国各级政府间的财政关系，而且对政府与市场的关系进而对经济增长及波动产生了极为深远的影响，成为深刻认识和理解中国经济持续高速增长的一个重要视角。近年来，在经济下行和疫情冲击背景下，我国推行了包括增加财政支出、优化财政支出结构、"减税降费"等在内的一系列较为积极的财政政策，学者们围绕积极的财政政策如何持续有效发力也进行了大量的研究和探讨。然而应当认识到，财政政策的执行与贯彻有赖于已有的财税制度设计。科学有效的财税政策如果得不到已有财税体制的支撑与配合，其执行效果有可能大打折扣。已有研究也表明，我国现行的财税体制设计（体现为政府规模、财政分权、税制结构、财政收入结构等特征）或多或少存在一定问题，这对后疫情时代我国经济的恢复和再平衡存在一定的不利影响。因此，有必要在新的经济形势下，重新审视财税体制特征对经济增长可持续的影响，此举一方面有助于加深对我国多年来财税体制运行状况及其经济影响的认识，另一方面有利于根据经济形势及时调整财税体制改革方向，以提高财税体制及财税政策的效率和效能，为我国经济高质量发展打好制度基础。

在上述背景下，笔者在梳理我国经济增长可持续性、财税体制的经济影响等理论和经验研究的基础上，围绕我国财税体制与经济增长可持续性的关系展开了详细的理论探讨和实证研究。对于经济增长可持续性，笔者在本书中先厘清了相关概念，在经典全要素生产率（TFP）视角之外加入了经济增长模式、消费结构升级、经济增长动态等新的研究视角，以更全面地描述和分析我国经济增长可持续性和经济增长质量的状况。考虑到财税体制涉及财政与税收制度设计的各个方面，笔者试图从不同的财税体制特征（如政府规模、财政分权、税制结构、财政收入结构等）入手，研究其对经济增长可持续性的影响，并据此提出我国财税体制改革优化的建议与措施。

此项研究具有多方面的理论意义。首先，从经济增长可持续性的角度重新描述了改革开放以来全国经济增长与区域经济增长的状况。现有对我国经济增长可持续性的研究缺乏与经济增长模式相似的经济体的对比，并且对全国以下层面即地区经济增长动态路径的考察也十分有限。为此，笔者在本书中运用不同的研究方法和研究视角，从全国、省级行政区和地级市三个层面描述和分析了改革开放以来我国经济增长可持续性的状况。全国层面，笔者选取了1998年亚洲金融危机后曾引起广泛讨论的"东亚经济增长模式"的两类典型经济体（我国内地/大陆与亚洲"四小龙"）在经济高速增长期的经济增长动态路径和可持续性进行对比分析，并研究政府规模对经济增长可持续性的影响；省级层面，笔者对我国30个省级行政区1994年以来的TFP增长率进行测算，并研究税制结构对经济增长可持续性的影响；地级市层面，笔者在经济稳定视角下选取了经济总规模占全国90%以上、时间跨度长达37年的地级市经济增长样本，并研究财政分权对经济增长可持续性的影响，从而丰富了已有关于经济增长可持续性或经济增长质量的研究。

其次，增进了对我国财税体制之经济影响效应的认识。我国的经济发展既伴随着数次重要的财政政策转变，也伴随着多次深度的财税体制变革，如1994年的分税制改革、2016年起全面实施的"营改增"以及近年来围绕"减税降费"进行的一系列财税体制改革举措。这些财税体制转变的最终目标与经济增长的可持续性是一致的，即一方面保证经济快速增长，另一方面保证经济稳定。因此，财税体制变迁势必在经济的可持续性增长中发挥重要作用。笔者从不同的财税体制特征入手，分别研究这些特征及其变化对经济增长和经济增长可持续性的影响及其作用机制，无疑将丰富对我国财税体制的经济影响的认识。

此项研究还具有较强的实践指导意义。其一，关于我国经济增长可持续性的国际对比和讨论，可使人清楚地认识到我国在经济高速增长期经济增长可持续性方面存在的问题，从而提出有针对性的增长策略，更好地促进我国经济高质量发展。其二，关于我国地级市经济增长动态路径和财政分权影响效应的实证研究和讨论，不仅有助于人们了解在特定背景下造成地区经济增长差异的体制原因，而且可以为决策者优化我国财政分权体制以更好地促进经济稳定和高质量发展提供方向性参考。其三，关于税制结构对TFP增长的影响及作用机制的研究，以及税制结构对消费结构影响的研究，对于优化和改革现行税收制度具有重要参考价值。其四，关于以北京市为例的地方政府收入结构与地区经济增长动态关系的研究，对于改革地方政府财政收入体制（特别是税收收入与非税收入结构问题）具有重要的参考意义。

1.2 概念界定

1.2.1 经济增长可持续性

1.2.1.1 可持续性与经济增长可持续性

想厘清经济增长可持续性的概念，则先要追溯"可持续性"（sustainability）的概念。可持续性或可持续发展的概念是伴随着人类社会的发展而产生的。牛文元等（Niu et al, 1993）指出，可持续性是人类发展进程中较高层次的社会发展需求。可持续的概念实际上很早就产生了，但是一直没有引起人们的广泛关注，直到1987年联合国世界环境与发展委员会主席布伦特兰（Brundtland）在《我们共同的未来》的报告中对"可持续发展"的内涵进行了阐释，这一概念才在各个学科领域中受到普遍的重视。可持续发展概念的提出虽然源于对环境和自然资源的关注，但在后续的研究和理论发展中，它逐渐成为一个包罗万象的概念，并在社会学、生态学、经济学、人口学等领域被广泛运用。据研究统计，有关可持续发展的概念已多达上百种。

正如周光召（2000）所总结的那样，可持续发展理论的发展方向主要有三个，即经济学方向、社会学方向和生态学方向，每个发展方向对可持续发展的内涵与实质的阐释各不相同。经济学主要研究的是如何将劳动、资本等具有稀缺性的资源投入、分配到社会的各个部门以生产人们需要的商品和劳务，以及如何将这些产出进行社会再分配，这与最初建立在自然资源稀缺性基础上的可持续发展概念是一致的，因此经济学方向的可持续性研究立足基本经济学原理，以资源稀缺性为理论基础，以区域开发、生产力提高、经济结构优化、资源有效分配等作为基本内容。尽管经济学方向的可持续性概念更为具体，但想要简单地定义经济可持续性（economic sustainability）也并非易事。巴比尔（Barbier, 1987）曾指出，那种让人们容易接受的经济可持续性的概念，既要将经济、环境和社会特征包括进来，又要在分析问题时保证技术上足够精确，其实是十分困难的。想为实际问题分析和政策制定提供有效的分析工具，经济可持续性的概念必须强调特定的环境、社会和经济特征。其原因在于：首先，经济发展的衡量指标本身具有局限性，经济发展仅仅是社会总体发展的一部分，社会总体发展还包括政治、文化、制度等方面。其次，单靠经济发展的可持续并不能保证社会其他方面发展的可持续，而其他方面的不协调，如自然资源枯竭、生态环境破坏等，却会限制经济发展的可持续。

相比起源于自然资源约束的可持续发展概念，经济可持续性更关注如何克服市场化的资源的稀缺性，各种投入的边际产出的变化，以及消费者效用和社会福利。除此之外，经济可持续性也更加关注资源分配效率和代际公平（Barbier，1987）。在早期的经济学理论研究中，对经济可持续性的定义有两个思路。一是以社会福利为基础，将可持续定义为社会福利不变或不减少。索洛（Solow，1974）在研究中预先假设经济是可持续的（假设社会福利维持不变），在这个前提下寻找满足经济可持续的条件。其分析结果显示，这个条件是存在的，但是在其模型设置下对这种条件的要求十分严格，且这个可持续的路径并不是社会福利最大化的路径。施蒂格利茨（Stiglitz，1974）从稀缺性对经济增长重要性的角度研究了经济可持续性问题，在类似于索洛（Solow，1974）的模型中加入了内生性的技术进步，证明了如果技术进步是持续的，且进步速度足够弥补自然资源的稀缺性，那么经济会沿着社会福利不断增加的路径增长。二是以生产可能性集合变化为基础，将可持续定义为财富或总物质资本不减少。索洛（Solow，1993）提出的可持续发展就是实现人均财富在各种社会资源参数约束下的非负增长。牛文元和哈里斯（Niu and Harris，1996）进一步提出，可持续发展就是在各种约束下人均财富拥有量（通常以人均收入或人均GDP来衡量）不应因世代更替而下降。

相比之下，上述第一种思路与新古典经济增长理论能更自然地联系起来，且对于研究发展中国家经济可持续性更具有吸引力。处于追赶阶段的发展中国家的相关经济指标（如GDP、人均GDP、人均可支配收入等），其增长速度往往都远远大于0，研究其增长是否非负意义不大，而如何在有限的资源和社会环境下保持相对高速增长才是这些国家的决策者所关心的，即对于发展中国家，我们更应该研究其经济增长可持续性（economic growth sustainability）。纵观经济增长理论和可持续性理论的发展，可以发现二者实际上有着紧密的联系，施蒂格利茨（Stiglitz，1974）从基于社会效用的经济可持续性定义出发，提出技术进步是经济增长的关键因素，就是二者相结合的典型例子之一。实际上，经济学方向的可持续性所关注的焦点和重要切入点之一，就是技术进步对经济增长的贡献率在多大程度上抵消了投资的边际效应递减（周光召，2000）。对经济增长可持续性的讨论实质上是对经济长期增长路径的讨论。因此，任何关于经济长期增长路径的理论都可运用到经济增长可持续性的讨论中来。

1.2.1.2 经济增长可持续性与全要素生产率

然而遗憾的是，对于经济增长可持续性的定义和判断标准其实并没有准确的界定。许多关于经济增长可持续性的研究都建立在对经济增长源泉的分解上。索洛（1957）率先提出把经济增长分解成不同的源泉，而经济增长核算正是实现这一分解的途径。简单来说，经济增长核算就是把一个国家可以观察到的产出变化分别分解成要素（资本和劳动）投入的贡献和无法用要素投入解释的残差的贡献的一种方法，其基本框架来源于丁伯根（Tinbergen, 1942）和索洛（Solow, 1957）的研究。这个残差通常被称为全要素生产率（TFP）或索洛剩余（余值），用来表示除了要素积累以外的其他因素对经济增长的贡献，是对除了劳动生产率（labor productivity）之外的生产力的一种综合衡量。在后来的研究中，TFP 被赋予了更多的内涵，在不同的理论模型中也有不同的表现形式和具体指向，逐渐成为研究经济增长可持续性的经典视角。例如，在阿格因等（Aghion et al., 1998）、罗默（Romer, 1990）、帕雷特和普雷斯科特（Parente and Prescott, 1994）、普雷斯科特（Prescott, 1998）等的研究中，TFP 主要与内生性的技术进步及促进新技术应用的政策有关。然而，这并不能解释有些国家多年内的 TFP 增长率为负的现象，因为在一段时期内技术水平下降这一点很难让人信服（Fuentes and Morales, 2011）。于是学者试图从其他角度解释 TFP 的差异，如罗默（Romer, 1986）、卢卡斯（Lucas, 1988）强调了边际报酬变化或外部性，哈伯格（Harberger, 1998）关注经济中成本的降低或效率的提升对 TFP 的影响，孔萨穆特等（Kongsamut et al., 2001）则强调了分散经济中各部门的发展。有不少学者认为 TFP 是综合了技术进步、效率提升等的生产效率的体现，因此 TFP 作为一种综合生产率，也往往和劳动生产率等一起出现，作为生产力水平的衡量指标（于永达、吕冰洋，2010）。

尽管不同理论模型对 TFP 的内涵及其决定因素有着不同的解释，但对 TFP 基础的理解仍与索洛（1957）一致。值得强调的是，经济增长可持续性研究中对 TFP 的重视并不意味着要素积累不重要，而是说除了要素积累以外，有些"其他因素"在解释不同国家经济增长差异和收入差异中也发挥着至关重要的作用，伊斯特利和莱文（Easterly and Levine, 2002）的实证检验也验证了这些除了要素积累以外的"其他因素"解释了不同国家在人均 GDP 水平值和人均 GDP 增长速度上的大部分差异。正是由于 TFP 具有重要的实践意义，经济学家们才构建了各种经济模型来丰富和具体化 TFP 的内涵，且逐渐达成了共识，即：①单纯靠要素积累特别是物质资本积累来拉动的经济增长模式是不可持续的；②TFP 在一个经济体的经济增长可持续性中发挥着重要的作用，尽管对 TFP 究竟是什么、包含哪些因素等问题还有待讨论；③旨在促进 TFP 的政策或体制会提高经济增长的可持续性。

正因为如此，许多经验研究都力图测算各国 TFP 对经济增长的贡献率，并以此判断该国经济增长的可持续性。通常，若一国 TFP 对经济增长的贡献率较大，我们就称其经济增长是集约型的、可持续的，反之则是粗放型的、不可持续的（蔡昉，2013）。然而，关于 TFP 增长对经济增长的贡献达到什么程度才算高并没有定论。巴罗和马丁（Barro and Martin，1995）、伊斯特利和莱文（Easterly and Levine，2002）总结之前的经济增长核算文献研究发现，经济合作与发展组织（OECD）国家 TFP 增长对经济增长的贡献平均在 50% 左右，而 19 世纪 40—80 年代拉丁美洲国家 TFP 增长对经济增长的贡献平均在 30% 左右。如果对人均 GDP 增长进行研究或考虑由 TFP 增长引起的资本积累，则 TFP 对经济增长的贡献率可能会更高。由于在后来的研究中 TFP 度量方法的多样化，其对经济增长的贡献率也会因数据、方法的不同而不同（于永达、吕冰洋，2010；Wu，2011）。可见，根据 TFP 对经济增长的贡献率来判断经济增长的可持续性程度，需要建立在跨国或跨地区的对比上。尽管更准确地测度一国的 TFP 仍是十分有意义的，但很难根据单个国家或地区的 TFP 测算来判断其经济增长可持续性。

1.2.1.3　经济增长可持续性与经济稳定

鉴于 TFP 本身的局限性，有学者提出仅仅根据 TFP 来判断经济增长模式或经济增长可持续性是不合理的，还需要考虑经济增长的其他方面。我国过去几十年的经济增长伴随着剧烈的经济波动，国内各地经济增长的巨大差异也体现在经济波动性的差异上。如何平衡经济增长速度和经济增长稳定性是关于经济增长可持续性的重要问题，无疑也是决策者需要重点考虑的。笔者认为，在考虑 TFP 增长对经济增长的贡献率基础上进一步扩展经济增长可持续性的内涵是非常必要的：经济增长可持续性不仅要求 TFP 有较高的贡献率，而且要求经济增长具有足够的稳定性。

经济稳定与经济波动是相对的，经济稳定指经济的抗冲击能力，包括实体经济稳定和价格稳定。实体经济稳定指产出、投资、消费、就业和贸易等的稳定性，价格稳定包括商品或消费价格、利率和汇率的稳定性。笔者认为，经济稳定性是经济增长可持续性的重要基础。

首先，大量实证研究表明经济波动不利于经济长期增长。剧烈的经济波动通常意味着较慢的私人投资增长速度，从而导致较慢的长期经济增长。雷米等（Ramey et al.，1995）研究了92个国家（包括OECD国家）的经济波动与经济增长的关系，发现更高的波动性导致较低的经济增长速度，且因政府支出造成的经济波动在控制了时间效应和国家个体效应后，与经济增长存在很强的负向关系。富尔切里（Furceri，2010）研究了1970—2000年期间的跨国样本，采用不同角度的经济波动衡量指标（包括通货膨胀、汇率、政府支出、产出和投资等），他发现这些经济波动都不利于长期经济增长，其中实体经济投资波动对长期经济增长的危害最严重。贝鲁门特等（Berument et al.，2012）研究了土耳其这一小型开放经济体的经济波动和经济增长之间的关系，发现经济波动降低了其经济增长速度，且这一关系在多种模型设定下都是稳健的。类似的研究还包括因布斯（Imbs，2007）、黑格尔蒂（Hegerty，2012）等。刘雅君和田依民（2016）研究发现，我国的宏观经济波动对经济长期潜在增长率存在不利影响。赵彦云等（2017）利用我国省级面板数据研究发现，省份经济波动具有负向的空间溢出效应。方福前等（2017）研究表明，历史上中国经济波动对经济长期增长的影响是不断变化的，但近年来，中国经济短期波动对经济长期增长趋势呈现不利影响。

其次，经济波动会通过影响经济长期增长的方式来影响经济增长的可持续性。阿格因等（Aghion et al.，2009）研究发现实际汇率的波动对生产率有显著影响，且其影响程度和方向与一国的金融市场发展水平紧密相关：金融市场越不发达、信贷约束越强的国家，汇率波动越会放大信贷约束对投资的负面作用。贝鲁门特等（Berument et al.，2012）对经济波动的影响进行回归分析后发现，经济波动会降低TFP、投资和本国货币币值，而这些都是影响长期经济增长模式的重要因素。卡瓦尔坎蒂等（Cavalcanti et al.，2015）研究了贸易条件水平及其波动性对经济增长三大源泉（TFP、物质资本积累和人力资本积累）的影响，发现相比贸易条件的水平值，贸易条件的波动性对经济增长源泉的影响更大；贸易条件的波动主要通过降低物质资本的积累，从而降低了经济增长的速度。虽然上述有限的研究并不能确切地告诉我们经济波动与经济增长可持续性之间的关系，但是考虑到过大的经济波动所引致的交易成本、政策成本和不确定性，提高经济稳定性无疑会提高经济效率，促进技术进步，进而增强经济增长的可持续性。

最后，随着经济和金融开放度的提高，外部冲击通过经济波动来影响发展中国家经济增长路径的可能性增大。盛立（Sheng，2010）认为，发展中国家金融系统脆弱，放开资本账户后，由外部冲击所带来的经济波动会对其经济增长产生不利影响，经济波动与经济增长存在权衡关系；只有金融系统显著改善后，发展中国家才能实现高增长、低波动的金融开放。金姆等（Kim et al.，2016）研究发现，贸易开放度在短期会缓和经济波动、促进经济增长，但在长期却会加剧经济波动，而这种关系会因经济体的发展水平、金融系统、宏观经济政策、人力资本及体制环境的不同而不同。邓创和谢敬轩（2021）研究发现，资本账户开放可经由金融稳定这一中介渠道对我国 TFP 产生重要影响；我国经济步入新常态以来，金融体系抵御冲击能力的提高显著促进了 TFP 增长。由此可见，对于发展中国家的经济可持续性，既要关注其经济增长的速度，也要关注其在开放度逐步提高后经济增长面临外部冲击时的稳定性，而提高经济增长的稳定性是一个系统而长期的目标，需要各个领域和部门的协同发展和紧密配合。

总之，将经济增速与增长稳定性纳入一个统一的分析框架来考察经济增长可持续性，构成了 TFP 经典研究视角的一个有益补充，有助于丰富对可持续增长的认识和理解，拓展可持续增长的理论内涵（Pritchett，2000）。伯格等（Berg et al.，2012）和克里克斯（Kerekes，2012）受这一思想的影响，综合考虑了经济增速和增长稳定性，分别对 140 个国家和 84 个国家的经济增长可持续性进行了深入分析。同时，将经济稳定作为经济增长可持续性的重要方面，也拓宽了笔者研究财政体制对经济增长可持续性之影响效应的思路。

1.2.1.4　经济增长可持续性与经济高质量发展

党的十九大报告指出，我国经济已由高速增长阶段转向高质量发展阶段，正处在转变发展方式、优化经济结构、转换增长动力的攻关期；2019 年的政府工作报告再次对推动经济高质量发展提出了要求。这掀起了学术界和实务界对于如何促进经济高质量发展的热烈讨论。

不少学者对经济高质量发展的经济学内涵进行了探讨。一些学者认为，经济高质量发展的经济学内涵是多维的，实现方式也是多样的（金碚，2018；任保平、文丰安，2018；刘尚希、樊轶侠，2019；高培勇等，2020；杨耀武、张平，2021）。例如，任保平和文丰安（2018）指出，高质量发展是经济发展质量的高级状态和最优状态；在实践中，高质量发展是中国经济发展的升级版，是通过质量变革、效率变革、动力变革来实现生产效率提升；高质量发展是一种综合的、全面的发展，要求经济发展有效、充分、协调、创新、持续、分享和稳定。刘尚希和樊轶侠（2019）认为，高质量发展是经济发展质量不断优化的状态；中国特色的经济高质量发展，要推进供给侧结构性改革，提高TFP水平，加快产业转型升级，逐步形成实体经济、科技创新、现代金融、人力资源协同发展的现代化产业体系。大多数学者认为，经济高质量发展意味着经济增长方式的转变，特别是从以要素增长为主要驱动力的粗放型增长向以创新为核心驱动力的集约型增长的转变，其本质就是以TFP增长为核心的可持续增长（陈昌兵，2018；任保平、文丰安，2018；王雄飞等，2018；刘尚希、樊轶侠，2019；龚六堂、林东杰，2020；汤铎铎等，2020）。例如，陈昌兵（2018）认为，保证经济高质量发展的根本在于提高劳动生产率和TFP。王雄飞等（2018）指出，在经济高质量发展阶段，应放弃粗放型高速增长模式，转为依靠创新驱动、绿色发展、对外开放等方式，降低生产劳动要素投入，提高资源配置效率。刘志彪和凌永辉（2020）指出，提升TFP是实现经济高质量发展的核心源泉，中国追求高质量发展应更加注重供给侧结构性改革，通过加速结构转换来促进TFP提升。

笔者认为，可以从基本内涵和延伸内涵两个层面来理解经济高质量发展。从基本内涵来看，经济高质量发展就是指一个经济体在投入方面能够利用科技进步高效地配置资源要素、推动效率变革，实现资源要素从过去的粗放堆积转向集约利用，使得资源要素的利用效率明显提高；在产出方面，能通过供给侧结构性改革、科技进步和管理创新等方式推动质量变革、动力变革，使产出的品质明显提升，效益大大提高。从延伸内涵来看，理解经济高质量发展不应仅限于经济范畴之内，而应把它视为社会整体综合发展的一种最优状态。经济高质量发展是以数量增长为基础、以质量改善为重点、以国民福利增进为根本的协调和统一，其终极目标是满足人民日益增长的美好生活需要。因此，对于推动经济高质量发展就不能从单一的经济视角来理解，还应考虑社会、政治、文化、生态等社会发展因素。经济高质量发展应体现产业产品的创新性、城乡地区以及经济与其他领域的协调性、环境资源利用的可持续性、经济发展的对外开放性和发展成果的可共享性等。

尽管经济高质量发展的延伸内涵十分丰富，但必须指出的是，经济高质量发展的核心仍是经济的稳定、高效、可持续发展，其本质是以供给侧结构性改革为抓手、以科技创新为驱动的社会生产率的提升。实际上，经济增长有两种变动形式：一种是在技术条件不变的情况下，因资源要素投入的增加而引起经济产出规模的扩张所带来的增长，这是经济学上所称的粗放型经济增长；另一种是在技术、管理创新的基础上，因资源要素配置效率提高，产出的数量增加，品质也得到明显提升，这是通常所指的集约型经济增长。在这种情况下，尽管投入的资源要素不增加或者少有增加，但经济仍然取得了增长。显然，同第一种增长相比，第二种增长是一种更高质量的经济增长。在经济新常态背景下，经济高质量发展意味着中国要在上述第二种经济增长方式上取得实质性的进展和突破。第二种经济增长方式与笔者在本书中探讨的经济增长可持续性具有本质上的一致性，即追求以技术进步、资源配置效率提高、产出质量提升等为目标的高质量经济增长。

2020年初以来，面对突发的新冠肺炎疫情的冲击，人们更加认识到以科技创新和技术进步为核心推动力的经济高质量发展在后疫情时代经济恢复中的重要作用和强大潜力。2021年公布的"十四五"规划提出了我国"十四五"期间"全员劳动生产率增长高于国内生产总值增长"的目标，这不仅表明决策者坚持走经济高质量发展之路的决心，而且预示着我国宏观经济调控目标已经发生了重大转变——从以往以经济总量增长速度为核心的政策目标体系逐渐向以经济高质量发展为核心的政策目标体系转变。笔者研究的经济增长可持续性与经济高质量发展具有本质上的一致性，这一研究不仅可加深我们对于经济增长可持续性的认识，而且丰富了经济高质量发展的相关理论；同时，包括财税体制在内的经济管理体制改革不仅对经济高质量发展具有不可替代的重要作用，而且必然会对经济增长可持续性产生实质性的影响。

1.2.2 财税体制及其特征

财税体制涉及财政与税收制度设计的各个方面，其内涵十分丰富，大多数学者基于研究目的和研究侧重点来阐明财税体制的具体内涵，而笔者的研究目的主要是考察不同的财税体制特征对经济增长可持续性的影响，并据此提出我国财税体制改革优化的建议与措施。因此，下面主要阐明本书各章所研究的具体财税体制特征的内涵。具体而言，本书中所涉及的财税体制特征包括以下几个方面。

1.2.2.1 政府（或行政机构）规模

政府（或行政机构）规模指的是一国或地区为履行政府（或行政机构）职能与权力而配置的与之相对应的政府机构（或行政机构）与人员规模，通常体现为财政支出或收入规模（马拴友，2000；靳涛、李帅，2015）。政府（或行政机构）规模有绝对规模和相对规模之分。绝对规模指政府（或行政机构）经济活动的规模大小，相对规模指政府（或行政机构）经济活动在整体经济活动中的占比。相对规模更为常用，通常用财政支出（或收入）占GDP的比重来衡量。政府（或行政机构）规模综合反映了财税体制及由其所决定的政府（或行政机构）活动或财政政策，因此政府（或行政机构）规模在很大程度上可以反映财税体制的整体运行状况。需要指出的是，由于政府（或行政机构）规模不仅能够反映政府（或行政机构）经济活动的大小，而且能够反映政府（或行政机构）对经济活动的干预程度，甚至可以反映财政政策的力度和方向，因此政府（或行政机构）规模在很多研究中并不是单纯的财税体制变量（Galí，1994；Karras and Song，1996；Fatás and Mihov，2001；周波，2014；Eller et al.，2016）。

1.2.2.2 财政分权

财政分权一定程度上反映了与财政活动相关的权力在各级政府间的分配状况，它也是集中体现财税制度安排的重要特征指标。通常来说，财政分权程度越高，地方政府在财政收支等活动中的自主程度就越高（Borge et al.，2014）。财政分权又可分为财政支出分权和财政收入分权，分别反映财政支出权力和财政收入权力在不同级次政府间的划分状况。我国财政分权体制建立在以"分权、分税、分机构"为核心内容的1994年分税制改革之上，呈现出财政收入集权程度高、财政支出分权程度低的特点。大量研究表明，这一体制特征对财政政策执行、地方政府行为等具有至关重要的影响，从而作用于经济增长、经济波动以及经济增长可持续性（张晏、龚六堂，2005；郭庆旺、贾俊雪，2006；周业安、章泉，2008；贾俊雪、郭庆旺，2008；贾俊雪，2015；Jia et al.，2020）。深入揭示财政分权对中国经济增长动态以及可持续性的影响及其背后蕴含的深刻理论内涵，对于中国特色社会主义经济理论、政府间财政关系理论和财税体制的发展与完善具有十分重要的意义。

1.2.2.3 税制结构

税制结构是税收体制状况的集中体现，一直以来都是国内外学者关注的焦点话题。税制结构主要指一国税收体系中各税种的组合方式和相对地位状况，是一国税制设计中根据本国实际经济情况对各税种及其组合的布置，从而形成鲜明的主体税种和辅助税种，使各税种之间形成相互配合、相互联结、有机组成的税收分布格局及相互关系（闻媛，2009；Barrios et al.，2012；Zhang et al.，2018）。税制结构的度量应该突出各税种的相对地位及其变化（马国强，2015）。由于税制设计的差异，不同税种的经济效应并不相同，各税种相对地位及其变化在经济运行过程中所带来的影响也存在差异（Dong et al.，2016；吕冰洋，2017）。在财政分权体制下，各地方政府间经常性的策略互动与动态税收博弈也进一步深化了税制结构变化在经济运行过程中的影响。

目前，国内外学者大多以直接税与间接税的相对关系来衡量税制结构状况，主要包括：①占比法，即直接税和间接税在税收收入或者 GDP 中的占比情况（刘佐，2009；闻媛，2009）；②比值法，即直接税收入与间接税收入的比值（赵志耘、杨朝峰，2010；常世旺、韩仁月，2015）。在现实研究当中，前者比较常用。相对而言，占比法更具有灵活性，可以按照研究的重点方向选取不同税种或者税类在总收入中的占比来研究对经济的影响；比值法则更能从整体的角度反映税制结构的内涵。但是也有学者提出质疑，认为由于直接税和间接税划分标准不统一、缺乏经济意义支撑等因素，以直接税与间接税的关系难以准确表示一国或地区税制结构的现状（马国强，2015）。李颖（2016）分别用大、中、小三个口径衡量了间接税并比较了 61 个国家和地区的税制结构，发现我国中小口径的间接税比重基本在合理范围内，而大口径的间接税比重显著高于其他国家。因此，适当调整直接税和间接税比重以促进整体税制更加合理，是完善我国财税体制的重要措施之一（安体富，2015）。

1.2.2.4 政府收入结构

政府收入结构侧重反映的是一国政府在组织财政收入中的体制特征。在相关研究中，评价政府收入结构合理性最常用和最主要的指标就是财政收入的形式结构，即税收收入与非税收入之间的相互协调关系（赵健，2008）。其中，政府非税收入（以下简称"非税收入"）是除税收以外政府取得的各项收入，也是我国各级政府进行宏微观经济调控的途径之一（王乔、汪柱旺，2009）。在我国，非税收入在中央财政收入中的比重较为正常，但在地方政府收入中占比较高（李谭君、何荣宣，2016）。自1994年分税制改革以来，由于地方政府缺乏一般预算的自主权且支出责任较多，为应对严峻的支出压力，地方政府倾向于利用在征收管理和支出安排上拥有较大权限的非税收入来扩充地方财力（王志刚、龚六堂，2009；童锦治等，2013；王佳杰等，2014；刘明慧、党立斌，2014；赵海益，2015）。因此，非税收入逐渐成为地方政府财政收入增长的重要来源。非税收入的快速增长，使其在地方政府收入中的比重逐年上升，这对区域经济增长及其可持续性也将产生更加重要的影响。

1.3 研究内容

本书的组织结构和逻辑关系如图1-1所示（图中不含第2章文献综述）。除第1章"导论"和第8章"结论与建议"外，本书的主要内容如下。

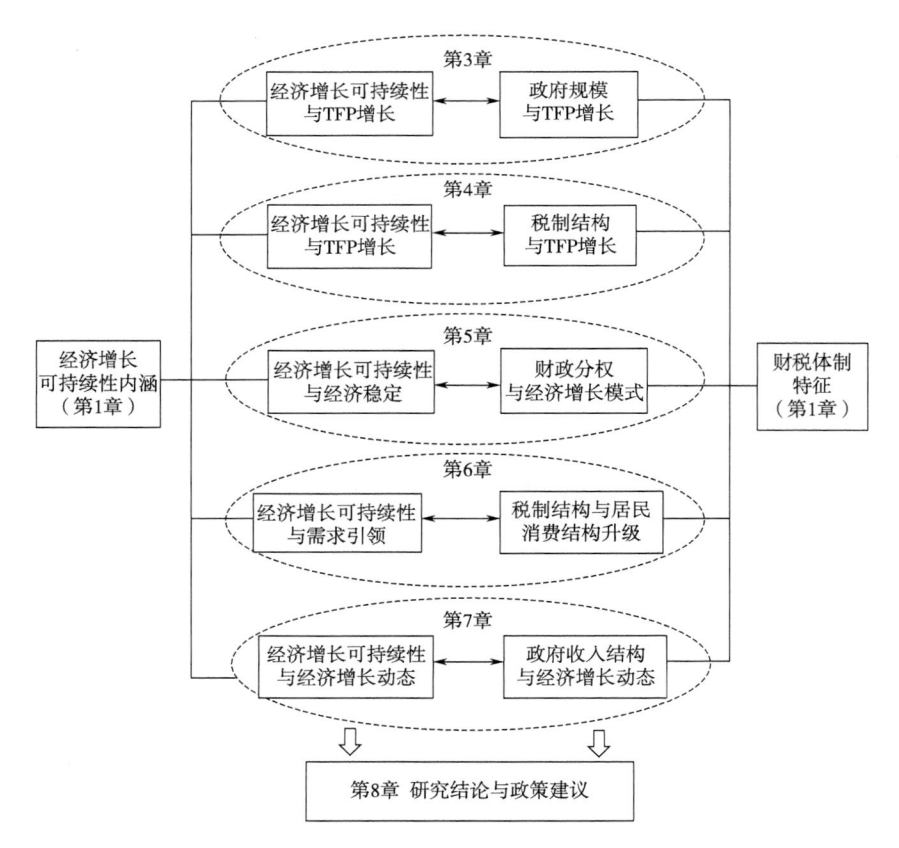

图1-1 本书组织结构和逻辑关系

第2章 围绕第1章所提出的经济增长可持续性以及笔者重点关注的财税体制特征的研究范畴，系统地梳理关于经济增长可持续性及财税体制对经济增长、增长波动或者TFP增长影响的理论与实证文献，为后续章节打下坚实的理论与实证研究基础。

第3章 从TFP的视角研究政府规模这一财税体制特征对我国经济增长可持续性的影响。利用状态空间模型，在估计我国内地/大陆高速增长时期（1978—2009年）的TFP增长率的同时，考察了政府规模对TFP增长的影响，并在相同框架下与亚洲"四小龙"高速增长期的TFP增长表现及政府（或行政机构）规模等体制特征对TFP增长的影响效应相比较，从而探究我国近年来经济放缓的原因，并为未来经济的可持续性增长提供借鉴。显然，这有助于从生产力的角度分析我国内地/大陆和亚洲"四小龙"在高速增长期中所追求的增长策略中的关键挑战或不足，并为这些经济体和其他发展中经济体提供经验教训，以使经济增长可持续。

第4章 选取1994—2018年我国30个省（自治区、直辖市）的面板数据为样本，基于非参数马姆奎斯特（Malmquist）指数分析法测算1995—2018年期间我国各省级行政区的TFP增长速度，并建立动态空间模型，考察税制结构变动对我国TFP的综合影响及其外溢效应。在此基础上，利用中介效应模型考察了税制结构变动的作用机制和影响路径，特别是检验了税制结构是否会通过居民收入分配影响TFP增长。这有助于丰富我们对现行税制的经济可持续增长效应、收入分配效应的认识，也将为优化税制结构、推进新一轮财税体制改革提供重要的参考。

第5章 从地级市经济增长情势转换和聚类归属的视角研究我国经济增长的可持续性及财政分权的影响。本章内容分为两大部分，第一部分对我国245个地级市改革开放以来（1978—2014年）的经济增长状况进行概括性和技术性的描述，并利用马尔科夫情势转换面板聚类分析模型，从经济增长的情势转换和聚类特征视角研究了我国地级市经济增长路径和动态变化特征，并讨论经济增长的可持续性；为进一步探究聚类分析结果背后的经济增长模式差异的原因，特别是财政分权在地级市经济增长聚类归属和状态变化中的作用，第二部分在第一部分聚类分析的基础上，研究财政分权对地级市经济增长模式的影响。从地级市和马尔科夫情势转换视角研究财政分权对经济增长动态路径的影响，一方面充实了对于我国经济增长动态及区域差异的研究，另一方面可以分析在我国特定背景下这些增长差异背后可能的原因（如财政分权、地理位置、自然资源等），从而丰富对我国经济增长可持续性的理解，这也是通常的跨国对比研究难以做到的。

第6章 结合需求引领对于经济高质量发展的重要作用，研究了税制结构变动对我国城乡居民消费结构的影响。首先，在梳理相关消费理论和机制的基础上，从理论上分析了税制结构对居民消费结构的影响；其次，从直接税与间接税占比、消费结构入手，对我国税制结构及居民消费现状进行了描述分析；再次，选取我国30个省份2002—2019年的面板数据，采用固定效应模型和异质性分析实证检验了税制结构对城乡居民消费结构的影响；最后，采用中介效应模型进一步检验了税制结构通过城乡收入分配差距影响城乡居民消费结构的作用机理。

第7章 选取了北京市1996—2018年期间的相关数据，构建了包含非税收入、政府收入结构、财政支出和经济增长等变量的四元结构向量自回归（SVAR）模型，研究非税收入、政府收入结构与经济增长的动态互动关系，并在此基础上进一步分析非税收入、政府收入结构以及财政支出影响经济增长的具体途径。由于非税收入在地方政府收入中的占比较高，因此本章以北京市为考察对象。这不仅丰富了地方政府收入结构及其作用机制的研究，也可为地方政府优化政府收入结构、深化财税管理体制改革提供理论依据和经验借鉴。

1.4 研究方法

笔者以基本的经济增长和财税制度理论为基础，重在实证研究。实证方法中，主要采用宏观经济时间序列分析和面板数据分析方法，主要用到的计量模型有：时间序列状态空间模型、马尔科夫情势转换面板聚类分析模型、空间计量模型、中介效应模型，以及其他经典的时间序列和面板数据分析方法。具体运用于以下章节内容中。

第3章 运用状态空间模型，通过对可观测变量（observed variable）和潜在变量（latent variable）分别建模，构成一个相互影响的联立方程动态系统。由于TFP增长是不可观测的，因此状态空间模型是估计TFP增长率之自然和适当的选择。观测方程和状态方程使我们可以同时估计GDP-TFP系统，以降低对TFP增长率的估计误差。此外，通过在状态方程中引入与经济增长策略

第 1 章 导 论

相关的变量，能够更准确地评估包括财税制度特征在内的经济增长策略对 TFP 增长的影响，探索 TFP 增长背后的驱动力。状态空间方法允许以直接计量的方式估计资本产出弹性，而不是像在传统的索洛余值核算法中那样采用外生的假设。该方法对索洛余值增长核算的一个重要改进是：由观测方程的计量估算给出的残差与模型中所有解释变量（包括 TFP 增长的决定因素）是不相关的，而索洛余值包含了与生产要素增长无关的所有成分，意味着这些成分可能与 TFP 增长的决定因素相关。

第 4 章 运用动态空间面板模型和中介效应模型研究税制结构对 TFP 增长的影响及其作用机制。传统的计量经济模型在构建过程中通常需要假设各变量之间在空间上是相互独立的，而随着研究的成熟和空间计量的应用，学者们发现传统的经济模型由于忽略了空间相关性，在研究经济变量之间的关系时往往与客观事实不相符，而空间模型因考虑了空间相关性而减小了估计偏差。已有研究证明税制结构变化、省份 TFP 等存在明显的空间相关性，且省份 TFP 在时间上具有路径依赖：邻近地区的 TFP 增长有可能通过吸引资本和劳动力流动，从而引起本地区 TFP 的变化。因此，税制结构的变化不仅直接作用于我国总体 TFP 的提升，而且能通过产生外溢效应从而影响地区 TFP 的增长。所以，本章中运用了空间模型来探讨税制结构对我国 TFP 增长的影响。

第 5 章 在面板数据分析中运用了马尔科夫情势转换方法，采用一个有限混合的马尔科夫情势转换自回归模型来分析我国地级市经济增长的动态特征。这一方法将马尔科夫情势转换时间序列模型推广到面板数据分析中，与基于有限混合模型（finite mixture models）的聚类分析相结合，从而能够以聚类的视角分析既具有情势转换的动态时间特征，又具有彼此相似的群组特征的多个时间序列。笔者假设每个时间序列都是一个独立的实体，这个实体属于 K 个内生群组当中的一个，而每个群组又是由不同数据生成机制来描述的，每个时间序列都以一个先验的未知概率落在某个组别中。在此，允许聚类与聚类之间的估计参数存在不同，而聚类内部服从相同的时间序列过程，这些参数与聚类的个数都是内生地决定的，类别变量是一个潜在的内生变量，与每个组的参数同时被估计出来。此外，该方法还将经济增长和经济波动综合起来，有助于观察地级市经济增长和经济波动等丰富的动态机制。

第 6 章（包括第 4 章）采用了中介效应模型检验税制结构通过收入分配渠道影响居民消费结构升级（或 TFP 增长）的作用渠道。所谓中介效应模型，

17

是用以检验受关注的核心解释变量是否会通过中介变量间接影响被解释变量的一种方法。所谓中介变量，指的是自变量引起因变量变动的中介，它代表了经济运行过程中的一种内部机制，通过这种内部机制，自变量可以对因变量起作用。

第 7 章 采用 SVAR 模型来研究北京市非税收入、政府收入结构、财政支出与经济增长之间的长短期动态关系。相比传统的向量自回归（VAR）模型，SVAR 模型通过对模型参数施加合理的约束条件，捕捉各内生变量之间的同期结构关系，从而可以更加深入且全面地洞悉非税收入、政府收入结构与经济增长之间的动态关系，同时能够成功识别模型中的结构式残差，使通过模型所得到的脉冲响应函数和方差分解结果具有更加明确的经济学含义。

第2章 文献综述

2.1 对经济增长理论的简要回顾

一般来说，经济增长是指一个经济体的生产能力增长或者真实生产的增长。最常用的经济增长指标为 GDP 或人均 GDP。经济增长理论主要关注两个问题：一是经济能够持续增长的驱动力或源泉是什么；二是地区之间的经济增长差异是否会缩小（收敛）。现代经济增长理论始于哈罗德-多马（Harrod-Domar）模型，它是新古典主义经济增长模型的基础。此模型可以简要描述如下：$G=s/C$，其中 G 代表生产增长率，s 表示国民储蓄率，而 C 代表资本-产出比率。在此模型中，假设 C 为常量，因此 s 便成为影响经济增长的唯一因素。哈罗德在推导其模型的过程中假设利率恒定，因此经济增长很难完全符合哈罗德给出的公式。

1956 年，索洛（Solow, 1957）和斯旺（Swan, 1956）各自创立了不同于哈罗德-多马模型的新古典主义增长模型，我们称之为索洛-斯旺模型。这两位学者由国民收入恒等方程（$Y=C+I$）及新古典主义生产函数导出经济增长的基本公式。此模型的基本假设包括规模报酬不变及投入要素的边际收益递减，同时假设国民储蓄率及技术进步是外生的。这个模型对后来研究的重要贡献，是把经济增长的来源分为两部分：增长效应和水平效应。前者是指由于投入要素积累而引起的增长，后者是指通过改变生产函数的技术进步所引起的增长。但是此模型的缺点在于：由于技术进步是外生的，若没有技术进步及投入要素的增长，经济可能收敛于零增长状态。因此，索洛-斯旺模型在解释不同经济体增长速度不同的方面不够有力。

1962 年，阿罗（Arrow）建立了"干中学"模型，揭示了技术进步也是经济增长的内在因素。他假设每个人的发现都可以迅速扩散到整个经济体，因为知识是非竞争性的。尽管阿罗的模型并不是完全的内生增长模型，但它却是迈向内生增长理论的重要一步。之后，经济增长的研究停滞了近20年，直到20世纪80年代后期，经济学家才开始用新的模型来解释经济增长问题。这些模型被称为内生增长模型或新经济增长模型。早期有包括罗默（Romer，1986）、卢卡斯（Lucas，1988）和雷贝洛（Rebelo，1991）等在内的研究成果，但是这些研究仅仅拓展了"资本"的概念，即结合了物质资本及人力资本。罗默（Romer，1990）正式将研究与开发（R&D）和知识引入经济增长的分析中，并指出从长期来看知识也是经济增长的驱动力。在后来的研究中，罗默将经济增长的来源总结为物质资本、非技术劳动力、人力资本和新想法。格罗斯曼和赫尔普曼（Grossman and Helpman，1991）、阿格因和豪伊特（Aghion and Howitt，1992）、琼斯（Jones，1995）等在他们的研究中发展了罗默的模型。内生增长理论很成功地解释了技术进步、人力资本以及知识等在驱动经济增长中所起的作用，但仍有一定的局限性。首先，内生增长理论模型服从于严格的假设条件；其次，由于其建立在新古典主义生产函数之上，新古典主义生产函数本身的问题也就被引入进来；最后，这些模型忽略了经济体制和资源等约束条件。

在内生增长理论发展的同时，新制度经济学的经济增长理论则致力于经济增长中制度因素的研究。制度经济学家，如诺斯（North）等，开始将交易成本、制度变迁及产权等因素加入对经济增长的分析中。他们指出，明确的产权对于经济的增长具有重要意义，为此这些制度经济学家还提供了国家作为一种制度的集合而存在的理论证据。

2.2 对TFP与经济增长可持续性关系的争论

2.2.1 关于东亚经济增长模式可持续性的争论

谈到对我国经济增长可持续性的讨论，不得不提起20世纪90年代中期以来关于东亚经济增长模式的讨论。关于东亚经济增长模式的讨论，可以回溯到1990年前后的苏联经济崩溃时期。苏联在之前的数十年取得了举世瞩目的经济成就，其经济的崩溃让人感到十分意外。许多经济学家试图对此进行解释，其中最流行的解释便是"粗放型增长假说"。例如，伊斯特利和费雪（Easterly and Fischer，1994）认为，苏联这一经济体在数十年的快速增长后不可避免地陷入了收益递减的困境，这是由于没有因技术进步而形成的大量（物质）资本积累，正如增长核算理论所预言的那样。世界银行（World Bank，1993）总结了亚洲新型工业经济体（主要是亚洲"四小龙"，即中国香港、中国台湾以及韩国和新加坡）的特点及其出现增长奇迹的原因，并根据亚洲"四小龙"的发展经验为其他发展中国家和地区提供经济增长建议，包括坚持政府宏观经济调控、增加经济中的出口占比等。但是，对于苏联的"粗放型增长假说"仍然使人们担忧其他在高速增长期严重依赖投资的经济体的发展，尤其是一些东亚新型工业国家。

克鲁格曼（Krugman，1994）有一个著名的观点："新型工业国家，例如20世纪50年代的苏联，主要是通过惊人的资源筹配获得了快速的增长。一旦考虑了投入的快速增长在这些国家经济增长中的作用，其他解释的余地就很小了。苏联的高速发展期，看起来更像是被投入（如劳动力及资本）的超乎寻常的增长驱动的，而非效率的提高。"同样，克鲁格曼认为东亚的经济增长奇迹并不值得称赞或模仿。首先，东亚最成功的经济体（如亚洲"四小龙"）的经济增长并非都是奇迹，而仅仅是大量的投入要素积累的必然结果而已。其次，这些经济体在过去几十年里所遵循的增长模式是不可持续的，因而迟早会经历经济衰退。最后，这些经济体为取得经济增长付出了巨大代价，包括牺牲人们的消费及休闲时间。与之类似，金姆和劳（Kim and Lau，1994）对比了亚洲"四小龙"与G5工业化国家（美国、日本、联邦德国、法国和英国）经济增长的原因，并最终认可了"东亚这四个新型工业经济体战后并没有技术进步"的假设，认为东亚新型工业经济体最重要的经济增长原因是资本积累，其对经济增长的贡献占48%~72%，相比之下，G5国家的技术进步对经济增长的贡献占46%~71%。此外，他们"通过对G5国家及东亚新兴工业经济体的生产效率进行国际对比，并没有发现两者在技术上有明显的收敛趋势"。学者扬（Young，1995）对东亚新型工业经济体（尤其是亚洲"四小龙"）的投入增长、要素积累及生产力的发展模式进行了细致的分析，发现尽管东亚这些新兴工业经济体的产出和制造业出口的增长确实是史无前例的，但对于TFP增长而言，无论是非农业经济部门还是制造业部门，这些经济体并没有超过OECD国家和拉丁美洲国家在同样长的时期内所经历的增长。人们将建立在克鲁格曼（1994）、金姆和劳（1994）、扬（1992，1994，1995）等研究之上的对于东亚增长模式的批判称为"克鲁格曼-金姆-劳-扬批判",这一批判一度影响了经济学家对东亚经济体增长实质的看法,并动摇了东亚新型工业经济体作为别国经济发展榜样的角色。

"克鲁格曼-金姆-劳-扬批判"与世界银行(World Bank,1993)的观点看起来是针锋相对的。事实上,克鲁格曼等人的观点也受到了不少学者的质疑。巴格瓦蒂(Bhagwati,1999)认为东亚的迅速发展是一个事实,但不是不可复制的"神话",而这个事实得益于这些经济体以出口为导向的发展战略及非公有经济成分的迅速发展。关于这些经济体的技术进步,巴格瓦蒂认为出口带来的巨大收入也意味着这些经济体具有进口新技术的资本和巨大潜力。另外,这些经济体较高水平的教育水平,对这些经济体从引进技术中受益也有积极的影响。陈耀坤(Chen,1997)认为,扬和克鲁格曼的结论过多地依赖于所有的技术变化均为 TFP 的假设,而东亚奇迹的讨论与数据的处理及具体变量的定义有很大关系;传统的 TFP 仅仅测量资本,并不能体现的技术进步,总的技术进步还包括资本嵌入式的技术进步。与陈耀坤(Chen,1997)类似,萨雷尔(Sarel,1996)也认为建立在依赖于简单的传统增长核算研究之上的结论都是不够稳健的,因为其对每一项具体研究的特定假设都相当敏感;他还指出,考察初始条件是解释经济增长现象的一种可能途径。施蒂格利茨(Stiglitz,1996)也认为东亚取得的成就是值得称赞的,并且列出了供其他国家参考的六个成功要素,包括优化社会功能、制定可实施的财政政策、处理好政府和市场的关系、促进物质资本及人力资本积累、调整资源分配以及政府鼓励出口和投资。

可见,关于东亚经济增长模式的研究文献主要出现在 20 世纪 90 年代初期,主要集中在对当时经济增长表现突出的亚洲"四小龙"的讨论上,且并没有得出统一的结论。纳尔逊和帕克(Nelson and Pack,1999)将当时关于东亚增长奇迹的理论分为两组。一组被称为"积累"理论,强调投资或投入要素在增长中的作用;另一组被称为"吸收"理论,强调企业家、创新及这些经济体在掌握所引进的新技术之前需要经历的学习过程等因素对经济增长的推动作用。

1998 年亚洲金融危机爆发,以亚洲"四小龙"为代表的亚洲开放经济体遭受了严重的经济衰退,似乎应验了克鲁格曼的预言。尽管它们努力自救,但成效甚微,困难重重。当然,关于东亚新兴工业经济体的经济增长的研究仍在继续，但已少有学者重提"奇迹"这个话题。例如，有学者（Lin，2003）应用超越生产函数研究了教育及技术进步对中国台湾1965—2000年间经济增长的影响，发现教育对经济增长具有积极且重要的影响，但技术进步却并没有人们想象的那么重要。另有学者（Pyo et al.，2003）采用KLEM（K——资本，L——劳动力，E——能源，M——中间产品）方法对韩国进行了经济增长核算，发现韩国在1984—2000年期间的TFP有显著提高。21世纪初，许多经济学家又充满兴趣地重新思考东亚发展模式。但是，这次他们将更多注意力放在了对中国经济增长的分析上——尤其是中国内地/大陆在金融风暴中遭受的损失最小，并且在亚洲"四小龙"奇迹结束时保持了长达20年的高速增长。

我国国内的学者对该争论也进行了研究。例如，郑玉歆（1998）指出直接比较不同国家的TFP计算结果是不科学的，因为它们是由不同的方法得到的；投入要素对经济增长的重要性是随着时间变化的，并且与经济发展阶段及投入要素的特性密切相关。林毅夫和任若恩（2007）在回顾东亚发展模型的历史及TFP估算方法的发展基础上，指出克鲁格曼对东亚经济奇迹的批评建立在对TFP的经济意义的片面解读之上，不完全科学，并进而肯定了东亚发展模式。高程（2008）认为，亚洲"四小龙"之所以在亚洲金融危机中受到重创，主要是由于过度依赖发达国家的技术以及加工贸易占比较重，而区域内技术水平及工业水平没有大幅提高。徐瑾（2014）认为以亚洲"四小龙"为代表的东亚新兴经济体之所以可以成功跨越中等收入陷阱，主要是因为它们找到了适合本地区特点的发展路径，及时转变了政府角色以及共同的儒家文化背景等因素。姜跃春（2016）认为，尽管当前亚洲"四小龙"在经济发展中遇到了家庭负债较重、贫富差距扩大、经济空心化等问题，但其重视创新创业、重视结构调整等经验仍然值得借鉴。陶新宇等（2017）认为，东亚经济体的结构性变化使东亚经济增长经历了"结构性减速"。

2.2.2 我国TFP增长与经济增长可持续性

国内外学者对于我国经济增长可持续性的讨论也主要集中在TFP的增长对经济增长的贡献率上，且关于中国经济增长可持续性的观点也可以分为两类，即乐观派和悲观派。乐观派肯定了改革开放以来中国的TFP增长，而悲观派则不赞同这种说法。

邹至庄和林安伦（Chow and Lin，2002）发现，在1978—1998年期间中国的TFP增长率平均为2.7%，对中国GDP增长的贡献为28%。珀金斯和罗斯基（Perkins and Rawski，2008）的研究表明，在1978—2005年期间中国的TFP平均增长率为3.8%，这可以被用来解释40%以上的GDP增长。同样，博斯沃思和柯林斯（Bosworth and Collins，2008）将中国在1978—2004年期间GDP增长的40.1%归因于TFP的增长。与此相反，一些研究认为中国的经济增长主要是投资驱动的，来自TFP的驱动则非常有限。邹至庄（Chow，1993）估计了1952—1980年期间中国的柯布-道格拉斯（C-D）生产函数，并发现其6%年均增长中的4.5%可以归结为资本的增长。扬（2003）发现在1978—1998年期间，中国的平均TFP增长率为1.4%。郑京海等（Zheng et al.，2009）研究表明，中国的TFP增长率在1995年以前为3.72%，但1995年之后下降到1.77%。伍晓鹰（Wu，2011）发现中国的TFP平均增长率在1978—2008年期间只有0.3%。田旭和余晓华（Tian and Yu，2012）采用荟萃分析（meta-analysis）方法，发现中国1978年以后的TFP增长平均约为2%，对GDP增长的贡献为20%。国内学者如郭庆旺和贾俊雪（2005）等的研究也得到了比较悲观的结果。与郑京海等（2009）的研究结论相反，王小鲁等（2009）对改革开放以来可能影响生产率的制度、结构等因素进行分析后发现，我国TFP增长正逐渐加快。

在这些研究结论存在较大差异的背后，是其中所采用的TFP测算方法及数据的不同。估算方法上，施赖尔（Schreyer，2001）推荐使用建立在索洛（Solow，1957）基础上的增长核算法来估计TFP，因而在早期的研究中该方法被广泛应用于各国的TFP估算中。经济增长核算法（或简称索洛余值法）虽然理论上比较简单易操作，但仍存在很多缺陷，因为它建立在古典经济学理论的一系列假设之上（于永达、吕冰洋，2010）。在索洛（Solow，1957）的模型中，如果TFP以稳态速度增长，人均GDP和人均资本存量也会以稳态速度增长，这意味着在增长核算中的人均产出增长之中，人均资本存量增长的贡献占比恰好是资本的产出弹性。然而，该增长核算并没有检验产出增长和资本积累之间因果关系的统计显著性，截面数据并不支持物质资本或人力资本的积累会促进经济增长；尽管在造成人均GDP差异中影响不大，要素积累仍然可以有效促进TFP和整体经济增长，因此将分析和政策制定集中在要素积累上并没有什么错（Easterly and Fischer，2002）。此外还有一类常见的TFP估算方法可称为经济计量方法，这类方法可以放松索洛余值法的部分假设，如完全竞争和规模报酬不变等，而是将不同的投入要素作为总产出的解释变量，从而得到各个投入要素和总产出之间的关系，有学者（Chow and Lin，2002）就是采用估计带有 TFP 增长时间趋势项的生产函数测算了 TFP 增长率。但经济计量法是否适用于我国 TFP 的估算也值得商榷。林毅夫和任若恩（2007）认为，用经济计量法来估算 TFP 的前提是准确估计了生产函数，但生产函数的计量估计是非常复杂的，只用单方程回归分析是远远不够的，至少应估计一个联立方程系统以呈现总产出与要素需求的关系，但是目前的很多研究都没能做到这一点。已有研究也尝试使用新的理论和方法来进行增长核算，这些方法包括广义索洛模型分析、估算要素产出弹性的非参数理论、数据包络分析（DEA）理论、随机前沿分析（SFA）理论等。这些新理论可以弥补传统索洛模型的缺陷，但正如于永达和吕冰洋（2010）所指出的，将这些新方法应用于中国的增长而得到的结果差异更大。伍晓鹰（Wu，2011）则认为在中国 TFP 争论的根源是各个研究所采用的数据不够准确，而非估算方法的问题。本着"数据至上"的思想，伍晓鹰（Wu，2011）通过仔细处理中国官方数据的一系列问题，将一个全新的数据集应用于索洛余值框架下的经济增长核算并对中国的 TFP 重新进行核算，结果表明中国的 TFP 年增长率估计值为 0.3%，远远低于用没有经过调整的官方数据所得到的估计值 3.1%。

此外，随着数据可获得性的提高，对中国 TFP 的估算和经济增长可持续性的讨论正逐渐由宏观深入微观，由全国深入各省市（鲁晓东、连玉君，2012；杨汝岱，2015；Brandt，2015；王德祥、薛桂芝，2016；蔡跃洲、付一夫，2017；余泳泽，2017）。基于微观数据的 TFP 估计与基于宏观数据的 TFP 估计在方法上有较大差异，对于我国 TFP 的增长情况也未能得到一致结论（鲁晓东、连玉君，2012；张天华、张少华，2016）。通过微观研究和区域研究发现，我国经济在取得巨大成就的同时存在较大程度的生产力内部异质性，即生产力在区域、行业、所有制等方面的差异，这些内部异质性可能是我国未来经济增长可持续性面临的重要挑战之一。伍晓鹰（Wu，2007）则发现1980—2005 年期间，资本和技术密集型的行业受惠于较多的外商直接投资（FDI）和国际竞争、较少的政府干预等因素，因而其生产力提升较快，但是传统的劳动密集型制造业效率较低。博斯沃思和柯林斯（Bosworth and Collins，2008）的研究表明，在 1993—2004 年期间中国服务业的 TFP 增长整体上不太理想。布兰特和朱晓冬（Brandt and Zhu，2010）研究发现，1978—2007 年期间中国 TFP 增长的主要来源是非国有、非农业部门，如果没有非国有部门的贡献，则这一时期中国的 TFP 几乎没有增长。袁堂军（2009）对上市公司的 TFP 测算表明，1999—2004 年期间我国资本密集型与技术密集型制造业的生产率有明显的改善，但劳动密集型制造业的生产率却呈现停滞不前甚至下降的趋势。田旭和余晓华（Tian and Yu, 2012）研究发现，TFP 水平和增长率在城市之间存在巨大差异，FDI、城市化水平、教育程度及地方财政政策等在一定程度上都会对 TFP 的地区差异造成影响。布兰特等（Brandt et al., 2013）研究发现，我国在 1985—2007 年期间的 TFP 增长存在显著的省际差异。余泳泽（2017）在省际投入异质性视角下研究发现，我国 1978—2012 年期间的 TFP 增长率为 2.391%。

2008 年全球金融危机爆发后，一些学者对中国经济增长可持续性进行了新的研究，并发现此次金融危机后中国的 TFP 增长出现明显下滑（Wu, 2014）。布兰特（Brandt, 2015）认为其原因可能是资本回报率在 2008 年之后明显下降。蔡跃洲和付一夫（2017）认为，金融危机后产能过剩的钢铁、水泥等行业和金融、房地产等行业的技术停滞不前，造成更多的要素积累并且不断强化。丛林等（Cong et al., 2019）认为，金融危机后以政府为主导的经济刺激计划，使得生产力低下的国有企业占据了大部分的信贷资源，阻碍了经济衰退中生产和金融资源从低效企业流向高效行业的正常分配效应和淘汰机制，从而拉低了生产力水平的整体提升。

有些学者也开始跳出 TFP 的约束，从别的角度讨论我国经济增长可持续性问题。林毅夫和任若恩（2007）指出，对于像中国这样从发达国家进口先进技术的发展中国家而言，TFP 较低是意料之中的；中国应将更多的精力放在自主研发上，通过不断创新增强经济增长可持续性。翁媛媛（2010）指出，经济增长可持续性更多地取决于增长的质量与效率，而非增长的速度；仅从经济增长是否依赖要素积累来判断其可持续性是不够全面的，还要看一国的要素禀赋结构；如果增长模式恰好充分并高效地利用了其要素禀赋结构，则这种经济增长模式就是可持续的。一些学者从制度因素方面分析了我国过去经济增长的动力。例如，王永钦等（2007）、贾俊雪和郭庆旺（2008）、余泳泽和刘大勇（2018）等的研究认为，财政分权改革和政府间财政收支责任安排对我国经济增长起到了关键作用。邓路等（2014）实证检验了制度环境、民间金融与地区经济增长的关系，发现我国省级层面的制度环境差异会影响民间金融的经济后果：良好的制度环境会弱化民间金融对地区经济增长的负面效果，而较差的制度环境不但会促使民营企业更多地通过民间金融渠道融资，还会加剧民间金融对经济增长的不利影响。也有不少研究认为，经济开放度的提高在我国经济增长可持续的过程中发挥着重要的作用，如赵文军和于津平（2012）利用 30 个工业行业面板数据考察了进口、出口、FDI 等对我国经济增长方式的影响，发现进口、FDI 等明显地推动了我国工业经济向技术推动型增长模式的转变。

2.3 财税体制与经济增长可持续性

2.3.1 政府规模与经济增长可持续性

鲜有文献直接关注政府规模与经济增长可持续性之间的关系，已有文献较多关注的是政府规模对经济增长的影响。政府规模变化往往伴随着财政政策的调整，如削减或增加财政支出、减少或增加税收收入等，而这些财政政策被普遍证实对经济增长有重要影响；这些影响可能是有利的，也可能是不利的（马拴友，2000；杨子晖，2011）。因此，政府规模对经济增长的影响并不是那么简单或明确。大量实证研究也试图去检验政府规模对经济增长影响的实际效果。

总体上，已有文献关于政府规模与经济增长关系的观点主要有四种，即政府规模与经济增长呈正相关、负相关、倒"U"形非线性相关以及不相关（唐小飞等，2011；靳力，2012；郑尚植等，2019）。一些文献肯定了政府规模扩大对经济增长的积极影响。例如，拉姆（Ram，1986）通过构建双部门生产函数，并利用 1960—1980 年期间 115 个国家的宏观经济数据进行了研究，发现政府规模扩大对经济增长具有积极影响，并且这一影响在低收入国家更加显著。安哲罗普洛斯等（Angelopoulos et al.，2008）对 1980—2000 年期间的 64 个国家进行研究后发现，政府规模与经济增长的关系受到公共部门治理效率的影响：当公共部门治理效率较高时，政府规模扩张有利于经济增长。与之类似，科隆比耶（Colombier，2009）对 OECD 国家进行研究后发现，政府规模扩大并没有损害经济增长，反而对其具有一定程度的积极影响。

当然，也有不少研究认为政府规模扩大不利于经济增长。阿维拉和施特劳赫（Ávila and Strauch，2008）对欧盟 15 个国家长达 40 年的数据进行分析后发现，政府消费规模、直接税规模（GDP 占比）对人均 GDP 增长具有不利影响，但公共投资规模有利于经济增长。伯格和卡尔松（Bergh and Karlsson，2010）对 15 个高收入 OECD 国家进行了研究，发现在控制了经济自由和全球化之后，政府规模与经济增长存在稳健的负相关关系。类似地，阿丰索和富尔切里（Afonso and Furceri，2010）对 OECD 和欧盟国家的分析证实，政府收入规模和支出规模的增长均不利于经济增长。一些学者对我国政府规模的经济增长效应进行实证研究后，也得出了类似的结论。例如，池建宇和赵家章（2018）研究了我国 1981—2016 年 30 个省级区域政府规模及其构成的波动性对经济增长的作用，发现政府收入规模的增长不利于长期经济增长。

另外一种较为流行的观点是：政府规模与经济增长存在非线性的倒"U"形关系，即当政府规模小于某个临界值时有利于经济增长，当政府规模超过这一临界值时则不利于经济增长。换句话说，存在一个最优的政府规模，在这一规模下，其对经济增长最有利。事实上，虽然公共品是必不可少的，因此需要一定规模的政府维持国家的正常运行，但当政府规模达到一定程度后，进一步扩大政府规模会加剧对市场这只"看不见的手"的干预，引发公共资源浪费、寻租、挤出私人投资等消极影响的逐渐显现，从而不利于经济增长（靳力，2012；顾昕，2020）。巴罗（Barro，1990）通过内生经济增长理论模型分析发现，政府规模扩张对经济增长的影响有两个方面：增加税负（不利于经济增长）以及增加公共品供给（有利于经济增长）。具体来说，当政府规模较小时，增加公共品供给的有利影响超过了税负增加所带来的不利影响，总体而言有利于经济增长；而当政府规模较大时，税负增加的不利影响逐渐占优势，总体而言不利于经济增长。巴罗由此进一步推导出，当政府支出的边际产出为 1 时，政府规模达到最优（被称为"巴罗法则"）。此后，阿米（Armey，1995）借鉴"拉弗曲线"进一步阐释了政府规模与经济增长之间的这种倒"U"形非线性关系，又被称为"阿米曲线"。杨子晖（2011）研究了 1990—2005 年期间 62 个国家和地区政府（或行政机构）规模与经济增长的关系，证实政府（或行政机构）规模与经济增长之间存在倒"U"形非线性关系。不少学者也尝试验证阿米曲线在我国是否存在。马拴友（2000）通过理论分析认为，政府规模对经济增长的影响取决于其对总产出的边际效应，因而也存在一个最优的政府规模。文雁兵（2014）对我国 2000—2012 年期间省级面板数据进行了分析，发现当政府规模较小时，增长效应占主导，有利于经济增长；当政府规模较大时，挤出效应占主导，从而不利于经济增长；当政府规模适度或最优时，不仅有利于经济增长，而且具有积极的福利效应。类似地，陈俊营和王科（2015）对我国1994—2012年期间省级面板数据进行了分析，也验证了我国政府支出规模与经济增长之间存在非线性倒"U"形关系。郑尚植等（2019）以我国东北地区省份为对象研究了政府规模对经济增长的门槛效应，发现东北地区政府规模与经济增长近似呈倒"U"形曲线关系。刘生龙和龚锋（2017）通过构建理论模型分析认为，当政府支出规模小于政府支出的产出弹性时，扩大政府规模有利于经济增长，反之则阻碍经济增长。进一步实证研究发现，我国最优政府规模为30%（指财政支出占GDP的比重）。

此外，少数研究认为，政府规模对经济增长影响不显著或无影响。拿瓦兹（Narvaez，2012）研究证实，1975—2000年期间拉丁美洲国家的政府支出规模对人均GDP增长没有显著影响。贾俊雪等（2011）对我国1985—2009年期间省级地方政府支出规模与区域经济增长的关系进行分析后发现：虽然政府支出规模扩大显著促进了区域经济收敛，但地方政府支出规模对区域经济增长整体上不具有显著影响。

较少有研究关注政府规模与经济增长可持续性的关系。已有文献大多将政府收支规模作为财政政策或政府干预程度的衡量指标，从财政政策的TFP增长效应角度探讨政府规模与经济增长可持续性的关系，但尚未得到一致结论。曾淑婉（2013）采用空间计量模型对我国1998—2010年期间的省级面板数据进行分析后发现：政府支出规模扩大有利于我国TFP增长，且对相邻省份具有空间溢出效应。然而，多数研究发现我国政府规模扩大对TFP增长或经济效率存在不利影响。薛钢等（2015）在研究城镇化的TFP增长效应以及公共支出政策的作用时发现：公共支出规模对TFP增长存在显著负向效应。郝春虹和刁璟璐（2019）以我国内蒙古自治区各县（区、旗）为样本研究了税收努力度、公共支出规模对TFP增长的影响，发现公共财政支出规模的扩大不利于TFP增长。宋准等（2020）利用2005—2016年期间的城市面板数据分析发现，财政支出规模及其组成成分对相邻城市的TFP增长均具有负向溢出效应。石先进和赵惠（2017）基于我国工业企业微观数据研究发现，政府投资规模扩张显著不利于工业企业资本效率的提升，对私有企业而言更是如此，同时政府消费规模的扩大也对私有企业产生了显著的不利影响。类似地,祝平衡等(2018)基于中国工业企业数据和城市统计数据研究了政府支出规模与当地制造行业内资源配置效率的关系,发现政府支出规模扩大不利于资源配置效率的提升。

2.3.2 财政分权与经济增长可持续性

2.3.2.1 财政分权与经济增长

目前,已有财政分权理论大体可划分为两代:以蒂伯特(Tiebout,1956)和奥茨(Oates,1972)等研究为代表的第一代分权理论;以温格斯特(Weingast,1995)、钱颖一和温格斯特(Qian and Weingast,1996)以及钱颖一和罗兰德(Qian and Roland,1998)等研究为代表的第二代分权理论,即市场保护的财政联邦主义理论(Weingast,2009)。第一代分权理论主要强调地方政府拥有信息优势,因此财政分权可提升地方公共服务提供效率,从而有利于经济增长;第二代分权理论则强调财政分权可强化财政激励、辖区竞争,促使地方政府更好地保护与发展市场,从而有利于经济增长。

但也有大量文献指出,财政分权可能会加剧公共池问题(尤其是当收支分权不匹配而导致突出的地方纵向财政失衡时)、地方捕获与集体行为等问题,不利于经济增长与经济稳定(Jia et al.,2014)。关于这方面的文献以及文献评述已十分丰富,本书不再赘述,感兴趣的读者可参见温格斯特(Weingast,2009)、许成钢(Xu,2011)和贾俊雪(2015)等文献。

大量文献深入考察了中国财政分权的经济影响(张晏、龚六堂,2005;沈坤荣、付文林,2005;王永钦等,2007;李涛、黄纯纯,2008;丁从明、陈仲常,2009;张曙霄、戴永安,2012;贾俊雪,2015)。其中不少文献指出,我国的财政分权与通常意义上的财政联邦制有很大的区别:我国地方政府对本辖区内的资源拥有直接的控制权,从而在财政政策的具体实施上有较大的自由度(Jin et al.,2005;许成钢,2011)。这意味着虽然财政分权体制为地方政府提供了整体的行为框架,但实际上地方政府行为仍有很大的差异性,其对地区经济增长、宏观经济环境、社会稳定等的影响也是多样化的(张晏、龚六堂,2005;李猛、沈坤荣,2010;曾淑婉等,2015)。因此,中国式的财政分权对经济增长的路径和可持续性有着重要的影响。已有文献虽较少直接论及财政分权对经济增长可持续性的重要影响,但都揭示了这一点。在经典的财政分权理论中,揭示了财政分权对地方经济的正面作用,即其在一定程度上提高了地方经济的增长质量,从而就长期而言增加了经济稳定性和可持续性。财政分权化改革是中国经济持续高速增长的一个重要驱动力;财政分权通过促进地方政府竞争、弱化信息不对称等机制,根据地方实际情况提供差异化的公共商品或服务,从而提高政府整体的资源配置效率,并深化地方之间的分工,提高各地的专业化程度,同时促进地方体制创新和技术创新,提高地方公共管理效率。

然而也有研究指出,分税制改革后,过度的分权化进程、不合理的政府支出责任安排导致资源配置效率低下,不利于地区经济增长(郭庆旺、贾俊雪,2006;周业安、章泉,2008;贾俊雪、郭庆旺,2008)。关于财政分权对经济增长的阻碍作用,已有文献也试图给出解释。周业安和章泉(2008)、李猛和沈坤荣(2010)、贾俊雪(2015)等指出,财政分权本身也会带来不利于经济增长的后果:财政分权会导致地方利益分割和地方免费搭车(free-rider)行为,不利于地区之间的协调,造成某些公共品供给不足(特别是具有正外部性的公共品,如教育和医疗等),而这些公共支出被很多研究证实是有利于经济长期增长的;财政分权所引发的税收竞争可能会加剧地区之间的不平等;地方腐败、预算软约束等因素使财政分权的正面效应减弱,不利效应却日益显现。这些不利因素最终会导致宏观经济不稳定,并阻碍经济增长。王永钦等(2007)、贾俊雪和郭庆旺(2008)等研究认为,财政分权改革和政府间财政收支责任安排对我国经济增长起到了关键作用。

还有研究指出,财政分权对经济增长的影响不是线性的,而是存在显著的跨时差异和地区差异(张晏、龚六堂,2005;贾俊雪,2015)。张晏和龚六堂(2005)发现我国财政分权对经济增长的影响存在跨时和跨地区差异,他们的分析认为,一方面,达乌迪和邹恒甫(Davoodi and Zou,1998)、谢丹阳等(Xie et al.,1999)提出的地方层级政府财政支出份额或财政分权程度临界值理论,对我国分税制改革前后财政分权对经济增长之影响效应的差异性有一定的解释力;另一方面,我国在分税制体制下的地区政策协调、地方体制建设、地方财政独立性等方面存在较大的区域差异,而这些因素都可能影响地方政府行为和财政分权的实际效果。另一种可能的解释是,地方政府官员的清廉或腐败以及不同的晋升机制等造成了地方政府行为差异,从而影响财政分权的经济后果。

2.3.2.2 财政分权与经济增长可持续性

一些学者关注了财政分权与 TFP 的关系,从而讨论了财政分权对经济增长可持续性的影响。余泳泽（2015）研究认为，财政分权促进了我国省际TFP的空间收敛，即缩小了各省份间的TFP水平差异。余泳泽和刘大勇（2018）通过理论和实证分析认为，我国财政分权制度通过改变资源配置条件对技术进步产生有利或不利影响，从而影响TFP增长，且财政分权主要促进了技术进步和技术效率，但其有利影响正在弱化。史贞（2020）、周占伟和贺心悦（2022）等则从微观企业层面，验证了地方财政分权有利于TFP增长。与之相反，潘雅茹和罗良文（2019）通过实证研究发现，财政分权不利于我国经济的包容性增长。也有不少研究发现财政分权对TFP增长既存在有利影响，也存在负面影响。陈明（2020）从微观层面研究发现财政分权与企业TFP之间存在正"U"形关系，且这一关系受到地方政府之间财政竞争的影响。高琳（2021）对我国省以下财政支出分权与TFP的关系进行了实证研究，发现财政支出分权可以通过促进地区竞争从而有利于地区TFP增长，但同时又通过抑制人力资本水平从而不利于地区TFP增长。程中华和金伟（2021）研究了财政分权对城市绿色TFP增长的影响及其传导途径，发现财政分权通过增加研发投入和基础设施建设从而有利于绿色TFP增长，但同时加剧了规制竞争和市场分割从而不利于绿色TFP增长。

  鲜有文献从经济稳定与经济增长动态的视角研究财政分权与经济增长可持续性的关系，其中有一些文献关注了财政分权对经济稳定的影响。例如，王玮（2003）、丁从明和陈仲常（2009）等研究了财政分权对我国经济波动的影响。富尔切里等（Furceri et al., 2016）研究了1971—2010年期间97个发达国家和发展中国家财政分权与政府消费波动性的关系，发现财政分权会降低政府消费波动性；他们认为财政分权降低了政府支出波动性的主要作用机制，是通过降低相机抉择的财政政策程度来实现的，因为相机抉择的财政政策通常由中央政府来制定，这种作用机制对小型国家的影响更明显。但是，仅有少数研究同时研究了财政分权的经济增长效应和经济波动效应。西村（Nishimura, 2006）构建了理论模型，论证了在公共品之间具有一定的替代性、政府决策容易犯错的前提下，财政分权通过分散政府决策风险从而促成更高的经济增长速度和更低的经济波动性。周业安和章泉（2008）、康锋莉和艾琼（2011）等对我国财政分权的增长效应和稳定效应进行了实证研究，但是他们对经济增长与波动的度量是相互独立的，并不能反映财政分权对经济增长的动态演变模式的作用。贾俊雪（2015）将财政分权、经济增长与经济波动放在同一框架内进行研究，发现我国财政分权程度与经济波动之间存在联系，认为较高的财政分权程度一方面促进了地方经济增长，另一方面也带来了较为频繁的经济情势转换和较大的经济波动，并以此为基础提出了地方政府行为经济周期理论，认为在财政分权化改革带来的财政激励下，地方政府在利用税收优惠政策的引资和投资行为中，其出于自身利益最大化的策略行为选择造成了地方经济的波动加剧。

2.3.3 税制结构与 TFP 增长

2.3.3.1 税制结构对 TFP 增长的影响

笔者通过梳理文献发现，关于税制结构对 TFP 的影响，或者提高间接税比重的税制是否有利于 TFP 增长，已有文献存在明显的分歧。一些学者认为，提高直接税比重（或降低间接税比重）有利于技术进步和经济效率的提升。李绍荣和耿莹（2005）研究表明，提高流转税比重对劳动要素产出和技术进步没有显著影响，反而会阻碍企业创新。王乔和汪柱旺（2008）研究发现，提高直接税比重有利于缩小居民消费差距，从而提高劳动力质量，进而作用于 TFP 的增长。常世旺和韩仁月（2015）通过计算 1996—2012 年期间我国各省份的最优税制结构以及当前税制结构与之相比存在的效率损失，发现间接税占比过高会对经济效率造成不利影响。肖叶（2019）认为，当前我国的税制结构阻碍了创新产出水平的提升且这种效应主要存在于间接税中，并由此提出提高直接税比重的建议。曹润林和陈海林（2021）指出，提高直接税比重对我国现阶段的经济高质量发展具有重要作用。于井远（2022）通过理论和实证分析认为，提高直接税占比、优化税制结构有助于缩小居民收入差距并激发企业家创新精神，从而促进城市包容性 TFP 增长。

但也有学者认为降低直接税比重（或提高间接税比重）可以促进创新和 TFP 增长。约翰逊等（Johansson et al.，2010）通过对 16 个 OECD 国家的微观行业数据进行分析后发现：税制结构（而不仅仅是整体税收负担）是促进经济增长的一个重要因素；个人所得税和公司所得税不利于行业 TFP 增长，而消费税和财产税在一定程度上有利于企业创新和经济增长；至少在中短期内可以通过将税收从所得税转向消费税和不动产税（特别是住宅房产税）的混合征税形式来促进 TFP 的增长。

2.3.3.2 税制结构影响 TFP 的作用机制

通过对比已有相关文献可以发现，国内外学者不仅在税制结构与 TFP 关系的观点上存在较大分歧,而且对税制结构影响 TFP 的作用机理的看法也存在明显差异。已有文献中,税制结构影响 TFP 的作用机制主要有以下几种。

第一,税制结构通过影响收入分配而作用于 TFP。直接税保障了税收的横纵向公平,能够通过社会收入再分配功能缩小城乡收入差距,而城乡收入差距会影响市场的消费规模和需求结构,农村劳动力质量的提升也会促进人力资本结构的优化,进而促进 TFP 的增长(高帆、汪亚楠,2016);与之相反,间接税具有税负易转嫁和累退性质,会在一定程度上影响社会公平,引起劳动力和社会资本的重新配置,从而扩大了城乡收入差距,进而不利于 TFP 的增长(王乔、汪柱旺,2008;钞小静、沈坤荣,2014;高帆、汪亚楠,2016;骆永民、樊丽明,2019)。

第二,税制结构通过影响市场秩序和资源配置效率,改变企业创新决策和创新回报从而作用于 TFP。由于直接税针对企业利润直接计征,因此在一定程度上会影响企业的现金流和投资决策行为,不利于企业资源配置效率和创新收益率的提高,从而减少企业研发投入并降低经营效率(Johansson et al.,2010;Barrios et al.,2012;董志强等,2016)。与此同时,直接税在促进企业创新投入方面也可能具有积极作用:合理的企业所得税制度(如研发费用加计扣除相关规定和提高企业职工教育经费在企业所得税税前扣除比例等)能够通过鼓励企业研发创新和增加劳动力教育投入,促进劳动密集型企业向高新科技企业的转变,从而推动 TFP 的提升和技术进步。另外,以生产税(商品税)为主的税制结构,会通过影响企业生产效率和生产成本从而引起企业资本投入策略的重新配置,甚至导致资本外流和外贸失衡,进而抑制本地 TFP 增长(王乔、汪柱旺,2008;马国强,2015)。同时,间接税占比过高也可能不利于 TFP 增长(吴辉航等,2017;余泳泽,2017;胡凯、吴清,2018;肖叶,2019)。一方面,虽然间接税可以通过税负转由消费者承担,但是由于其主要在产品生产和交易环节征收,需要企业先行垫付,因此影响了企业的现金流,从而挤压了企业用于创新研发等方面的投入。另一方面,间接税制中许多不符合经济发展现状的设计阻碍了经济效率的提高。例如,增值税的税制设计原则上只允许对增值额部分征税而不能干扰企业的正常经营资本,但是现实中存在许多进项税不允许抵扣的情形,以及在征管体制上存在退税"时间差"等,企业实际上需要承担大量的增值税,这有悖于增值税的税收中性原则,对企业的经营资金造成较大影响。

第三，税制结构通过影响人力资本积累而作用于TFP。由于个人所得税一般实行超额累进税率，因此收入越高的人群需要缴纳的税就越多，这无疑会降低高层次教育和培训投资的未来收益率，从而影响人力资本的投入，进而影响TFP（Myles，2009；郭婧、岳希明，2015；Vasilev，2016）。通过制定一系列个人所得税优惠政策，可以调整不同人群劳动力投入并降低教育和培训成本，影响企业的研发投入和科技人员收入，这从整体上有利于促进TFP的增长。

2.3.3.3 税制结构对TFP增长的空间溢出效应

大量研究表明，我国省际TFP存在明显的空间相关性和时间滞后性，税制结构调整之空间互动的存在也使得税制结构变化能通过空间外溢效应深化对TFP的影响（曾淑婉，2013；余泳泽，2015）。一方面，本地区通过税收政策和税制结构调整吸引邻近地区资本和劳动力流动，从而引起TFP的变动；另一方面，由于政策滞后、决策惯性等经济因素，TFP存在时间上的滞后效应，即TFP的增长不仅取决于外部因素的影响，而且与其自身的滞后期有着密切关联。正因为如此，部分学者利用动态的空间模型研究了税制结构影响TFP的空间外溢效应。在这部分的研究中，他们主要围绕地方政府间的税收竞争博弈效应进行分析，即直接税竞争和间接税竞争产生的空间溢出效应对TFP的影响。钟军委和万道侠（2018）利用动态空间模型分析发现，各级地方政府的税收竞争行为通过引起资本跨辖区流动提升了资本配置效率，从而作用于TFP增长。唐飞鹏和叶柳儿（2020）基于资本"用脚投票"理论研究认为，各级地方政府展开税收竞争对空间资本配置和技术进步具有显著的影响，且其对TFP的空间冲击更多反映在企业所得税竞争而非增值税竞争之上。肖叶和叶小兵（2018）从税制结构的视角深入剖析了税收竞争与产业结构升级的影响，其研究发现直接税竞争容易带来"集聚效应"，引发产业的空间集聚特征，从而抑制空间资源的有效配置；但是间接税竞争具有较强的"专业分工"特征且大于其产生的"集聚效应"，从而深化了行业分工和新技术进步，对TFP产生了积极效应。

2.3.4 税制结构与居民消费结构升级

已有关于税制结构与居民消费结构的关系的文献，多数从直接税或间接税的角度研究税制结构对居民消费结构的影响及其作用机制。虽然已有研究已经比较丰富，但是并没有得出一致的结论。

2.3.4.1 税制结构变动对居民消费结构的影响

不少文献是关于以直接税为主的税制结构对居民消费结构影响的研究。其中部分学者认为，以直接税为主的税制结构可以推动居民消费结构优化。那艺等（2019）基于实验宏观经济学方法和生命周期跨期选择模型，考察了不同税制对居民的消费途径和社会福利水平的影响。结果表明，直接税与居民的消费路径、福利水平呈倒"U"形关系，即直接税比例过低或过高均不利于居民福祉的提升，而直接税与间接税的比例越接近，越有利于提高居民的生活质量。温桂荣等（2020）利用湖南省2008—2017年期间14个地级市的面板数据，研究了直接税以及间接税对城镇和农村居民消费产生的影响。结果表明，间接税会抑制居民收入，但直接税会促进城镇和农村居民消费升级，并且直接税在缩小城乡收入差距方面更能发挥作用。叶圆圆（2021）分别从税制结构和税收规模两个视角，分析税收总量、税类及具体税种对居民消费的影响，发现直接税能够促进居民消费，其中个人所得税可以带动较多的居民消费，即具有较强的"挤入效应"。与之相反，有部分学者认为直接税不利于居民消费需求增加，也不利于消费结构的升级与优化。储德银和闫伟（2012）认为，虽然我国整体税制对居民消费总量具有负面影响，但由于不同税种的作用机制不同，税制结构对居民消费具有一定的结构效应；进一步的实证分析表明，商品税以及所得税都会对居民消费产生"挤出效应"，但是开征利息税可以在某种程度上降低个税抑制居民消费的作用，而财产税对居民消费具有"挤入效应"。刘华等（2015）研究认为，纳税人对各种税种的认知程度的差异使得不同税种的消费效应差异较大，而与消费税相比，个人所得税的税收凸显性较高，对居民消费行为的不利影响也更显著。

也有不少文献研究了以间接税为主的税制结构对居民消费结构的影响。多数学者认为，以间接税为主的税制结构会抑制居民消费结构升级。王春雷（2012）指出，当前的财税体制中以间接税为主体的税制结构是造成居民消费率较低的成因之一。范子英和张航（2018）指出，具有累退性的间接税会抑制总体消费，不利于改善消费结构和提升消费能力；同时，我国流转税缺乏"机动性"，会产生无谓损失，最终抑制居民消费结构升级。与之相反，也有部分学者认为间接税能够促进居民消费结构升级和优化。伯特斯等（Boeters et al.，2010）研究了德国将增值税税率统一后对经济及消费的影响，结果表明增值税改革对居民消费具有显著影响，且增值税税率提高会促进居民消费。为了检验劳动所得税（工资税）和同等消费税对消费行为是否具有相同的影响，布朗金等（Blumkin et al., 2012）设计了一个实验，在实验中由代表性个体选择实际劳动和休闲，并将其收入花费在购买实际商品上。结果表明，在其他条件不变的情况下，相对于同等数量的消费税，实验主体对工资税的反应更加明显地减少了他们的劳动力供给和消费。王智煊和邓力平（2015）通过对我国的省际面板数据进行分析后发现，直接税比重提高会促进居民消费增长，他们同时指出我国近年来的税制结构调整方向是正确且有必要的，但应当注意个人所得税对消费的长期作用可能受到多方面因素的影响。

2.3.4.2 税制结构影响居民消费结构的传导机制研究

诸多学者研究了税制结构对居民消费结构的影响，此外也有少部分学者探讨了税制结构影响居民消费结构的传导机制。已有研究进行理论分析或者实证分析后认为，税制结构影响居民消费结构的作用机制主要有三个：居民收入分配、价格效应和供给效应。

首先，税制结构通过缩小居民收入分配差距影响消费结构。大多数学者认为提高所得税、财产税等累进性较强的直接税比重会缩小居民的收入分配差距，从而促进整体消费水平和消费结构升级。有学者（Keen et al., 2009）研究了美国的税收分配效应及其对收入分配的影响，发现在收入不平等时，税收的再分配效应能够降低30%左右的收入不平等，从而缩小收入差距，促进消费增长。亨格福德（Hungerford, 2010）探讨了美国税收和转移支付税制的收入再分配效应并认为，累进性较强的直接税在缩小收入差距方面能够发挥显著作用，而缩小收入差距有利于促进消费平等，从而提升居民整体消费水平。樊轶侠（2018）、计金标等（2020）指出，可支配收入是实现居民消费升级的经济基础，居民收入分配会受到税制结构的影响，同时居民收入又影响着居民消费支出和消费意愿。通常而言，低收入群体的边际消费倾向高于高收入群体，税制结构调整应致力于让低收入群体的税负更低，提升居民整体消费倾向，从而刺激居民消费，为居民消费升级提供可能。张敏等（2021）基于微观数据测算了2018年我国城镇居民间接税税负情况，结果表明：我国间接税具有累退性，且增值税和消费税均拉大了城镇居民的收入分配差距。同时，越来越多的研究指出，提高直接税比重的具体政策工具需要小心选择。刘元生等（2020）在新凯恩斯宏观经济框架下研究了税制结构转变的宏观经济后果，结果表明：保持总税收收入稳定时，劳动所得税占比的提高可以缩小居民收入分配差距，但同时会减少劳动供给并抑制消费和投资；资本所得税占比提高使财富分配更公平，但会大幅抑制投资，从而降低总产出。王梦珂和唐爽（2021）运用动态随机一般均衡（DSGE）模型，在宏观税负稳定的约束下分析了税率和税制结构调整对居民消费的影响，结果表明：以降低消费税为主要政策工具来提高直接税比重，既可以缩小城乡消费差距和收入差距，又可以刺激总消费。

其次，税制结构通过改变商品或要素价格影响居民消费结构。大多数学者认为，商品税可以改变商品价格从而对消费行为产生影响，通过调节税制结构中的商品税比重可以引导或影响居民消费行为。林炳焕等（Lin et al., 2011）利用需求系统研究了开征饮料税对购买需求的影响，发现开征饮料税后无论高收入群体还是低收入群体均会减少饮料消费。李颖（2015）采用扩展线性支出系统（ELES）模型测算了我国城镇居民需求的价格弹性，并研究了居民消费时可能会出现的税负转嫁情况，结果表明：我国商品税并没有显著的累退性。李春根等（2015）指出，居民受信息不对称和自身认知水平的限制，接收的税收价格信息是不全面且被低估的，造成这种状况的主要因素是税制结构，即间接税在税制中的比重越大，低估价格程度越高，进行再分配的要求也越高，从而影响居民消费。樊勇和姜辛（2020）研究了增值税与最终产品价格之间的关系，发现增值税减税可能会降低消费价格，使消费者受益。王斐然和陈建东（2020）分析了减税降费对居民消费差距产生的影响。结果显示：在不同的消费方式下，居民的边际支出与收入水平之间不存在一定的线性关系，并且随着收入水平的变化，居民的消费习惯也会改变；降低增值税税率可以在一定程度上降低投资成本及投入的价格从而降低消费价格指数和居民消费支出负担，同时减税降费也能缩小消费差距，有利于消费结构升级。

最后，税制结构通过调节供给结构从而影响居民消费结构。樊轶侠（2018）提出，商品和服务供给结构以及品质的提升决定了居民消费升级的实现；利用税收优惠改变企业生产成本和研发成本，可以促进商品和服务供给结构转变、质量提升；通过税收政策促进电子商务和数字经济发展，引导消费渠道变革，有利于居民消费结构升级。谷成和张洪涛（2018）提出，国家可以通过税收将部分资源从私人部门集中到公共部门，若这些税收收入能够用于教育等服务，降低此类服务的成本，就能够降低居民储蓄倾向，改变当前的消费行为并增加当前消费支出。刘乐峥和陆逸飞（2021）认为，由于企业供给成本中包含了税收，利用税收政策进行税制结构调整，可以改变企业供给结构，引导企业提供更高质量、更环保绿色、更具个性的产品和服务，从而推动消费结构从生存型向发展性升级，满足居民对消费的多样化和多层次需求。

2.3.5 非税收入、政府收入结构与经济增长

非税收入的快速增长，使其在政府尤其是地方政府收入中的占比逐年攀升，对区域经济增长及可持续性也将产生越发重要的影响。已有大量文献关注了非税收入、政府收入结构变化所产生的经济影响。

关于非税收入对经济增长的影响，已有研究存在明显的分歧。一些学者认为，非税收入可以促进经济增长。刘寒波等（2008）运用向量自回归（VAR）模型对1993—2007年期间我国非税收入与经济增长的关系进行了分析，认为税收收入与非税收入之间并非相互挤兑关系，且非税收入与经济增长存在显著的正向关系。王乔和汪柱旺（2009）检验了非税收入与经济增长之间的因果关系，发现GDP增长与非税收入增加互为因果关系，且地方经济增长对非税收入增长的依赖性更强。潘迪和迪克西特（Pandey and Dixit，2009）研究了印度20个邦1974—2007年期间非税收入增加与GDP增长之间的协整关系，也发现经济增长与非税收入是互为促进的因果关系。刘志雄（2012）采用格兰杰（Granger）因果关系检验及协整检验证实，我国东部和中部地区非税收入规模的扩大促进了经济的增长。白彦峰等（2013）则从中央和地方的视角证实，中央非税收入和地方非税收入的增加均有利于经济增长。张亚斌和彭舒（2014）分析了湖南省10个县2007—2012年期间不同类型非税收入对经济增长的影响，验证了各类非税收入的增加对经济增长具有促进作用。李美琦等（2021）基于空间异质视角分析发现，财政收入、非税收入与经济增长三者之间存在相互的正反馈效应。

与上述研究不同，一些学者认为非税收入不利于经济增长。也就是说，相比非税收入，税收收入更具有可持续性，非税收入的过快增长必然影响财政收入的实际运行效率，因而难以形成体制上的良性循环（廖楚晖、段吟颖，2008）。白景明（1996）、王志刚和龚六堂（2009）、李永刚和朱紫祎（2013）等的研究指出，非税收入侵蚀了税基，冲击了税收主体地位，扰乱了正常的收入分配秩序，从而削弱了经济增长的潜力。普里查德等（Prichard et al.，2018）分析了1990—2010年期间188个国家的相关数据，发现政府非税收入不仅严重破坏了国家民主程度，而且不利于稳定社会经济秩序。吉勒斯和阿德

里亚娜（Gilles and Adriana，2019）研究了欧盟成员国非税收入构成及特点，认为非税收入波动蕴含的财政风险是税收收入的 3 倍。谷成和潘小雨（2020）采用面板 VAR 模型研究发现，非税收入规模的扩张不仅削弱了政府减税政策的调控效果，而且不利于公众对政府行为方式的认知。彭飞等（2020）通过分析我国私营企业调查数据认为，提高企业承担的非税负担比重占用了企业的发展资金，从而挤出了企业新增的创新投资，进而不利于企业转型升级。

还有一些研究表明，非税收入与经济增长之间的关系并非简单的线性关系。例如，王志刚和龚六堂（2009）研究发现，非税收入比例和经济增长水平呈现近似的倒"U"形关系。有学者（Choi，2009）分析了政府性收费对经济增长的影响，认为地方政府在政府性收费中存在保护、交换甚至掠夺等行为，从而对地方经济增长产生非线性的影响。杨中全等（2010）在最大化经济增长的目标函数下估算了我国非税收入的规模，发现最优的非税收入负担呈现倒"U"形变化趋势。

关于非税收入经济增长效应的作用机理，已有研究主要形成了以下几种观点。

第一，非税收入通过影响资源配置效率从而作用于经济增长。由于非税收入的征收管理散落在不同的政府部门，若缺乏有效的征收管理体制，容易滋生腐败，并导致地方重复建设和资金浪费，从而影响社会资源的有效配置；同时，由于大部分非税收入被留存在地方政府管理，不利于中央政府财力的提升，从而影响中央宏观调控职能的发挥，进一步降低社会资源配置效率（王志刚、龚六堂，2009）。此外，对于行政事业性收费等为了弥补准公共品的提供成本而收取的非税收入，如果地方政府为了增加财政收入而提高收费标准，则可能会扭曲准公共品的价格，导致资源的不当配置，进而影响经济增长（童锦治等，2013）。

第二，非税收入矫正了市场负外部效应从而作用于经济增长。市场失灵所带来的负外部效应往往需要政府直接干预，征收罚没收入和排污费等通过将外部成本内部化从而抑制了具有负外部性的企业行为，由此提高了经济效率，有利于经济增长；然而，不合理的罚没收入意味着政府过多的干预，可能不利于经济增长（童锦治等，2013；张亚斌、彭舒，2014）。

第三，非税收入有利于维护市场秩序、保护自然资源，从而改善地区投资环境，有利于经济增长。我国市场经济体制尚不完善，国家利用罚没收入等非税收入进行政府干预以维护市场秩序、保证经济正常运行，从而有利于经济增长；同时，国有资源资产类非税收入属于自然资源使用的补偿性收入，此类收入有利于保护地区生态环境，从而有利于经济长期可持续增长（张亚斌、彭舒，2014）。

第四，地方政府间的非税竞争影响了微观主体决策以及政府与市场的关系，从而影响经济增长。由于地方政府缺乏完整税权，各地税收优惠政策趋同，税收竞争空间相对有限，非税收入作为地方政府的可控政策工具，地方政府可通过非税竞争吸引要素流入本辖区，从而更好地实现区域经济增长目标（童锦治等，2013；刘寒波等，2008）。

第五，非税收入通过侵蚀税基、挤出税收收入从而作用于经济增长。非税收入负担不利于企业成长及税源涵养，从长期看可能会侵蚀税基并冲击税收收入的主体地位。税收收入的法定性和固定性决定了税收收入的相对稳定性和可持续性，而非税收入在财政收入中的比重提高可能会增加财政收入增长的不确定性，从而影响财政政策的执行效率，最终作用于经济增长（王立勇等，2015）。但也有观点认为，非税收入作为政府收入的补充，可以使政府收入多样化，免受任何单项财政收入短期波动的影响，从而增强政府收入的稳定性，强化财政应对能力（刘明慧、党立斌，2014）。

有少量文献从政府收入结构的全局视角出发，研究了非税收入、政府收入结构与经济增长之间的动态关系。其中一些研究证明，政府收入结构与经济增长之间存在双向因果关系（内蒙古财政科学研究所课题组，2008；李建军、肖育才，2011；廖楚晖、段吟颖，2014）。一些学者认为，相比非税收入，税收收入更具有可持续性，非税收入占比的过快提高必然影响财政收入的实际运行效率，因而难以形成体制上的良性循环。廖楚晖和段吟颖（2014）利用我国2003—2011年的经济数据，建立面板向量自回归（PVAR）模型实证探讨了政府收入结构与经济发展间的动态关联，研究发现提高税收收入比重对经济增长具有促进作用，但同时也间接地影响着财政收入水平，从而削弱了其正向的经济效应。然而，也有学者认为非税收入能够更好地体现财政有偿、等价的原则，其占比的提高更有利于发挥财政职能。谷成和潘小雨（2020）通过分析税收收入与非税收入的动态关系，发现在减税的大背景下非税收入规模的适当扩大有效解决了税收收入规模缩减和增速减缓带来的财政收支等问题，从而实现了财政收入的稳定增长，对政府管理有利。

2.4 文献评述

本章较为系统地回顾了财税体制对经济增长可持续性影响的理论与实证文献。从中可以发现，虽然研究财税体制特征与经济增长或经济波动的文献较为丰富，但是系统地研究财税体制特征与经济增长可持续性的文献仍然比较有限，已有相关研究也存在或多或少的不足。

关于我国经济高速增长期经济可持续性的研究，虽然其中大多数已认识到政府干预对经济增长的重要作用，但鲜有研究将包括政府规模等体制特征在内的经济增长策略对 TFP 增长的影响，特别是将中国内地/大陆高速增长期政府规模的 TFP 增长效应与亚洲"四小龙"在高速增长期的情况作对比。

关于税制结构与 TFP 的关系，相关研究大多侧重于通过直接税或间接税对经济高质量发展与 TFP 的关系进行考察，但鲜有研究基于税制结构的视角分析直接税和间接税比例关系变动的经济效应。即使部分学者对提高直接税比重与 TFP 提高的关系展开了研究，但是相关文献中至少存在一些不足之处。主要表现为：

第一，鲜有文献将 TFP 地区间的空间溢出影响纳入对税制结构 TFP 增长效应的分析。大量学者发现，各地方政府间税收竞争行为的存在能够使税收政策和税收安排产生空间外溢效应从而影响 TFP，且外溢效应随基础设施保障、财政分权体制等外在因素的完善而增强，因而在研究 TFP 相关问题时若忽视空间上的相关性和异质性可能会影响实证结果的准确性。但遗憾的是，在税制结构与 TFP 关系的相关研究中，鲜有学者将税制结构变化和空间溢出联系起来，并对税制结构变化影响 TFP 的空间外溢效应进行深入分析。

第二，缺少从实证层面进一步探讨税制结构变动影响我国 TFP 的作用机制，特别是收入再分配渠道机制。收入再分配不仅是优化税制结构的重要目标，而且是影响我国 TFP 增长的重要因素（许海平、王岳龙，2010；高帆、汪亚楠，2016），对该作用机制的深入研究有利于厘清、优化我国税制结构之路径，为实现共同富裕、经济高质量发展提供可行的政策启示。

关于财政分权对经济增长可持续性的影响，已有研究关注的重点大都只是财政分权对经济增长或经济波动的单一影响，鲜有文献在一个相对统一的分析框架内同时探究财政分权的经济增长效应和经济稳定效应，很大程度上忽略了财政分权对经济增长动态及其可持续性的整体影响。并且，也缺乏针对我国省以下地区经济增长动态特征以及财政分权对其影响的深入研究——已有研究，如周业安和章泉（2008）、楚健和郑晓萍（Chu and Zheng，2013）、贾利勒等（Jalil et al.，2014），多聚焦于对省份经济增长动态特征的分析，而忽略了同一省份的不同地区（如地级市）即组内经济增长动态的差异特征，以及不同省份的地区（如地级市）即组间经济增长动态的共同特征。此外，目前关于经济增长可持续性的研究主要基于TFP增长这一经典研究视角，其关注的重点在于经济增速及其决定因素，很大程度上忽略了增长稳定性对于可持续增长的重要性，因而可能导致认知偏差。此外，国内大量学者从经典视角（即经济增长以要素积累驱动还是以TFP增长驱动为主）对我国经济增长可持续性进行了深入分析，但鲜有学者从经济增速与增长稳定性有机统一的视角对这一问题进行研究。

关于税制结构对居民消费结构升级的影响，已有文献大多关注的是税制结构对居民消费水平的影响，但鲜有学者注意到税制结构对城乡居民消费结构可能产生的影响。并且，少有学者关注到地区间和城乡间的差异，没有针对我国东中西部城乡进行具体细致的分析，缺少对区域间差异的研究。绝大多数学者研究的是税制结构影响居民消费结构的直接效果，很少有学者进一步探讨税制结构影响城乡居民消费结构的具体途径。

关于财政收入结构与经济增长的动态关系，已有研究仍然存在以下几点不足。

第一，从研究视角上看，多数研究仅是探究了非税收入与经济增长的关系，但鲜有研究从政府收入结构的视角去分析非税收入的经济影响。非税收入是政府筹资的方式之一，这一行为势必影响政府收入结构，而不同类型的财政收入对经济增长的影响渠道及效果存在很大差异。已有不少研究表明，政府收入结构对经济增长及经济稳定具有重要影响（廖楚晖、段吟颖，2014；王立勇等，2015；谷成、潘小雨，2020）。因此，从政府收入结构的全局视角研究非税收入的经济效应是十分必要的。

第二，从实证方法上看，针对全国或国内某地区时间序列数据的研究多采用简化VAR模型，虽然这样可以较好地捕捉系统中各内生变量之间的动态互动关系，但是无法刻画各变量之间的当期动态关联，具有一定的局限性。

第三，大部分实证研究以全国数据为研究对象，深入研究省及省以下地方政府非税收入经济效应的文献则比较有限。事实上，我国各地经济发展水平、财政状况、政策环境等差异较大，非税收入规模及其动态特征也迥然不同，地方政府非税收入对经济增长影响的效果也必然存在差异。因此，有必要对省及省以下地方政府非税收入的经济效应开展深入研究。

第3章 政府（或行政机构）规模与经济增长可持续性：TFP视角[①]

本书第2章中提到，过去几十年中我国的TFP增长对经济增长的贡献一度是学术界争论的焦点之一。在关于经济增长的文献中，TFP被广泛用于衡量技术进步和经济效率的提高，因而长期来看TFP在评估增长表现和经济的可持续性中具有核心作用（Easterly and Levine，2002）。尽管并没有定论，但毫无疑问的是，中国的TFP增长及其未来的趋势仍是研究中国经济增长可持续性问题的重要视角之一。本章运用空间状态模型，从经典TFP视角回顾我国经济高速增长期的经济增长可持续性问题，尤其是将我国内地/大陆高速增长期与亚洲"四小龙"高速增长期的TFP增长表现进行比较，并深入分析政府规模这一体制特征对TFP增长的影响。

3.1 问题的提出

自21世纪初以来，经济学家越来越关注政府财政干预等经济增长策略以及中国的经济增长是否可持续等问题。一些经济学家认为中国的TFP有显著增长，这是由于中国自1978年以来所推行的成功的增长策略（王小鲁等，2009）。邹至庄和林安伦（Chow and Lin，2002）、珀金斯和罗斯基（Perkins and Rawski，2008）、博斯沃思和柯林斯（Bosworth and Collins，2008）等都认为TPF增长是中国过去经济增长的主要推动力之一。与之相反，扬（Young，

[①] 本章主体部分英文版见贾俊雪和晁云霞（Jia and Chao，2016），有删改。

2003)、郑京海等（Zheng et al., 2009）、伍晓鹰（Wu, 2011）、田旭和余晓华（Tian and Yu, 2012）等的研究表明，中国的经济增长主要是投资驱动的，生产力的提高非常有限。这些关于中国经济增长模式的讨论使人想起了发生在20世纪90年代初关于亚洲"四小龙"（中国香港和中国台湾地区，以及新加坡和韩国）的经济增长可持续性的讨论。当时许多研究也聚焦于亚洲"四小龙"的 TFP 增长对 GDP 增长的贡献，认为其增长是由大量要素积累驱动而非由于技术进步或生产效率提高驱动的（Kim and Lau, 1994；Krugman, 1994；Young, 1994、1995），因此在1998年亚洲金融危机以后亚洲"四小龙"的高速经济增长突然结束并陷入长期停滞状态。尽管在经济体量上差别很大，但我国内地/大陆与亚洲"四小龙"在其他方面仍有很多相似之处：在经济起步阶段实行了相似的增长策略，尽管该增长策略的构成并不存在统一的定义。此外，诸如积极的政府干预和宏观经济管理、高投资率、快速的贸易开放、强劲的出口导向（通过货币贬值）等都可以说是这些经济体经济快速增长的关键（Boltho and Weber, 2009；Herrerias and Orts, 2010；Sarel, 1996；World Bank, 1993；Xu, 2010）。特别是政府和财政政策在上述两类经济增长奇迹中的作用，以及这种政府角色是否可以推广到其他处于起飞阶段的发展中国家和地区中，一直是学者所关注的焦点之一。然而，目前对这五个经济体起飞阶段经济增长的定量比较分析仍然比较有限。更重要的是，尽管经济增长策略和 TFP 增长在这五个经济体的长期增长表现中都起到了关键的作用，但有关经济增长策略和 TFP 增长关系研究的文献目前还很少[1]。

本章通过状态空间模型来估计我国内地/大陆高速增长时期的 TFP 增长率，同时考察了我国内地/大陆经济增长过程中的关键因素，特别是政府规模对 TFP 增长的作用，并在相同框架下将其与亚洲"四小龙"高速增长期的经济增长策略与 TFP 增长表现相比较，从而为未来经济的可持续增长提供借鉴。此外，本章还采用多种方法来估计 TFP 的增长并进行对比，从而证实状态空间模型确实提高了 TFP 增长估算的准确性。具体而言，笔者在本章中针对每一个经济体分别建立了状态空间模型（state space model），其中 TFP 增长率是采用卡尔曼滤波（Kalman filter）算法估计出来的一个潜在变量。由于 TFP 增

---

[1] 托马斯和旺（Thomas and Wang, 1996）、柯林斯等（Collins et al., 1996）通过对 TFP 做回归分析，研究政府干预和经济扭曲对 TFP 增长率的影响：第一步，先用增长核算方法估算 TFP 增长率；第二步，用 TFP 增长率对上述变量（政府干预、经济扭曲）进行回归。然而，该增长核算方法有很多缺陷，并且如果第一步之中对 TFP 增长率的估计不正确，可能导致第二步之中的回归结论无效。

长率是不可观测的，因此建立状态空间模型是一种自然和适当的方法，它可以同时估计 GDP-TFP 系统，以降低 TFP 增长率的估计误差。此外，通过在状态方程中引入财政支出规模等经济增长策略相关变量，能够更准确地评估财政政策等一系列经济增长策略对 TFP 增长的影响。显然，这有助于从生产力的角度确定我国内地/大陆和亚洲"四小龙"所追求的增长策略中的关键挑战，并为这些经济体和其他发展中经济体提供经验教训，以提高经济增长的可持续性。

本章安排如下：3.2 节介绍实证方法；3.3 节介绍本章所使用的数据和变量；3.4 节通过与亚洲"四小龙"的对比，评述我国内地/大陆的 TFP 增长表现；3.5 节通过将我国内地/大陆与亚洲"四小龙"的对比，考察政府规模等因素对 TFP 增长的影响；3.6 节为本章研究结论。

3.2 实证方法

本章使用状态空间模型估计我国 TFP 增长率及其决定因素。为了便于比较，分别采用增长核算、经济计量法对 TFP 增长率进行估算。接下来先对三种方法作简要说明。

3.2.1 索洛余值增长核算

在估计 TFP 增长率的研究中，被广泛应用的方法是基于一个总量生产函数的增长核算（growth accounting）。前文已提到，索洛（Solow，1957）率先提出把经济增长分解成不同的源泉，而经济增长核算正是实现这一分解的途径。只要我们计算出了一段时期内 TFP 的增长对于经济增长（通常指 GDP 的增长率）的贡献率，就可以判断这个经济增长是粗放型的还是集约型的（郭庆旺、贾俊雪，2005）。

增长核算的基本框架来源于丁伯根（Tinbergen，1942）和索洛（Solow，1957）的研究，后来格里利切斯（Griliches）、乔根森（Jorgenson）、戴沃特（Diewert）等对其进行了改进。标准的索洛余值增长核算框架有赖于一系列假设条件，包括：①存在可以被生产函数表示的生产技术，生产函数中的产出与最初的投入（即资本 K 和劳动 L）相关，而且资本和劳动可以相互替代；②规模报酬不变；③资本和劳动的产出弹性为常数；④技术进步是希克斯中性的，也就是说资本劳动比不变；⑤投入要素市场是完全竞争的，并且企业会通过资本和劳动的自由组合达到成本最小化。具体来说，经常采用规模报酬不变之假设下的柯布-道格拉斯（Cobb-Douglas，CD）生产函数为：

$$Y_t = A_t K_t^\alpha (H_t L_t)^{1-\alpha} \tag{3.1}$$

式中，Y_t 和 K_t 分别表示 t 期总产出和实物资本存量，H_t 代表人力资本存量，L_t 代表劳动投入，A_t 是 TFP，参数 α 是资本的产出弹性。

令 $L_t^* = H_t L_t$ 表示经人力资本调整的劳动力投入，经传统的取对数并差分分解得到：

$$\Delta \ln(Y_t) = \alpha \Delta \ln(K_t) + (1-\alpha)\Delta \ln(L_t^*) + \Delta \ln(A_t) \tag{3.2}$$

式中，Δ 是一阶差分算子。一旦参数 α 已知，我们可以从式（3.2）得到 TFP 增长率的估计值。

α 的值通常被设定为总收入中的资本占比，这意味着假设在要素投入市场和商品市场完全竞争条件下的利润最大化。可见，该方法对 TFP 增长率的估计施加了较为严格的约束。实际上，我们可以通过如下回归模型来检验规模报酬不变的关键性假设：

$$\ln(Y_t) = c + \beta_1 \ln(K_t) + \beta_2 \ln(L_t^*) + \varepsilon_t \tag{3.3}$$

待检验假设为：$\beta_1 + \beta_2 = 1$。

3.2.2 经济计量法

若规模报酬不变的假设成立，则另一种估计 α 的值的方法是通过对总量生产函数进行计量经济学估计。假定 TFP 以指数时间趋势的形式增长，即 $A_t = A_0 e^{\gamma t}$，其中 A_0 代表初期的 TFP，将其代入式（3.1）后，两边除以 L_t^* 后取对数，就能得到如下包含时间趋势项 t 的计量公式：

$$\ln(Y_t/L_t^*) = c + \alpha \ln(K_t/L_t^*) + \gamma t + \varepsilon_t \tag{3.4}$$

式中，c 是一常数项，ε_t 是误差项。

TFP 的恒定增长率 γ 也可以从式（3.4）的计量估计中获得。但是，TFP 在长期内以恒定的速度增长的假设似乎不具有充分的说服力。

3.2.3 TFP 增长的状态空间模型

当涉及不可观察变量的动态系统时，状态空间模型是非常有用的工具。由于 TFP 增长是不可观测的，因此状态空间模型是估计 TFP 增长率的自然和适当的选择。此外，在状态方程中引入 TFP 增长率潜在决定因素，使我们能更准确地探索 TFP 增长背后的驱动力。

借鉴福恩特斯和莫拉莱斯（Fuentes and Morales，2011）的研究，假定 TFP 增长率 $[\Delta\ln(A_t)]$ 遵循经 TFP 增长决定因素扩增的一阶自回归移动平均过程 [ARMA（1，1）][1]。在规模报酬不变的假设下，对 GDP-TFP 系统的状态空间模型是由如下的观测方程（observation equation）和状态方程（state equation）建立的。

观测方程为：

$$\Delta\ln(Y_t/L_t^*) = \Delta\ln(A_t) + \alpha\ln(K_t/L_t^*) + \vartheta_t \tag{3.5}$$

状态方程为：

$$\Delta\ln(A_t) = \beta\Delta\ln(A_{t-1}) + \eta\Delta\ln(X_t) + \phi\xi_{t-1} + \xi_t \tag{3.6}$$

在式（3.5）中，TFP 增长率被视为是受式（3.6）限定的潜在（或状态）变量。X_t 是决定 TFP 增长率的因素的变量矩阵（将在 3.3.2 节中说明）。ϑ_t 和 ξ_t 是互不相关的白噪声干扰误差项。

式（3.5）和式（3.6）所建立的状态空间模型可以使用基于最大化对数似然函数的卡尔曼滤波算法来估计。具体来说，估计过程中，采用数值优化方法，从对参数的初始猜测开始，迭代到估计参数收敛。迭代的极限对应于参数的极大似然（ML）估计，同时得到平滑的状态变量（即 TFP 增长）的估计值。

显然，状态空间允许通过直接计量的方式估计资本产出弹性，而不是像在传统的索洛余值核算法中进行外生的假设。更重要的是，在这里 TFP 还包含除了技术进步以外的其他成分，因为它可以受到外生变量（如政府规模、经济开放程度、物质资本质量、汇率冲击等）的影响。一方面，我们可以研究这些因素对 TFP 增长的直接影响。另一方面，观测方程的计量估算给出的残差是同模型中所有解释变量（包括 TFP 增长的决定因素）不相关的，而索洛余值包括与生产要素增长无关的所有成分，但这些成分可能与 TFP 增长的决定因素相关。这是对索洛余值方法的一个重要改进。因此，相比增长核算方法，状态空间模型可以对模型参数和 TFP 增长率进行更准确的估计（Fuentes and Morales，2011）。

---

[1] 在现有的研究中，往往假定 TFP 的增长遵循一个 AR（1）过程（Fuentes and Morales，2011）。显然，ARMA（1，1）过程比 AR（1）过程更具一般性。

3.3 数据与变量

为方便后文的国际对比分析，本章使用的数据主要来自"宾夕法尼亚大学世界表"7.0（PWT 7.0，Heston et al., 2011）、国际货币基金组织（IMF）的国际金融统计（IFS）数据库，以及世界银行（World Bank, 2010）的世界发展指标（WDI）。所有的变量都以 2005 年美元不变价计，以反映购买力平价（purchasing power parity，PPP）。中国内地/大陆样本期为 1978—2009 年[①]，亚洲"四小龙"样本期为 1965—1990 年，分别是中国内地/大陆和亚洲"四小龙"的高速增长时期。表 3-1 给出了估计 TFP 主要变量的描述性统计。

表 3-1　TFP 估计变量的描述性统计

经济体	变量	观测值个数	均值	标准差	最小值	最大值
中国内地/大陆	Y_t	32	3 298.40	2 688.70	588.37	10 140.62
	K_t	32	8 690.60	7 403.80	1 552.44	28 066.03
	L_t	32	667.59	96.33	484.44	793.84
	H_t	32	6.23	1.11	4.49	8.06
	Sg_t	32	15.32	0.99	13.57	17.13
	$Open_t$	32	39.20	15.00	25.42	70.80
	$Oval_t$	32	44.53	19.69	26.98	96.21
	Rp_t	32	107.07	5.43	96.85	121.07
	Inf_t	32	5.42	6.45	-1.40	24.10
中国香港	Y_t	26	61.14	34.84	20.09	128.37
	K_t	26	173.24	102.37	54.75	379.90
	L_t	26	2.18	0.53	1.41	2.84
	H_t	26	7.48	1.18	5.71	9.36
	Sg_t	26	3.81	0.26	3.35	4.32
	$Open_t$	26	107.84	28.76	73.67	184.02
	$Oval_t$	26	69.44	9.56	57.23	84.27
	Rp_t	26	64.61	11.16	42.81	82.56
	Inf_t	21	7.84	5.26	-4.80	18.10

---

① 尽管中国内地/大陆这一轮的经济放缓开始于 2012 年，但笔者认为将高速增长期扩展到 2011 年（延长两年样本期）并不影响主要结论，且关于我国经济高速增长期目前并没有明确的定义。

第3章 政府（或行政机构）规模与经济增长可持续性：TFP 视角

续表

经济体	变量	观测值个数	均值	标准差	最小值	最大值
中国台湾	Y_t	26	120.58	74.04	32.30	277.24
	K_t	26	192.35	137.95	31.53	481.19
	L_t	26	6.37	1.27	4.49	8.42
	H_t	26	5.56	0.62	4.69	6.63
	Sg_t	26	18.42	3.19	14.60	23.90
	$Open_t$	26	58.15	18.32	24.12	84.76
	$Oval_t$	26	55.82	10.45	42.79	77.64
	Rp_t	26	127.22	16.82	103.61	156.64
	Inf_t	26	6.16	9.69	-2.60	47.30
新加坡	Y_t	26	30.85	17.09	8.93	67.96
	K_t	26	131.61	74.51	46.25	276.58
	L_t	26	1.04	0.29	0.64	1.56
	H_t	26	5.30	0.63	4.31	6.62
	Sg_t	26	9.90	1.08	8.37	11.82
	$Open_t$	26	294.34	52.76	206.71	395.87
	$Oval_t$	26	63.43	6.52	54.11	75.15
	Rp_t	26	62.60	11.97	34.03	74.48
	Inf_t	26	3.71	5.65	-1.90	22.40
韩国	Y_t	26	210.00	118.70	65.20	486.90
	K_t	26	441.10	356.90	58.30	1 300.00
	L_t	26	13.23	2.97	8.75	18.54
	H_t	26	7.79	1.46	5.47	10.28
	Sg_t	26	9.88	1.77	7.43	12.76
	$Open_t$	26	21.83	9.03	4.93	33.38
	$Oval_t$	26	49.43	12.24	26.84	67.86
	Rp_t	26	96.87	11.71	84.35	122.98
	Inf_t	25	11.47	7.60	2.30	28.70

注：①Y_t和K_t分别为总产出和实物资本存量（十亿美元，2005 年 PPP 不变价）；②L_t为总劳动投入（百万人）；③H_t为人力资本存量（年）；④Rp_t为资本品相对于消费品的价格（%）；⑤Sg_t为 GDP 中的政府支出份额（%）；⑥$Open_t$为进出口总额占 GDP 的比重（%）；⑦$Oval_t$为汇率高估值（%）；⑧Inf_t为通货膨胀率（%）。

3.3.1 产出、劳动和资本

总产出（Y_t）用实际 GDP 衡量。图 3-1 给出了中国内地/大陆和亚洲"四小龙"1965—2009 年的实际 GDP 增长率，从中可以看到中国内地/大陆样本期间内的 GDP 增长率呈现明显的周期性，平均增速很高，在 10%左右。对于亚洲"四小龙"而言，其在 1965—1990 年期间曾有类似的情况，但是在 20 世纪 90 年代中期之后亚洲"四小龙"的经济增长明显围绕低于之前的水平波动。

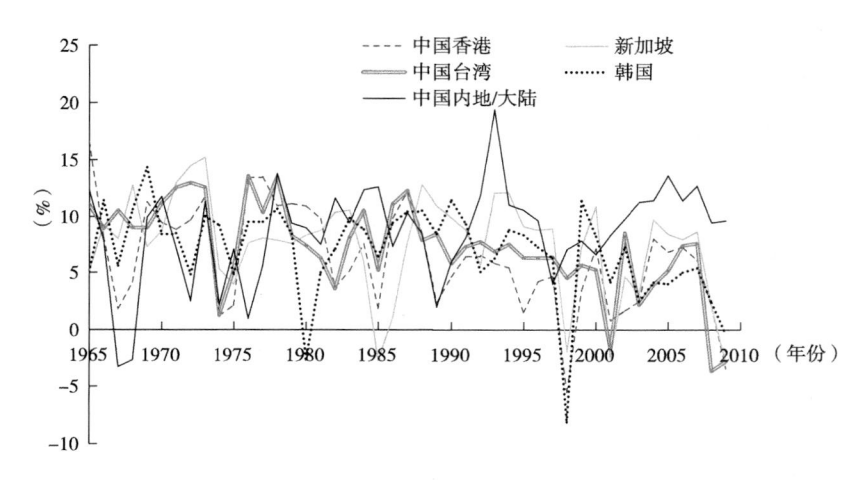

图 3-1　中国内地/大陆与亚洲"四小龙"实际 GDP 的增长率（1965—2009 年）

本章中的劳动投入（L_t）指的是就业人口中的经济活动人口总量。经济活动人口是指：由联合国国民经济核算体系（system of national accounts，SNA）定义的在一定时期内具备可以生产经济商品和劳务的劳动供给的、不分性别的所有个人。为了方便后文的国际对比，笔者仍然采用 PWT 7.0 中的实际 GDP 除以劳均（per worker）实际 GDP 来计算，因为根据 PWT 对变量的定义，worker 指的正是经济活动人口。中国内地/大陆的劳动投入数量无疑是这五个经济体中最大的，年平均近 6.676 亿人（见表 3-1）。

人力资本（H_t）用劳动年龄人口（即 15 至 64 岁的人口）的平均受教育年限来衡量。笔者根据巴罗和李（Barro and Lee，2001）的建议，采用平均受教育年限作为衡量指标，尽管教育水平并不能衡量全部的人力资本存量。由于世界银行提供的教育统计数据是从 1960 年到 2010 年（每 5 年提供一次统计数据），笔者假设每一个 5 年期间的平均受教育水平以恒定的速度提高，然后得到年度数据。实际上，扬（Young，2003）在仔细研究了中国内地/大陆的人力资本存量之后发现，中国内地/大陆非农业部分的人力资本存量在 1978—1998 年期间的年增长率几乎是个常数——每年 1.1%。对于中国台湾的平均受教育水平，本章中直接采用了已有文献（Lin，2003）中的数据。为了使结果具有可比性，笔者根据不同估算方法的最大教育年限的不同，对中国台湾的数据作了一些粗略的调整和估计。与亚洲"四小龙"相比较，虽然中国内地/大陆的劳动年龄人口的平均受教育年限由 1978 年的 4.49 年增加到 2009 年的 8.06 年，但其平均值（6.23 年）低于韩国以及中国香港在 1965—1990 年期间的均值（分别为 7.79 年和 7.48 年）。

需要指出的是，本章中人力资本的衡量指标存在几个缺陷。首先，前文已经提到，平均受教育年限仅仅衡量了从学校接受的正规教育，而这会低估人力资本存量。其次，这里存在一个隐含的假设，那就是对任意的教育水平而言，教育的边际报酬率不变。实际上，根据边际报酬递减规律，教育回报率随教育水平提高而递减是更为合理的假设（Weil，2009），当然估计合适的教育报酬率也非易事。再次，教育回报率也会随着经济结构的变化而变化，即当经济处于集约型阶段时，教育回报率可能会比在粗放型阶段时要高一些。最后，这样一个替代变量没能体现学校教育质量随时间变化而提高的情况。

在获得了劳动力投入（L_t）和人力资本存量（H_t）的数据之后，可以计算经人力资本调整后的劳动力投入（$L_t^* = H_t L_t$）及其增长率。以中国内地/大陆为例，图 3-2 给出了经人力资本调整前后的劳动力投入的增长率。中国内地/大陆的劳动力投入（L_t）增长率从 1978 年的 2.0% 提高至 1983 年的 3.2%，达到高峰后，逐渐下降到 2009 年的 0.9%，样本期间平均增长率为 1.6%。经人力资本调整后，劳动力投入增长加快，但在 1984 年达到峰值（5.3%）后也呈现逐年下降的趋势，样本期间平均增长率为 3.6%。相比之下，亚洲"四小龙"经人力资本调整后的劳动力投入在 1965—1990 年期间增长得更快，分别为 5.0%（中国香港）、4.0%（中国台湾）、5.4%（新加坡）、5.8%（韩国）。

此外，还需要估计中国内地/大陆的物质资本存量。由于只有每年的实际投资（固定资产形成总额）数据可得，因此必须采用基于经济学准则的数学

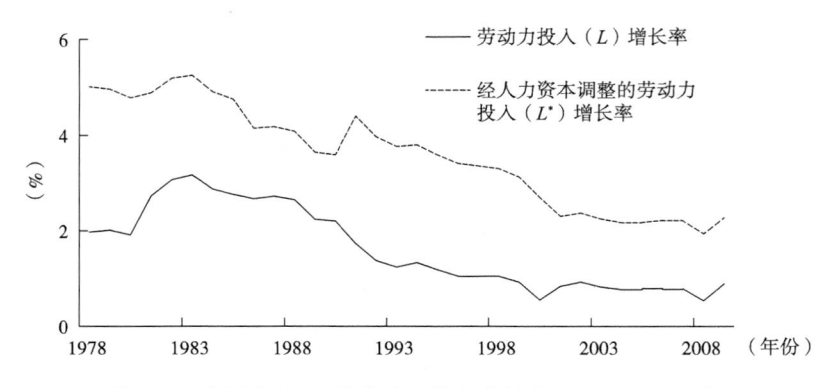

图 3-2 中国内地/大陆劳动力投入增长率（1978—2009 年）

方法去估算。估计资本存量的方法并不是唯一的。例如，江崎和孙林（Ezaki and Sun，1998）运用联立方程法同时估计了资本存量和 TFP。本章中采用的是戈德史密斯（Goldsmith）在1950年开创的永续盘存法。给定最初的资本存量（K_0），一段时期的投资流 I_t 以及固定资产折旧率 δ，则这段时期内各年的实物资本存量（K_t）由下式给出：

$$K_t = (1-\delta)K_{t-1} + I_t \tag{3.7}$$

现有文献中，针对东亚国家和地区运用的折旧率 δ 从4%到10%不等。例如，扬（Young，2003）对中国内地/大陆采用了 6% 的折旧率，萨雷尔（Sarel，1996）对亚洲"四小龙"采用的是5%的折旧率，邹至庄和林安伦（Chow and Lin，2002）对我国大陆及台湾地区采用了更低的折旧率4%，布兰特和朱晓冬（Brandt and Zhu，2010）则采用了一系列变化的折旧率。邹至庄和林安伦（Chow and Lin，2002）指出，从官方数据的名义折旧值中得到的折旧率通常是被高估的。然而，在短期内收集这五个经济体的变化折旧率是相当困难的，因为不同的物质资本需要不同的折旧率。为了简化计算和便于比较，笔者对这五个经济体采用了相同的折旧率 $\delta = 5\%$（Zheng et al.，2009）。事实上，笔者也尝试了其他折旧率，发现其改变对结果影响不大。初始资本存量（K_0）根据下列公式估算：

$$K_0 = I_0/(\delta + \bar{g}) \tag{3.8}$$

式中，$\bar{g}$ 是在一段稳定时期的平均 GDP 增长率，I_0 是期初的实际投资额，这假设了固定资产投资的增长是为了满足产出增长和资本消耗或资本折旧（Young，2003；Wu，2011）。中国内地/大陆的期初年份设为1952年，稳定时期选为 1953—1959 年；亚洲"四小龙"的期初年份为 1960 年，稳定时期选为 1961—1967 年，以减少测量误差对初始资本存量估算的影响。这样，经估计得出的中国内地/大陆初始资本存量为 2 506.07 亿美元，中国台湾地区为 214.89 亿美元，非常接近伍晓鹰（Wu，2011）与邹至庄和林安伦（Chow and Lin，2002）的估计。

图 3-3 给出了中国内地/大陆和亚洲"四小龙"1965—2009 年期间实际资本存量的增长速度。中国内地/大陆和亚洲"四小龙"高速增长时期都经历了显著的物质资本积累。尤其是韩国，其 1965—1990 年期间物质资本存量的平均增速高达 13.0%，显著高于其同期实际 GDP 的平均增长速度 8.2%。然而这种粗放型增长模式从长期来看是不可持续的。事实上，自 20 世纪 90 年代后期起，随着经济增长奇迹的结束，亚洲"四小龙"都经历了实物资本积累速度的显著放缓。此外还有一个突出的事实是，中国内地/大陆的实物资本存量在样本期呈现加速积累的趋势：资本存量增长速度从 1978 年的 8.5% 提高到 2009 年的 12.4%，平均增速也高于其同期的实际 GDP 平均增长速度（9.7%）。

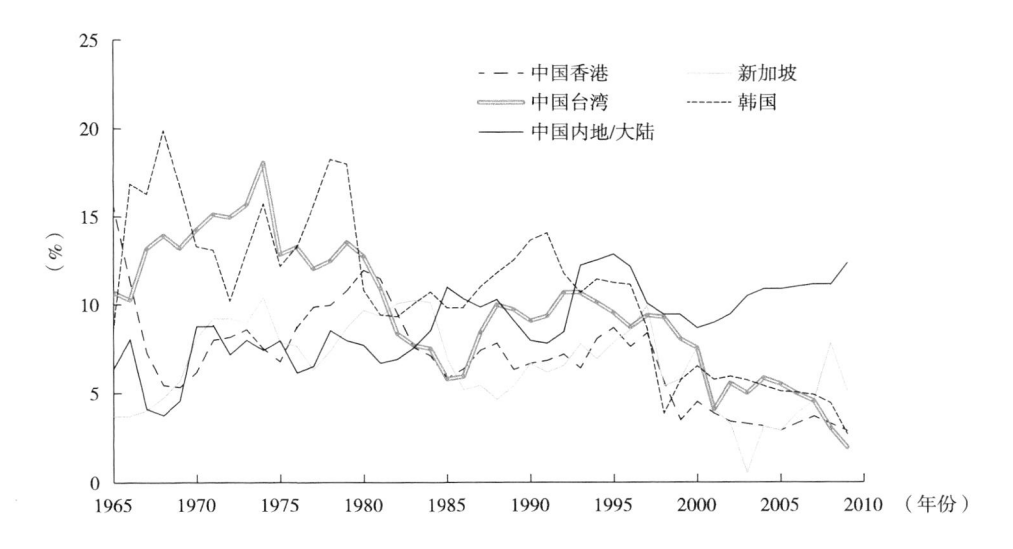

图 3-3 中国内地/大陆和亚洲"四小龙"的实际物质资本存量的增长率（1965—2009 年）

3.3.2 TFP 增长的决定因素

在本书中，笔者主要关注政府规模（或政府干预程度）、贸易开放度、出口导向、物质资本的质量以及宏观经济稳定性等在 TFP 增长中的作用。政府

(或行政机构)干预、贸易开放和出口导向已被广泛认为是中国内地/大陆和亚洲"四小龙"在高速增长时期采用的经济增长策略的关键组成部分(Boltho and Weber, 2009; Herrerias and Orts, 2010; Sarel, 1996; World Bank, 1993; Xu, 2010)。资本的质量可用来捕捉投资的快速增长对TFP增长的影响,因为技术进步往往体现在最新一代的更高质量的资本中(Greenwood and Jovanovic, 2001)。此外,引入资产质量以弥补增长核算中忽略嵌入投资式技术进步的缺陷(Chen, 1997),即如果不能有效地衡量物质资本质量本身的提高,可能会高估TFP的增长(Easterly and Levine, 2002)。此外,良好的宏观经济管理和致力于降低经济扭曲的改革措施,保证了我国改革开放几十年的宏观经济稳定,而这也被认为是我国经济增长过程中至关重要的因素之一。

具体而言,我们采用实际GDP中政府支出占比(Sg_t)作为政府规模的衡量指标(Thomas and Wang, 1996; 马拴友, 2000; 靳涛、李帅, 2015)。通过对研究和开发的补贴,以及对应用研究和培训的支出,政府财政支出规模可以在促进技术进步和提高生产效率方面发挥积极作用(郭庆旺、贾俊雪, 2005; 曾淑婉, 2013),特别是在市场机制尚不成熟的发展中经济体中。但是,政府支出可能会挤出私人部门的研发投资,从而在研究领域中造成资源配置的扭曲。因此,政府干预可能会促进TFP增长,也可能会阻碍TFP增长。在此将进出口总额占GDP的比重作为贸易开放度($Open_t$)的衡量指标。贸易开放度的提高使经济体向国外的技术敞开(也许更重要的是对其他经济体竞争的敞开),从而促进技术快速进步。因此,笔者预计贸易开放度与TFP增长率呈正相关关系。根据米勒和阿帕德海耶(Miller and Upadhyay, 2000)、伯格等(Bergh et al., 2012)的研究,笔者使用汇率高估程度($Oval_t$),即PPP下的GDP除以汇率,作为出口导向程度的代理变量。汇率高估程度越低(或低估程度越高)意味着更强的出口导向。高估的汇率会刺激进口、限制出口,特别是破坏国内的制造业,这阻碍了TFP增长。然而,高估的汇率也可能鼓励生产结构的技术升级。因此,汇率高估程度和TFP增长之间的相关性并不明确。在本章中,将资本品相对于消费品的价格(Rp_t)作为物质资本的质量的代理变量(Greenwood and Jovanovic, 2001)。正如一些文献(Chen, 1997; Delpachitra and Dai, 2012)中所指出的,传统的增长核算方法会低估TFP对GDP增长的贡献而高估资本积累的贡献,这是因为嵌于物质资本中的技术进步将提高资本的边际生产率,从而影响资本积累。通过将物质资本的质量Rp_t

作为TFP的决定要素之一，上述低估问题将在很大程度上得到缓解。如果发生资本嵌入式技术进步，这时资本相对价格的下降反映了新技术世代的到来所引起的资本质量的改善。因此，更低的资本相对价格意味着更快的TFP增长。通货膨胀率（Inf_t）即居民消费价格指数（CPI）的变化，用来衡量宏观经济不稳定的影响（Fisher，1993；Easterly and Levine，2002）。稳定的经济环境有利于企业的发展，从而鼓励企业的创新活动。因此，宏观经济波动越大、通货膨胀率越高，对TFP增长越会产生不利影响。代入状态方程式（3.6）的变量是对上述变量分别取对数和差分后乘以100，即每年的百分比变化率。由于负的通胀率在当前的样本中非常常见①，因此对通货膨胀率笔者采用$\Delta\ln(1+Inf_t)$乘以100的转换形式。

在本章研究的五个经济体中，中国大陆及中国台湾地区存在较高的政府（或行政机构）干预程度：政府（或行政机构）支出规模占GDP的比重平均分别为15.32%和18.42%（见表3-1）。相比之下，中国香港地区的政府支出规模的平均GDP占比只有3.81%。在贸易开放程度上，新加坡和中国香港地区脱颖而出，显著高于其他经济体，其进出口总额分别平均是其GDP的294.34%和107.84%。此外，该五个经济体在样本期间都呈现出货币相对PPP而言被低估的特点，特别是中国内地/大陆。中国台湾地区和韩国的资本品相对于消费品的价格较高，并且也只有这两个经济体经历了相对价格的明显下降。通货膨胀率似乎在这五个经济体中都相对比较温和，其中韩国的通货膨胀率最高，平均为11.47%。此外，如表3-2所示，增广迪基-富勒（augmented Dickey-Fuller，ADF）单位根检验表明，在10%的显著性水平下，可以认为代入回归方程的变量是稳定的。

表3-2 主要变量的ADF单位根检验结果

经济体	$\Delta\ln(Y_t/L_t^*)$	$\Delta\ln(K_t/L_t^*)$	$\Delta\ln(Rp_t)$	$\Delta\ln(Sg_t)$	$\Delta\ln(Open_t)$	$\Delta\ln(Oval_t)$	$\Delta\ln(1+Inf_t)$
中国内地/大陆	-3.065**	-4.171**	-4.821***	-5.102***	-4.293***	-4.001***	-5.417***
中国香港	-5.100***	-7.059***	-3.148***	-3.674***	-2.672***	-2.900***	-4.847***
中国台湾	-3.597**	-3.964**	-5.114***	-4.307***	-2.730***	-3.265***	-6.509***

---

① 经过取对数取差分的转换后，对于每个经济体而言，这些解释变量之间的相关性基本可以忽略不计。

续表

经济体	$\Delta\ln(Y_t/L_t^*)$	$\Delta\ln(K_t/L_t^*)$	$\Delta\ln(Rp_t)$	$\Delta\ln(Sg_t)$	$\Delta\ln(Open_t)$	$\Delta\ln(Oval_t)$	$\Delta\ln(1+Inf_t)$
新加坡	-3.145**	-1.719*	-3.796**	-3.588**	-4.397***	-2.648**	-6.051***
韩国	-4.378***	-2.930*	-5.223***	-4.624***	-4.683***	-2.767***	-4.663***

注：①Δ表示一阶差分算子；② *、** 和 *** 分别表示在10%、5%和1%的显著性水平上是显著的，下同。

3.4 我国高速增长期的 TFP 增长表现

3.4.1 规模报酬不变假设检验

在此，笔者利用式（3.3）检验规模报酬不变的关键假设是否成立。在对式（3.3）进行估计之前，先对前述五个经济体的 $\ln(Y_t)$、$\ln(K_t)$ 和 $\ln(L_t^*)$ 分别进行了 ADF 平稳性检验和约翰森-朱西利斯（Johansen-Juselius）协整检验（J-J 检验），发现中国香港和中国台湾地区的时间序列变量间存在多重协整关系，但是这里并没有报告由向量误差修正模型（vector error correction，VEC）得到的长期均衡关系。这是因为上述两个经济体的变量都不是同阶单整的，如果采用 VEC 模型，就无法得到有经济学含义的回归系数。另外，OLS 初步回归的结果显示，残差项中存在 ARMA（p，q）的特征，所以分别将残差项设为 ARMA（p，q）对模型进行修正，这之后的回归残差通过了布劳殊-戈弗雷（Breusch-Godfre）检验（B-G 检验）和 ADF 检验。最终将式（3.3）的估计结果和规模报酬不变的瓦尔德（Wald）检验结果总结于表 3-3 中。从表 3-3 中可以看出，对于这五个经济体，在 5% 的显著性水平上，规模报酬不变的原假设都不能被拒绝。这一结论对于中国台湾地区可能有一些牵强，因为其瓦尔德检验的 P 值仅略微大于 5%。规模报酬不变的假设已被证明是合理的，因此在下文中三种估计 TFP 增长的方法都建立在规模报酬不变的假设上。

表 3-3 对规模报酬不变假设的检验

经济体	J-J 检验	ARMA（p，q）模型 OLS 回归 [因变量：$\ln(Y_t)$]					瓦尔德检验	
		$\ln(K_t)$	$\ln(L_t^*)$	c	ARMA	调整后的 R^2	F 统计量	P 值
中国内地/大陆	0	0.862*** (0.055)	0.192 (0.162)	-0.371 (0.498)	(2,1)	0.999	(1,24) 0.248	0.623

续表

经济体	J-J 检验	ARMA (p, q) 模型 OLS 回归 [因变量：$\ln(Y_t)$]					瓦尔德检验	
		$\ln(K_t)$	$\ln(L_t^*)$	c	ARMA	调整后的 R^2	F 统计量	P 值
中国香港	2	0.713*** (0.153)	0.412* (0.235)	1.250 (1.188)	(1, 1)	0.998	(1, 20) 2.058	0.167
新加坡	0	0.549* (0.306)	0.618 (0.431)	2.809 (2.894)	(1, 1)	0.998	(1, 20) 1.027	0.323
中国台湾	3	0.412*** (0.113)	0.978*** (0.301)	3.169*** (0.363)	(1, 1)	0.998	(1, 20) 4.153	0.055
韩国	0	0.678*** (0.225)	0.160 (0.362)	2.639 (2.591)	(1, 0)	0.997	(1, 21) 0.337	0.568

注：括号中为稳健标准误差，下同。

3.4.2 索洛余值法增长核算

在索洛余值法这一经济增长核算方法中，还需要对资本的产出弹性 α 作出假设。在索洛的模型中，α 被假定为一个常数。回顾式（3.2），在此用产出弹性的表达形式代替 α 和 $(1-\alpha)$，即：

$$\frac{\dot{A}_t}{A_t} = \frac{\dot{Y}_t}{Y_t} - \frac{\partial Y_t}{\partial K_t}\frac{K_t}{Y_t}\frac{\dot{K}_t}{K_t} - \frac{\partial Y_t}{\partial L_t^*}\frac{L_t^*}{Y_t}\frac{\dot{L}_t^*}{L_t^*} \tag{3.9}$$

上式表明，不能观测到的资本与劳动的产出弹性和可以观测到的资本与劳动在最终收入中的份额存在联系。因此，主要有两种方法来估计 α：一是通过国民收入账户投入产出表来计算可观测到的劳动占总产出的份额；二是通过计量回归估计产出弹性。现有文献中以不同的方法对资本的产出弹性进行了估计，结果也大不相同。OECD（2005）提到中国的劳动份额或许存在上升趋势，扬（Young，2003）和伍晓鹰（Wu，2011）也指出了这一现象。郑京海等（Zheng et al.，2009）认为在当前对中国的分析中，50%的劳动份额或许是个保险的假设。萨雷尔（Sarel，1996）将亚洲"四小龙"的资本产出弹性都假设为 $\alpha=1/3$，这也是宏观经济分析中比较经典的假设。扬（1995）运用劳动份额法估计的 α 值为：中国香港 0.38，新加坡 0.5，韩国 0.29，中国台湾 0.25。基于已有研究并且为了便于比较，$\alpha=0.4$ 对于中国内地/大陆和亚洲"四小龙"来说可能是个还算合理的假设。

基于前面的假设，可以按照传统方法对经济进行增长核算，也就是在规模报酬不变、资本产出弹性为常数 $\alpha=0.4$ 的假设下，按照式（3.2）计算出 TFP 的增长率，并把总的 GDP 的增长分解成不同投入要素及 TFP 的增长。表 3-4 给出了这种计算方法的估算结果。例如，K 的增长对 GDP 增长的贡献率，用 $(\alpha k/y) \times 100\%$ 计算，而 TFP 的贡献率用 $(a/y) \times 100\%$ 计算（k, a 和 y 分别表示 K、TFP 和实际 GDP 的增长率）。为了比较 TFP 增长随时间变化的情况，笔者还把各个经济体的高速增长期区分为前后两个阶段：对于亚洲"四小龙"，以 1977 年为划分节点；对于中国内地/大陆，则以 1994 年为划分节点。

由于在增长核算过程中加入了很多假设，表 3-4 是一个比较粗略的估算。尽管如此仍能发现中国内地/大陆与亚洲"四小龙"在经济高速增长期的一些特点。一是中国内地/大陆高速增长期的 TFP 增长似乎比亚洲"四小龙"要大一些，TFP 增长对经济增长的贡献率也比它们的要高，这可能令人对"是否可持续"的回答更加乐观一些。二是中国内地/大陆经人力资本调整的劳动投入增长比亚洲"四小龙"的要慢，其贡献率也是五个经济体中最低的。这一特点在第二个子样本期（1995—2009 年）内尤为明显，劳动投入增长率仅为 2.6%，这也反映了开始于 1983 年的计划生育政策的影响。三是由于投资快速增长造成资本存量的惊人增长速度（甚至超过了 GDP 增长速度），韩国在整个高速增长期的 TFP 平均增长率和对经济增长的贡献率都是负值，仅仅在第二个子样本期 TFP 才有些许正的增长。四是与亚洲"四小龙"相比，中国内地/大陆 TFP 增长对经济增长的贡献率相对较高，劳动力投入 L_t^* 贡献率则相对较低，而 K 的贡献率与亚洲"四小龙"整体上区别不大。五是在这五个经济体中除了新加坡之外，TFP 增长率可以被认为是比较稳定的，因为两个子样本期内并没有大的不同，而新加坡的 TFP 增长率在第二个子样本期显著放缓。这表明，笔者在接下来的经济计量法中所采用的 TFP 每年以不变速率增长的假设存在一定的合理性。

表 3-4 索洛余值法增长核算（规模报酬不变，$\alpha=0.4$）

经济体	时间段	增长率				经济增长贡献率（%）		
		y	l^*	k	a	K_c	L_c^*	TFP_c
中国内地/大陆	1978—2009 年	0.097 5	0.035 9	0.097 5	0.037 0	40.01	22.09	37.91
	1978—1994 年	0.099 5	0.044 3	0.090 1	0.036 9	36.21	26.74	37.05
	1995—2009 年	0.095 2	0.026 4	0.106 0	0.037 0	44.52	16.63	38.85

第3章 政府（或行政机构）规模与经济增长可持续性：TFP视角

续表

经济体	时间段	增长率				经济增长贡献率（%）		
		y	l^*	k	a	K_c	L_c^*	TFP_c
中国香港	1965—1990年	0.0803	0.0495	0.0834	0.0173	41.52	36.99	21.49
	1965—1977年	0.0853	0.0560	0.0833	0.0184	39.06	39.42	21.53
	1978—1990年	0.0754	0.0430	0.0835	0.0162	44.29	34.26	21.45
新加坡	1965—1990年	0.0832	0.0543	0.0727	0.0215	34.96	39.15	25.89
	1965—1977年	0.0909	0.0498	0.0687	0.0335	30.25	32.88	36.88
	1978—1990年	0.0756	0.0588	0.0767	0.0096	40.60	46.68	12.72
中国台湾	1965—1990年	0.0906	0.0399	0.1149	0.0207	50.72	26.44	22.85
	1965—1977年	0.0982	0.0400	0.1364	0.0194	55.58	24.71	19.71
	1978—1990年	0.0831	0.0394	0.0937	0.0219	45.13	28.46	26.40
韩国	1965—1990年	0.0823	0.0583	0.1303	-0.0046	63.22	42.39	-5.61
	1965—1977年	0.0856	0.0676	0.1417	-0.0116	66.17	47.35	-13.51
	1978—1990年	0.0792	0.0490	0.1190	0.0022	60.08	37.10	2.82

注：① $K_c = (\alpha k/y) \cdot 100\%$；② $L_c^* = [(1-\alpha) l^*/y] \cdot 100\%$；③ $TFP_c = (a/y) \cdot 100\%$。

3.4.3 经济计量法估计结果

在规模报酬不变和TFP增长速度恒定的假设下，接下来对式（3.4）进行极大似然估计。回归残差呈现明显的ARMA（p, q）特征，对模型进行相应的残差修正后，得到表3-5的回归结果。ADF检验和B-G检验表明残差是稳定的且没有自相关性。由表3-5可知，中国内地/大陆在1978—2009年间的TFP年增长率从总体上而言并不比亚洲"四小龙"高，而在亚洲"四小龙"中，新加坡和中国台湾地区在高速增长期的TFP增长率是最高的。这与笔者在索洛余值增长核算中得到的结论不相符。需要注意的是，经济计量法区别于索洛余值增长核算的关键在于：前者用对每个经济体估计的资本产出弹性代替了假设的相同的资本产出弹性值。可以看到，对中国内地/大陆1978—2009年间进行估计得到的资本产出弹性约为0.75，是这五个经济体中最高的，而且几乎是笔者在3.3.2节假设的 $\alpha = 0.4$ 的两倍。更高的资本产出弹性意味着物质资本存量增长对整体经济增长之更高的贡献率，也就意味着其他因素对经济增长之更低的贡献率。

表 3-5 经济计量法估算结果

经济体	中国内地/大陆	中国香港	中国台湾	新加坡	韩国
资本的产出弹性（α）	0.750*** (0.180)	0.560* (0.292)	0.310** (0.124)	0.260 (0.258)	0.479** (0.206)
TFP 平均增长率（γ）	0.011 (0.011)	0.010* (0.008)	0.023*** (0.009)	0.024*** (0.006)	-0.009 (0.014)
常数项（C）	0.496 (0.956)	2.798 (2.515)	4.951*** (0.857)	5.467** (2.485)	3.838*** (1.386)
ARMA（p, q）	(1, 1)	(0, 1)	(1, 1)	(1, 1)	(1, 0)
对数似然值	77.297	60.473	60.393	55.686	56.127
瓦尔德卡方统计量	1 662.270***	593.010***	2 174.920***	202.250***	207.210***

注：瓦尔德卡方统计量检验极大似然估计下模型整体的显著性，下同。

此外，笔者发现中国内地/大陆及中国香港和中国台湾地区的 $\ln(Y_t/L_t^*)$ 和 $\ln(K_t/L_t^*)$ 都是 I（1）序列，它们很可能存在协整关系；如果存在协整关系的话，则需要建立误差修正模型（error correlation model，ECM）来获取它们之间的短期和长期关系以及 $\ln(K_t/L_t^*)$ 准确的估计系数。由于只有两个变量且为同阶单整序列，笔者用恩格尔-格兰杰（Engle-Granger，E-G）两步法对 $\ln(Y_t/L_t^*)$ 和 $\ln(K_t/L_t^*)$ 进行协整检验，发现二者确实存在协整关系。表 3-6 给出了对于中国内地/大陆以及中国香港和中国台湾地区的 ECM 估计结果。表中的误差修正项是 OLS 回归的残差项一期滞后项。三个 ECM 回归的残差都是稳定的且都没有明显的自相关性。

表 3-6 中国内地/大陆以及中国香港和中国台湾地区的 ECM 估计 ［因变量：$\Delta\ln(Y_t/L_t^*)$］

经济体	$\Delta\ln(K_t/L_t^*)$	ecm_{t-1}	c	R^2	S.E.	ARMA
中国内地/大陆	0.832*** (0.215)	-0.209* (0.115)	0.008 01 (0.013 5)	0.353 7	0.025 6	(0, 0)
中国香港	0.814** (0.366)	-0.656*** (0.222)	0.000 813 (0.015 0)	0.402	0.027 0	(1, 0)
中国台湾	0.528** (0.218)	-0.425** (0.192)	0.009 57 (0.016 4)	0.233	0.027 6	(0, 0)

注：ecm_{t-1} 是表 3-5 中回归方程的估计残差。

表3-6 中的回归结果表明,无论是短期调整变量的一阶差分项还是误差修正项的一期滞后项,对解释因变量的一阶差分都是很显著的。另外需要指出的是,表3-6 中 $\Delta\ln(K_t/L_t^*)$ 的系数比表3-5 中 $\ln(K_t/L_t^*)$ 的系数略大,特别是在中国台湾地区中。这也反映了对带有时间趋势项的 C-D 生产函数进行估计的缺陷,然而为了直接估计 TFP 的增长率,笔者最终没有放弃变量 t。

然后,笔者利用表3-5 中得到的带有时间项的 C-D 生产函数将中国内地/大陆和亚洲"四小龙"的经济增长进行重新分解,结果如表3-7 所示。在"增长源泉"这一列,K_s 由表3-4 中的物质资本存量的真实增长率乘以表3-5 中 $\ln(K_t/L_t^*)$ 的系数估计值 α 而来;L_s^* 由表3-4 中经人力资本调整过的劳动投入的真实增长率乘以 $(1-\hat{\alpha})$ 而来;TFP_s 是表3-5 中所示的 t 的回归系数,也就是估计期内 TFP 的几何平均年增长率。在此,假设在两个子样本期内 TFP 的增长率与在整个时期的 TFP 增长率相同。

表3-7 经济计量法下的 GDP 增长核算(规模报酬不变)

经济体	时间段	增长源泉				对经济增长的贡献率(%)			误差
		K_s	L_s^*	TFP_s	Sum	K_c	L_c^*	TFP_c	
中国内地/大陆	1978—2009 年	0.073 1	0.009 0	0.011 3	0.093 4	78.29	9.61	12.10	-4.19
	1978—1994 年	0.067 6	0.011 1	0.011 3	0.089 9	75.11	12.33	12.57	-9.60
	1995—2009 年	0.079 5	0.006 6	0.011 3	0.097 4	81.62	6.77	11.61	2.28
中国香港	1965—1990 年	0.046 7	0.021 8	0.010 4	0.078 9	59.19	27.62	13.19	-1.80
	1965—1977 年	0.046 6	0.024 7	0.010 4	0.081 7	57.09	30.18	12.73	-4.22
	1978—1990 年	0.046 7	0.018 9	0.010 4	0.076 1	61.44	24.89	13.67	0.93
新加坡	1965—1990 年	0.018 9	0.040 2	0.023 6	0.082 7	22.87	48.59	28.55	-0.63
	1965—1977 年	0.017 9	0.036 8	0.023 6	0.078 3	22.81	47.05	30.14	-13.82
	1978—1990 年	0.020 0	0.043 5	0.023 6	0.087 1	22.91	49.98	27.11	15.18
中国台湾	1965—1990 年	0.035 6	0.027 5	0.023 4	0.086 6	41.14	31.82	27.04	-4.46
	1965—1977 年	0.042 5	0.027 9	0.023 4	0.093 8	45.19	29.81	25.01	-4.67
	1978—1990 年	0.029 1	0.027 2	0.023 4	0.079 7	36.48	34.14	29.38	-4.12
韩国	1965—1990 年	0.062 4	0.030 4	-0.000 8	0.092 0	67.87	33.00	-0.87	11.55
	1965—1977 年	0.067 9	0.035 2	-0.000 8	0.102 3	66.35	34.43	-0.78	19.42
	1978—1990 年	0.057 0	0.025 5	-0.000 8	0.081 7	69.75	31.23	-0.98	3.15

注:① $K_s = \hat{\alpha}k$;② $L_s^* = (1-\hat{\alpha})l^*$;③ $TFP_s = \hat{\alpha}/y$;④ $K_c = (K_s/y) \cdot 100\%$;⑤ $Sum = K_s + L_s^* + TFP_s$;⑥ $L_c^* = (L_s^*/y) \cdot 100\%$;⑦ $TFP_c = (TFP_s/y) \cdot 100\%$;⑧误差 $= (Sum - y)/y \cdot 100\%$。

表3-7 提供了一些不同于表3-4 的信息。在传统的经济增长核算过程中，笔者试图把中国内地/大陆和亚洲"四小龙"放在一个包含相同假设的统一框架内进行比较，但这样做的缺陷是忽略了因各自经济背景不同而造成的差异性。这在关于 TFP 增长的结论上可能会误导我们——从前面的分析也可以看出 TFP 对 α 的假设值比较敏感。如果假设相同的 α 值，对经济体制、文化和政治背景差别不大的经济体才是比较适用的。然而我们知道，中国内地/大陆与亚洲"四小龙"有着一些显著的不同——庞大的人口数量、巨大的生产规模、长期封闭的历史以及正在转型的经济体制。即使是在亚洲"四小龙"内，各个经济体也有多种差异。从这个意义上讲，正如在再次经济增长核算的过程中那样，使用基于某一经济体真实生产估计得到的资本产出弹性值更为合理。

从表3-7 的结果看，中国内地/大陆的 TFP 增长率大约为每年1.13%，表明中国内地/大陆在 1978—2009 年期间技术进步的速度是相当低的，远低于 1965—1990 年期间的中国台湾地区和新加坡，但是超过了同一时期的中国香港地区和韩国。中国内地/大陆自1978 年以来经济增长中的约78.3% 可以用物质资本的积累来解释，这个比例显著高于亚洲"四小龙"。笔者在3.3.2 节中指出的一些特征，例如相对于亚洲"四小龙"，中国内地/大陆显著偏低的劳动投入（经人力资本调整）增长的贡献率，在表3-7 中也有所体现，特别是第二个子样本期内，其劳动投入的贡献率有很大的下降。总之，中国内地/大陆的经济增长主要（多于80%）是投入要素的积累而非技术进步促成的。这样的结果使人认识到：如果这种情况持续下去，中国未来的经济增长形势可能不容乐观。

在亚洲"四小龙"中，新加坡的 TFP 增长是最快的，其年增长率约为 2.4%，对整个经济增长的贡献率是28.55%，这与表3-4 中得到的结果比较一致。中国台湾地区的 TFP 增长率与新加坡的类似，但是中国台湾地区的经济增长更依赖于物质资本的积累，而新加坡更依赖于劳动投入的增长。中国香港地区的 TFP 增长类似于中国内地，但是香港地区的劳动投入贡献率远大于内地，而资本存量积累贡献率较低。韩国的 TFP 增长率估计值是负的，也与表3-4 中的结果一致，这一现象与许多前人基于增长核算的研究一致；许多新的研究已试图用其他的核算框架来解释韩国的经济增长（Pyo et al., 2003）。

从整体上看，如果认为中国内地/大陆的技术进步速度没有亚洲"四小龙"的快，是不准确的；但是可以确定的是：中国内地/大陆的经济增长相比亚洲"四小龙"更加依赖于物质资本的积累，甚至比 TFP 为负的韩国还要依赖；无论是中国内地/大陆还是亚洲"四小龙"（新加坡除外），其在经济起飞阶段的经济增长都严重依赖投入要素的积累。

3.4.4 状态空间模型估计结果

上述用索洛余值法和经济计量法得出的增长核算结果虽有分析意义，但正如前文所说，状态空间模型考虑到了 TFP 的不可观测性，通过在状态方程中引入 TFP 增长率潜在决定因素，一方面可以降低索洛余值法和经济计量法对 TFP 的估计误差，另一方面可以更准确地探索 TFP 增长背后的驱动力，特别是考察以政府干预为主要特征的经济增长策略对 TFP 增长的影响。表 3-8 报告了在规模报酬不变的假设下，状态空间模型式（3.5）至式（3.6）的卡尔曼滤波估计结果。状态方程中的解释变量矩阵 $\Delta \ln(X_t)$，基于最小化赤池信息准则（AIC）由一般到具体进行选择确定，分别考虑每个变量的水平值和一期滞后值。

通过观测方程式（3.5），可得到每个经济体的资本产出弹性（α）的估计值，即表 3-8 的第一行。标准误差显示每个经济体的 α 估计值都是统计上显著的，其中中国内地/大陆为 0.715，中国香港为 0.673，中国台湾为 0.658，新加坡为 0.504，韩国为 0.616。

表 3-8 状态空间模型的估计结果

经济体	中国内地/大陆	中国香港	中国台湾	新加坡	韩国
α	0.715*** (0.13)	0.673*** (0.13)	0.658*** (0.17)	0.504*** (0.11)	0.616*** (0.11)
β	0.865*** (0.05)	0.196 (0.17)	0.869*** (0.11)	0.339** (0.17)	0.738*** (0.08)
$\Delta \ln(Sg_t)$	−0.085 (0.07)	−0.553*** (0.14)	−0.255*** (0.10)	−0.136*** (0.04)	−0.480*** (0.10)
$\Delta \ln(Sg_{t-1})$	0.251*** (0.08)		0.401*** (0.11)		0.352*** (0.08)
$\Delta \ln(Open_t)$	0.040 (0.03)	0.013 (0.08)	0.026 (0.03)	−0.036 (0.04)	−0.123*** (0.03)
$\Delta \ln(Oval_t)$	0.005 (0.02)	−0.047 (0.07)	0.213*** (0.07)	0.346*** (0.13)	0.027 (0.04)

续表

经济体	中国内地/大陆	中国香港	中国台湾	新加坡	韩国
$\Delta\ln(Oval_{t-1})$			-0.144 ** (0.06)		
$\Delta\ln(Rp_t)$	0.294 *** (0.06)	-0.009 (0.08)	-0.037 (0.05)	0.267 *** (0.07)	0.135 *** (0.03)
$\Delta\ln(1+Inf_t)$	-0.082 (0.06)	0.083 (0.07)	-0.431 *** (0.06)	-0.008 (0.08)	-0.077 (0.07)
$\Delta\ln(1+Inf_{t-1})$		0.057 (0.11)		-0.311 *** (0.09)	0.025 (0.04)
对数似然值	-37.967	-24.046	-30.373	-30.375	-29.108
瓦尔德卡方统计量	3 620.36 ***	231.81 ***	1 454.62 ***	703.94 ***	1 466.31 ***

注：①Δ 表示一阶差分算子；②β 是 TFP 增长一期滞后的系数。

图 3-4 展示了从状态空间模型中估计的 TFP 增长率时间序列。表 3-9 给出了用两种方法将 GDP 增长分解为要素积累的贡献和 TFP 增长的贡献。正如图 3-4 所示，五个经济体的 TFP 增长速度在样本期都呈现出明显的周期性变化。中国内地/大陆的 TFP 增长率平均为 1.52%，并解释了 GDP 增长的 15.75%（见表 3-9）。这样的 TFP 增长表现在五个经济体算是比较好的，仅次于新加坡。新加坡的 TFP 平均增长率为 1.34%，解释了 GDP 增长的 15.87%。中国香港和中国台湾地区的平均 TFP 增长率几乎为零（分别为 0.3% 和

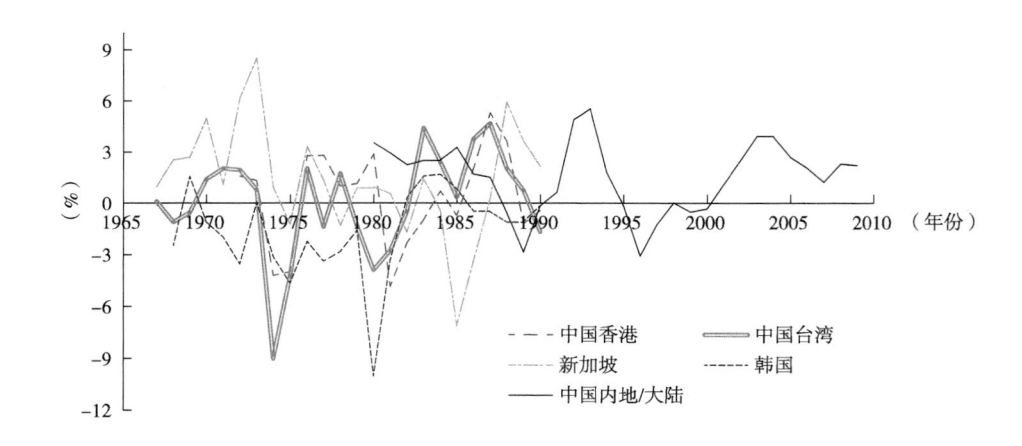

图 3-4　状态空间模型下 TFP 增长率的估计值

0.04%),对GDP增长的贡献也是微乎其微的(分别为3.87%和0.45%)。令人吃惊的是,由于韩国物质资本积累的速度显著快于GDP增长速度,其TFP增长速度及对GDP增长的贡献率均为负值(分别为-1.67%和-20.2%)。这一发现与蒂默和阿尔克(Timmer and Ark,2000)的研究结果是一致的。

表3-9 状态空间模型下的GDP增长分解(规模报酬不变)

经济体	时间段	K_s	L_s^*	TFP_s	Sum	K_c	L_c^*	TFP_c	误差
中国内地/大陆	1978—2009年	0.0704	0.0100	0.0152	0.0955	73.16	10.35	15.75	0.74
	1978—1994年	0.0651	0.0124	0.0195	0.0970	66.92	12.76	20.00	0.32
	1995—2009年	0.0758	0.0075	0.0109	0.0941	79.59	7.90	11.41	1.10
中国香港	1965—1990年	0.0560	0.0160	0.0030	0.0750	71.36	20.36	3.87	4.41
	1965—1977年	0.0556	0.0201	0.0000	0.0757	65.28	23.64	0.05	11.04
	1978—1990年	0.0562	0.0141	0.0044	0.0747	74.52	18.67	5.86	0.95
中国台湾	1965—1990年	0.0761	0.0133	0.0004	0.0898	84.77	14.79	0.45	-0.01
	1965—1977年	0.0936	0.0131	-0.0078	0.0989	95.66	13.35	-7.93	-1.08
	1978—1990年	0.0617	0.0135	0.0073	0.0825	74.24	16.23	8.87	0.67
新加坡	1965—1990年	0.0382	0.0264	0.0134	0.0779	45.33	31.33	15.87	7.47
	1965—1977年	0.0376	0.0231	0.0281	0.0888	39.78	24.47	29.77	5.99
	1978—1990年	0.0382	0.0292	0.0010	0.0689	51.16	38.59	1.37	8.88
韩国	1965—1990年	0.0805	0.0218	-0.0167	0.0855	97.54	26.46	-20.20	-3.80
	1965—1977年	0.0890	0.0254	-0.0211	0.0933	103.06	29.44	-24.43	-8.07
	1978—1990年	0.0733	0.0188	-0.0132	0.0789	92.53	23.74	-16.71	0.44

注:① $K_s = \hat{\alpha} k$;② $L_s^* = (1-\hat{\alpha}) l^*$;③ $TFP_s = \hat{\alpha}/y$;④ $K_c = (K_s/y) \cdot 100\%$;⑤ $Sum = K_s + L_s^* + TFP_s$;⑥ $L_c^* = (L_s^*/y) \cdot 100\%$;⑦ $TFP_c = (TFP_s/y) \cdot 100\%$;⑧ 误差 $= (Sum - y)/y \cdot 100\%$。

状态空间模型的TFP估计结果和增长核算再次证实了3.3.3节中的结论:TFP增长及其对GDP增长的贡献在中国内地/大陆和亚洲"四小龙"高速增长期都相当有限;相反,这些经济体的经济增长在很大程度上依赖物质资本积累,对GDP增长的贡献分别为:韩国97.54%,中国台湾84.77%,中国内地/大陆73.16%,中国香港71.36%,新加坡45.33%。

对比表3-7和表3-9中五个经济体各自样本期的前后两个阶段可知,亚洲"四小龙"中的新加坡也出现了高速增长后期 TFP 增长率减慢的现象。相比之下，新加坡在整个高速增长期的 TFP 增长率虽然也不高，但在五个经济体中是最好的，其 TFP 对经济增长的贡献率平均为 15.87%，但它仍经历了后期的 TFP 增长下滑。这不禁让人推测：亚洲"四小龙"在 20 世纪 90 年代中期以后经济增长陷入困境的原因很可能要么是 TFP 增长过慢（中国香港、中国台湾和韩国），要么是 TFP 在高速增长后期增长乏力（如新加坡）。值得注意的是，中国内地/大陆的 TFP 在 1995 年之后的增长率（1.09%）明显低于 1995 年之前的增长率（1.95%）。

此外，状态空间模型估算的结果与经济计量法的增长核算结果有明显的不同，特别是亚洲"四小龙"：如表 3-5 所示，经由经济计量法估算的资本的产出弹性（α）要比状态空间模型的估算结果小得多，TFP 增长率及其对经济增长贡献的绝对值也明显比状态空间模型的估计结果大。然而表 3-5 也表明，新加坡的资本产出弹性是统计上不显著的，中国内地/大陆和韩国的参数 γ 估计值在统计上也不显著。这一结果意味着，增长核算方法所隐含的某个或多个假设条件可能对这些经济体来说不成立，从而产生误导性的结果。另外，表 3-9 中五个经济体在两个子样本期内的 TFP 的增长率均不相同且有明显差异，表明经济计量法中假设 TFP 在长时间内以不变速度增长的假设也是不合理的。对比表 3-7 和表 3-9 中的最后一列误差占比可知，状态空间模型的估计误差显著低于经济计量方法的估计误差。可见，正如福恩特斯和莫拉莱斯（Fuentes and Morales, 2011）所指出的，状态空间模型的估计结果应该更准确。

3.5 政府（或行政机构）规模等因素对 TFP 增长的影响

为什么中国内地/大陆和亚洲"四小龙"的 TFP 增长表现会偏弱呢？特别是，政府（或行政机构）规模扩张所引起的较强的财政干预在 TFP 增长过程中的作用是什么？接下来探讨这些问题。

表 3-8 中报告的参数 β 对应于状态方程（3.6）中 TFP 增长率一期滞后的系数的估计值。对于每一个经济体（除中国香港外），该系数都是在统计上显著的，且对中国内地/大陆、中国台湾地区以及韩国而言，这一系数还是比较大的，这表明 TFP 增长在这些经济体中存在显著的惯性。

中国内地/大陆 $\Delta\ln(Sg_t)$ 的系数估计值是负的（-0.085），但是统计上不显著，而 $\Delta\ln(Sg_{t-1})$ 的系数估计值为正（0.251）且统计上显著。这一结果意味着，政府支出规模对于 TFP 增长的累积乘数（cumulative multiplier）为 1.23[①]。也就是说，中国内地/大陆的政府规模扩大促进了 TFP 的长期增长。中国台湾地区的行政机构支出规模对 TFP 增长的影响也有相似的特征，其累积乘数为 1.115。相比之下，对于中国香港地区以及新加坡和韩国而言，政府支出规模对 TFP 的增长无论是在当期还是从长远来看，都呈现统计显著的负面效果。这些研究结果可能源于一个事实，即财政支出的 GDP 占比在这三个经济体中都比较低（见表3-1）。

正如预期的那样，在中国内地/大陆、中国香港和中国台湾地区，贸易开放度 [$\Delta\ln(Open_t)$] 对 TPF 的增长有着积极的影响，在新加坡却有负面影响，当然都不是统计上显著的。因此，尽管经济学家强调贸易开放在解释这五个经济体的增长奇迹中的重要性，但是贸易开放度的提高似乎并没有促进任何显著的生产力和效率的提高。此外，估计结果甚至显示，韩国的贸易开放度对其 TFP 增长有显著的负面影响。对于这些发现，一个可能的解释是，中国内地/大陆和亚洲"四小龙"贸易开放政策的特点是以强劲的出口为导向的激励措施（如货币低估以及各种税收优惠政策）。这些激励措施降低了生产中的技术升级的压力，导致低附加值和低技术含量的生产产能的快速扩张。与此观点相一致，在中国内地/大陆、中国香港地区以及韩国，低估的汇率 [$\Delta\ln(Oval_t)$] 对 TFP 的增长并没有表现出任何统计上显著的影响，在中国台湾地区以及新加坡甚至阻碍了 TFP 的增长。这些结果与托马斯和旺（Thomas and Wang, 1996）、米勒和阿帕德海耶（Miller and Upadhyay, 2000）的研究结果相反，但与柯林斯等（Collins et al., 1996）、让纳内和华（Jeanneney and Hua, 2003）的研究结论一致。

对中国香港和中国台湾地区而言，$\Delta\ln(Rp_t)$ 的系数估计值是负的，符合预期，但统计上并不显著。对于其他三个经济体而言，资本品相对于消费品价格的下降与 TFP 的增长放缓显著相关。因此，在中国内地/大陆和亚洲"四小龙"的高速增长期，并没有明确的证据表明发生了投资嵌入式的技术进步。换句话说，这五个经济体并没有从投资的快速增长中获得生产力的显著提高。

[①] 长期累积乘数指的是每个变量当期和滞后一期的系数估计值的和除以 $(1-\beta)$。

这种现象可能与这些经济体缺乏熟练劳动力，从而对嵌入新设备中的新技术的学习和应用能力相对较弱有关，也有可能是因低效的投资和劣质的物质资本造成的。

此外，对中国内地/大陆、中国香港地区以及韩国来说，通货膨胀和TFP增长之间并不存在统计上的显著联系。相比之下，高通胀阻碍了中国台湾地区以及新加坡的TFP增长。因此，宏观经济波动进一步削弱了这两个经济体维持经济持续增长的能力。

3.6 本章小结

笔者在本章中先是采用不同的方法估计了中国内地/大陆与亚洲"四小龙"的TFP增长率并进行对比，以证实状态空间模型确实提高了TFP增长估算的准确性。然后利用状态空间模型，将TFP增长视为一个潜在变量，应用卡尔曼滤波方法，在估计中国内地/大陆TFP增长率的同时，考察了政府支出规模扩张等关键因素对中国内地/大陆TFP增长的影响，并在相同的框架下将其与亚洲"四小龙"高速增长时期的TFP增长表现及影响因素进行对比。

本章研究结果表明，中国内地/大陆在1978—2009年高速增长期间的TFP增长率平均为1.52%，并且其解释了GDP增长的15.75%；亚洲"四小龙"在20世纪90年代中期以后经济增长陷入困境的原因很可能是要么是TFP增长过慢（如中国香港、中国台湾地区以及韩国），要么是TFP在高速增长后期增长乏力（如新加坡）。并且，中国内地/大陆1995年之后的TFP增长率也明显低于1995年之前的TFP增长率。中国内地/大陆和亚洲"四小龙"在经济起飞阶段TFP的增长及其对经济增长的贡献非常有限，这主要归因于它们相似的经济增长策略。从长远来看，以政府（或行政机构）支出占GDP的比重来衡量的政府（或行政机构）规模而言，在中国大陆及台湾地区，政府（或行政机构）规模的扩大是促进TFP增长的，有利于经济可持续增长；但对于其他三个经济体来说，政府规模的扩大则阻碍了TFP增长，不利于经济可持续增长。

第4章 税制结构与经济增长可持续性：TFP视角

4.1 问题的提出

在新常态背景下，我国经济增长速度放缓，增长模式亟待转型，前期刺激政策迫切需要得到消化。TFP作为测度经济增长质量和产业竞争力的重要指标，提高TFP已成为实现我国经济增长转型，建设社会主义现代化强国的必由之路（殷红等，2020）。税制结构是我国财税体制的重要特征之一，体现了各税种相互配合及其相对地位的调整与变动情况，也是各种税收政策调整变化后在财税体制上的综合反映，同时可以映射出我国市场经济的增长活力和产业结构的变动情况，是我国政府实施宏观经济调控和财税体制改革的重要渠道。不断优化我国税制结构，不仅可以为引导企业创新、推动经济增长转型创造制度层面的条件，而且可以通过影响居民收入、人力资本、资源配置效率等机制和渠道作用于TFP（肖叶、刘小兵，2018）。为此，我国在积极推进深化财政体制改革、优化税收政策的同时也更加关注税制结构的整体调整方向，以更好适应和服务经济发展目标，促进经济可持续性增长和高质量发展。"十四五"总体规划对税制结构的优化提出了明确的方向，未来适当提高直接税比重成为税制改革的重点内容。

在当前我国直接税和间接税双主体的税制结构深化调整阶段，研究税制结构变动与TFP增长的关系对于深化财税体制改革，促进我国TFP增长和经济增长可持续性具有重要意义。一方面，直接税比重的提高是完善产权体系和经济体制的必然结果，也是经济体制和财税体制更深层次改革的内在要求，在"十四五"总体规划提出的"坚持创新驱动发展，全面塑造经济发展新优势"中充当着重要角色，对新一轮的经济增长质量和TFP提高所起的作用也在日益凸显（蒋震，2021）。另一方面，在财政分权体制下，各地方政府间经常性的策略互动与动态税收博弈也进一步深化了税制结构变化在经济运行过程中的影响。大量研究已经证明我国省际 TFP 存在明显的时间滞后性和空间相关性，也就是说 TFP 对要素和劳动力的跨辖区流动较为敏感，而我国省际空间税收博弈互动的存在使税制结构变化产生的空间外溢效应引起了高级化要素和劳动力的跨辖区流动，产生了资源重新配置的作用，从而深化了对 TFP 的影响（唐飞鹏、叶柳儿，2020）。

关于税制结构变迁的经济增长效应的文献已较为丰富，但关于税制整体结构与经济增长可持续性的关系，特别是税制结构对 TFP 增长之影响的研究尚比较有限，且这些研究也存在明显的不足。首先，相关研究大多侧重于考察某个税种或税类对 TFP 增长的影响，而鲜有研究基于税制结构的宏观整体视角来分析直接税和间接税比例关系变动对 TFP 增长的影响。我国正处于双主体税制结构深度变革与调整阶段，提高直接税比重成为现代税制改革的必然趋势，研究其经济效应是十分重要且紧迫的。同时，直接税比重的提高是经济体制和财税体制更深层次改革的内在要求，直接税比重提高与我国经济高质量发展、TFP 提高的关系密切。其次，已有研究鲜有将地区间 TFP 增长的空间溢出效应纳入税制结构的经济效应分析。已有较多研究表明，我国省际 TFP 存在明显的空间相关性，在研究 TFP 相关问题时如果忽视空间上的相关性和异质性可能会影响实证估计结果的准确性（曾淑婉，2013；余泳泽，2015；于斌斌，2015；钟军委、万道侠，2018）。最后，已有文献鲜有从实证层面研究税制结构变动影响 TFP 增长的作用机制，尤其是收入分配渠道机制。收入分配不仅是优化税制结构以履行财政职能的重要目标，而且是影响我国 TFP 提高的重要因素（许海平、王岳龙，2010；高帆、汪亚楠，2016）。深入研究收入分配在税制结构的 TFP 增长效应中发挥的作用有利于厘清并优化我国税制结构调整的路径，为促进经济高质量发展，实现共同富裕提供可行的政策启示。

本章中以我国 1995—2018 年期间 30 个省级行政区面板数据为样本，利用非参数法的马姆奎斯特指数分析法测算省级 TFP，以直接税和间接税相对占比变化衡量税制结构变化，并以此作为核心解释变量建立动态空间计量模型，考察税制结构对我国 TFP 的综合影响及外溢效应。在此基础上，利用中介效应模型考察了其作用机制和影响路径。相比以往研究，本章可能的贡献主要有：一是基于税制结构加快变化的现实背景，从直接税与间接税相对占比变动的整体视角剖析税制结构变动对我国 TFP 的综合影响，为实现"十四五"总体规划"优化税制结构，健全直接税体系，适当提高直接税比重"提供良好的理论和现实依据；二是利用动态空间模型，从空间溢出层面深入挖掘税制结构变化的空间外溢效应及其对 TFP 的影响，这样不仅能更加准确地了解税制结构的 TFP 增长效应，而且可以为优化税制结构、深化财税体制改革提供新的参考；三是在分析综合影响的基础上，利用中介效应模型从收入分配的角度进一步探索税制结构引起 TFP 变化的作用机制，有利于我们深化对税制结构之于 TFP 增长效应的理解和认识，厘清税制结构变动通过居民收入分配而作用于 TFP 增长的事实。

4.2 实证方法

已有研究证明，税制结构变化、省份 TFP 存在明显的空间相关性，即本省份 TFP 增长受到邻近地区 TFP 增长的影响，且省份 TFP 增长在时间上具有路径依赖的特点（曾淑婉，2013；余泳泽，2015；郑宝红、张兆国，2018）。在研究区域经济增长问题时，忽视变量之间的空间相关性可能导致估计结果不准确（于斌斌，2015）。本章中采用了动态空间模型来研究税制结构对 TFP 增长的影响，其优势在于：一是纳入了 TFP 增长的动态变化特征，有助于缓解模型中可能存在的内生性问题所带来的估计结果偏误（Elhorst，2014）；二是更加充分地考虑了变量在地区间的空间相关性，从而可捕捉地区之间的资源外溢效应；三是利用动态广义矩估计（GMM）有效解决了传统估计方法的缺陷，从而得到一致的估计结果。

本节中先构建了动态空间面板模型的一般形式，并在此基础上进行模型的检验和选择。一般形式的动态空间面板模型如下所示：

$$TFPR_{it} = \beta_0 + \beta_1 TFPR_{it-1} + \lambda_1 \sum_{j=1}^{N} W_{ij} TFPR_{jt} + \beta_2 TAXS_{it-1}$$
$$+ \lambda_2 \sum_{j=1}^{N} W_{ij} TAXS_{it-1} + \sum \beta_\sigma X_{\sigma t} + \lambda_\sigma \sum_{j=1}^{N} W_{ij} X_{\sigma t j}$$
$$+ \mu_i + \gamma_t + \epsilon_{it} \tag{4.1}$$

$$\epsilon_{it} = \delta \sum_{j=1}^{N} W_{ij} \epsilon_{jt} + \varphi_{it} \tag{4.2}$$

式中，β_0 为常数项，i 和 t 分别表示省份和时间，$TFPR_{it}$ 表示 TFP 增长，$TAXS_{it-1}$ 为税制结构的一期滞后项，$\beta_{1\sim\sigma}$ 和 $\lambda_{1\sim\sigma}$ 为各变量待估系数，W_{ij} 表示经过行标准

化后的空间权重矩阵，X 表示控制变量矩阵，μ_i 和 γ_t 分别为地区和时间固定效应，ϵ_{it} 为随机扰动项。

通过对式（4.1）和式（4.2）所建立的一般动态空间面板模型形式设置不同的限制条件，可以将动态空间模型变换成具体适用性的空间模型。在上述一般形式中，当误差项不存在空间相关性，即式（4.2）中 $\delta = 0$ 时，为动态空间杜宾（SDM）模型；当只考虑由内生空间交互作用产生的空间外溢效应，即式（4.1）中 $\lambda_{2\sim\sigma} = 0$ 时，得到动态空间自回归（SAR）模型；当只考虑随机干扰过程的空间依赖性，即式（4.1）中 $\lambda_{1\sim\sigma} = 0$ 时，得到空间误差（SEM）模型。

由于不同空间模型的适用条件和表征均存在差异，且其空间效应传导机制也不同，因此往往需要通过相关计量检验来选取合适的空间模型。参照勒萨日和佩斯（LeSage and Pace, 2009）、埃洛斯特（Elhorst, 2010）、韩峰和谢锐（2017）等学者的做法，通过构建稳健误差项的拉格朗日乘数（Lagrange multiplier, LM）统计量和稳健滞后项 LM 统计量并对比分析各自显著性等方法，来检验模型的适用性。当检验结果均拒绝"不存在误差项自相关"和"不存在空间滞后项自相关"的原假设时，可进一步利用似然比（LR）检验和瓦尔德检验来判别适用空间自回归模型或者空间误差模型：当接受 LR 检验原假设时，选择空间误差模型；当接受瓦尔德检验原假设时，选择空间自回归模型。

4.3 数据与变量说明

4.3.1 主要变量说明

4.3.1.1 各省份 TFP 增长率估算

目前测算 TFP 的方法主要包括增长核算法、参数法和非参数法。结合本章中所用到的省级面板数据，笔者采用基于非参数法的数据包络分析（data envelopment analysis, DEA）的马姆奎斯特指数分析法估算 1995—2018 年期间我国各省份的 TFP 增长率。DEA 方法以相对效率概念为基础，用于评价具有相同类型的多投入、多产出的决策单元是否技术有效的一种非参数统计方法。其基本思路是把每一个被评价单位作为一个决策单元（decision making unit,

第4章 税制结构与经济增长可持续性：TFP 视角

DMU），再由众多 DMU 构成被评价群体，通过对投入和产出比率的综合分析，以 DMU 的各个投入和产出指标的权重为变量进行评价运算，确定有效生产前沿面，并根据各 DMU 与有效生产前沿面的距离状况，确定各 DMU 是否有效。根据假设条件的不同，有两种产出取向的 DEA 模型，即不变规模报酬（CRS）和可变规模报酬（VRS）。由于 DEA 方法不需要事先假定和估计特定的函数形式来描述效率前沿面或包络面，在避免主观因素、简化运算和减少误差等方面具有一定优越性，近年来也被广泛运用到各个领域的有效性或效率分析和决策评价中。

然而，当传统的 DEA 模型中纳入了时间因素时，会出现各期生产前沿面不同的情况，使得各期之间缺乏纵向比较的基期，因此只能适用于截面数据的效率评价研究。基于 DEA 模型的马姆奎斯特指数（以下简称"DEA-马姆奎斯特指数"）法可以有效解决以上传统 DEA 模型的不足。该方法由马姆奎斯特（Malmquist, 1953）、卡夫等（Caves et al., 1982）、法尔等（Fare et al., 1994）等学者创建，在基于面板数据的生产率的测算中日益得到广泛应用，并成为目前已有研究中普遍采用的经济效率测算方法。利用 DEA-马姆奎斯特指数法测算 TFP 增长率有如下优势：一是避免模型的误设。与 DEA 模型一致，马姆奎斯特指数法也不用对生产函数作出任何假定，从而避免了主观判断对估计结果的影响。二是尽可能地减少了数据质量对测算结果的影响。马姆奎斯特指数的计算原理相当于对原始数据作了一阶差分，使得地区间同方向的变动均被消除。三是马姆奎斯特指数法能够实现有关 TFP 的分解，得到的结果较为丰富。

以 t 时期技术 T^t 为参照，基于产出角度的 DEA-马姆奎斯特指数公式可以表示为：

$$M_0^t(x^{t+1}, y^{t+1}, x^t, y^t) = \frac{D_0^t(x^{t+1}, y^{t+1})}{D_0^t(x^t, y^t)} \quad (4.3)$$

以 $t+1$ 时期技术 T^{t+1} 为参照，基于产出角度的 DEA-马姆奎斯特指数公式可以表示为：

$$M_0^{t+1}(x^{t+1}, y^{t+1}, x^t, y^t) = \frac{D_0^{t+1}(x^{t+1}, y^{t+1})}{D_0^{t+1}(x^t, y^t)} \quad (4.4)$$

其中，$D_0^t(x^t, y^t)$，$D_0^t(x^{t+1}, y^{t+1})$ 以及 $D_0^{t+1}(x^t, y^t)$，$D_0^{t+1}(x^{t+1}, y^{t+1})$ 分别是 t 时期和 $t+1$ 时期以前沿技术为参照的产出距离函数；x^t 为 t 时期的投入指标；y^t 为 t 时期的产出指标。

为避免由于时期选择的随意性所造成的差异，卡夫等（Caves et al., 1982）

采用上述两个公式的几何均值作为衡量从 t 时期到 $t+1$ 时期生产率变化的马姆奎斯特指数：

$$M_0^{t,\,t+1}(x^{t+1},\,y^{t+1},\,x^t,\,y^t) = \left[\frac{D_0^t(x^{t+1},\,y^{t+1})}{D_0^t(x^t,\,y^t)} \cdot \frac{D_0^{t+1}(x^{t+1},\,y^{t+1})}{D_0^{t+1}(x^t,\,y^t)}\right]^{\frac{1}{2}} \quad (4.5)$$

在不变规模报酬假定下，式（4.5）可以分解为技术效率变化（EF）和技术进步（TC）两项，其分解公式为：

$$M_0^{t,\,t+1}(x^{t+1},\,y^{t+1},\,x^t,\,y^t) = \underbrace{\frac{D_0^{t+1}(x^{t+1},\,y^{t+1})}{D_0^t(x^t,\,y^t)}}_{EF} \underbrace{\left[\frac{D_0^t(x^{t+1},\,y^{t+1})}{D_0^{t+1}(x^{t+1},\,y^{t+1})} \frac{D_0^t(x^t,\,y^t)}{D_0^{t+1}(x^t,\,y^t)}\right]^{\frac{1}{2}}}_{TC} \quad (4.6)$$

技术效率是指在既定的要素投入情况下，被评价对象的实际产出与假设同样投入情况下的最大产出之比，反映了在给定投入量时被评价对象实现产出最大化的能力。技术进步是指一定时期内生产前沿面移动所带来的 TFP 变化，反映了生产前沿面的移动对 TFP 变化的贡献率，因为生产前沿面代表了现有技术下的最优状态，所以前沿面的移动归因于技术进步。

参照郭庆旺等（2005）、余泳泽（2015）的做法，本章中测算省份 TFP 的产出指标为各省份的实际产出，投入指标为有效劳动和资本存量。实际产出以各省份的实际 GDP（以 1994 年为基期）来衡量。有效劳动指经人力资本存量调整的劳动力数量，即劳动力数量乘以人力资本存量。劳动力数量以各省份的全社会从业人员数衡量。参照余泳泽（2017）的做法，本章中以人均受教育年限作为人力资本存量的代理变量[①]。

对于物质资本存量的估算，笔者采用与第 3 章中相同的方法（即永续盘存法，见 3.3.1 节）估算各省份 1995—2018 年的资本存量。投资总额仍以全社会固定资本形成总额来衡量，δ 不再是固定值，而是随时间变化的。根据单豪杰（2008）的研究，将建筑、设备和其他类型投资的折旧率分别设定为 8.12%、17.08% 和 12.1%；并参照余泳泽（2017）的做法，按照不同年份的全国资本投入结构（即各类投资占全社会固定资产投资总额的比重）分别计算全国当年的资本折旧率。不同的是，在估算各省份基期资本存量时，

[①] 笔者参照彭国华（2005）的做法，将劳动力的受教育程度分为不识字、小学、初中、高中和大专以上，各阶段对应教育年数分别为 1.5 年、6 年、3 年、3 年和 3.5 年，最后计算出全国和各省份人均受教育年限。其中 1995 年的人均受教育年限采用地区每十万人受教育程度人口数计算，2000 年的人均受教育年限采用《2000 年第五次全国人口普查主要数据》中的每十万人拥有的各种受教育程度人口计算，其他年份采用分地区从业人员接受教育程度构成计算。

第 4 章 税制结构与经济增长可持续性：TFP 视角

式（3.8）中的 $\bar{g}$ 选为样本中各省份 1995—1999 年期间实际投资的年均增长率；对于资本折旧率，δ 为基期（1994 年）的资本折旧率（郭庆旺、贾俊雪，2005；单豪杰，2008）。

为便于比较，在测算出省份 TFP 增长后，笔者以 GDP 为权重进行加权算术平均，得到全国 1995—2018 年期间的平均 TFP 增长率估算结果（见图 4-1）①。从测算结果来看，全国 1995—2018 年期间的 TFP 增长整体呈现较大的波动性。其中，1995—2007 年期间全国 TFP 为正增长；2008 年后受全球金融危机影响，TFP 降至负增长，2009 年下降幅度达到最低，为 -1.9%；2011 年后 TFP 增长速度开始交替回升，2017 年开始出现正增长。从结果上看，本章中的测算结果与孙早和刘李华（2016）、余泳泽（2017）等的研究结论具有较好的一致性。

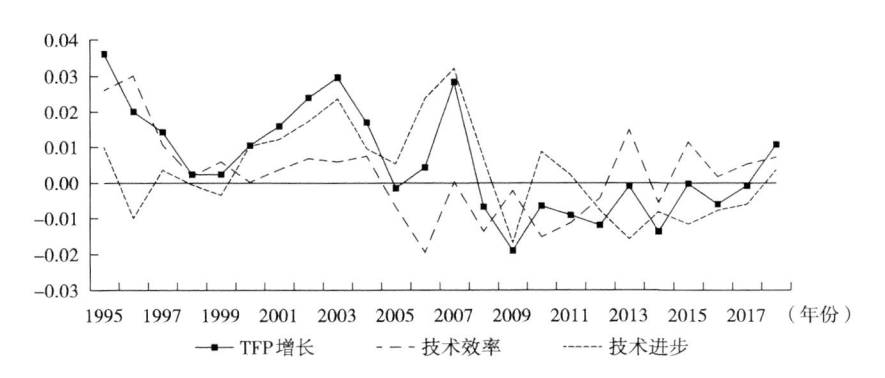

图 4-1 我国 TFP 增长及其分解项变动情况（1995—2018 年）

4.3.1.2 税制结构

已有文献中的税制结构衡量方法主要有占比法（即直接税收入或间接税收入在总税收收入或者在 GDP 中的占比情况）和比值法（即直接税收入与间接税收入的比值）（刘佐，2009；常世旺、韩仁月，2015）。其中，占比法可以根据研究的重点选取不同税种或者税类在总税收收入或 GDP 中的占比进行分析，更具有灵活性；比值法则更能反映税制结构的整体变动情况。笔者在本章的基准回归结果中采用比值法衡量税制结构，将占比法衡量的税制结构作为稳健性检验中的替代变量。为便于计算，本章中以各省份上解中央之前企业所

---

① 本章中的 TFP 增长率估算与第 3 章在研究对象、样本期和估计方法上均有不同，因此二者的 TFP 增长估算结果不具可比性。

得税和个人所得税的总和衡量各省份直接税收入，以各省份上解中央之前的增值税、营业税（2016年及以前）和消费税的总和衡量各省份间接税收入（杨志勇，2014）。如图4-2所示，我国省际以直接税与间接税比例衡量的税制结构总体呈现上升趋势：由1995年的15.33%上升至2018年的55.37%，这反映了分税制改革以来我国税制结构所经历的持续不断的调整和优化，从而适应和服务了社会经济发展的不同阶段。同时应当认识到，截至2018年我国税制结构中的间接税仍然占较大比重。进一步将30个省份划分为东、中、西部地区①，可以发现东部经济较发达地区的税制结构一直较高，2018年直接税与间接税比例高达62.13%，高出全国同期平均水平6.76个百分点。相比之下，西部欠发达地区的直接税与间接税比例一直处于较低水平。由此可见，尽管我国各省份税制结构都经历了相似的调整过程和调整方向，但是由于经济发展水平、区域财税政策等不同，各地区的税制结构仍然存在较大差异。这也符合一般的经济发展与税制结构关系的规律，即直接税占比与经济发展水平同方向变动②。

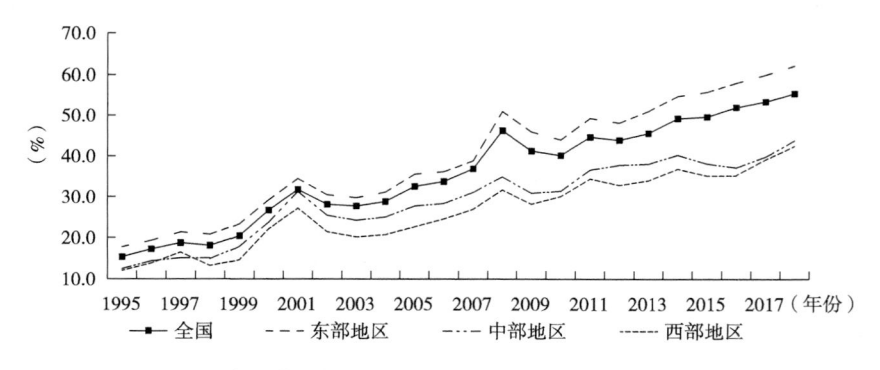

图 4-2 我国省际税制结构平均变动情况（直接税/间接税）

4.3.1.3 空间权重矩阵

目前，空间模型所使用的权重矩阵主要包括基于地理位置的空间权重矩阵

---

① 根据《中共中央、国务院关于促进中部地区崛起的若干意见》《关于西部大开发若干政策措施的实施意见》等，将我国的经济区域划分为东部、中部和西部三大地区。东部包括北京、天津、河北、辽宁、上海、江苏、浙江、福建、山东、广东和海南；中部包括山西、内蒙古、黑龙江、吉林、安徽、江西、河南、湖北、湖南和广西；西部包括重庆、四川、贵州、云南、西藏、陕西、甘肃、青海、宁夏和新疆。

② 关于我国税制结构更为详细的描述请参见本书第6章。

和基于经济距离的空间权重矩阵。已有研究表明，随着交通基础设施不断完善，地理距离关联逐渐弱化，因此在研究区域间生产要素流动问题上，基于地理位置的权重矩阵可能无法识别更多的经济相关性，而经济距离权重矩阵所依据的是区域间经济的繁荣强弱程度，能够更好地体现不同个体的经济关联性，因此被广泛应用于研究生产要素跨地区流动、经济资源竞争等问题。因此，笔者以经济距离权重矩阵为基础建立空间计量模型，并采用基于地理位置的空间权重矩阵进行稳健性检验。参照林光平等（2005）的做法，经济距离空间权重矩阵采取区域间人均GDP的差值作为空间权重，即 $W_{ij}=1/\mid Q_i-Q_j\mid$，其中 Q_i 和 Q_j 分别表示 i 省份和 j 省份1995—2018年期间的人均GDP的平均值。

4.3.1.4 控制变量

为了避免遗漏变量问题，笔者在模型中控制了影响TFP的其他重要变量。控制变量主要包括：①对外贸易水平（$OPEN_{it}$）。进出口贸易可以提高中间投入品的质量，间接促使企业提高产品竞争力，从而影响TFP增长。本章中采用各地区进出口贸易总额占GDP的比重来衡量我国对外贸易水平。②金融发展水平（FIN_{it}）。金融发展水平的提高一方面有助于企业资本的集聚，帮助企业实现大规模生产以及转型升级；另一方面有助于提高资源的利用效率，从而提高社会经济效率。本章中采用各省份年末金融机构贷款余额占GDP的比重来衡量地区金融发展水平。③外商直接投资（FDI_{it}）。FDI具有较强的溢出效应，能够通过影响创新技术的资本投入和引资质量，从而影响TFP增长。本章中采用各地区实际利用外商投资总额占GDP的比重来衡量样本期内我国的外商直接投资情况[①]。④政府干预程度（GOV_{it}）。政府参与市场机制运作，影响企业决策和投资行为。本章中采用一般公共预算财政支出与GDP的比值来衡量政府干预程度。⑤交通基础设施（INF_{it}）。完善的交通设施既降低了企业生产成本，也利于促进生产技术、知识的传播，从而作用于TFP增长。参照刘秉镰等（2010）的研究，本章中以铁路密度即"每平方公里的营运铁路里程"衡量交通基础设施建设。

4.3.2 数据来源及统计描述

本章中选取我国1995—2018年期间除西藏、香港、澳门、台湾以外的30个省级行政区的面板数据进行实证分析，数据主要来自各年度《中国统计年

---

① 实际利用外商投资总额按照当年美元兑人民币平均汇率进行换算。

鉴》及各省份统计年鉴。其他数据来源还包括：税制结构相关数据来自各年份的《中国税务年鉴》；各省份人均受教育年限的相关计算数据来源于《中国劳动统计年鉴》和《中国人口统计年鉴》；固定资产投资及其指数来源于《中国固定资产投资统计年鉴》；各地区年末金融机构贷款余额来源于《中国金融年鉴》；泰尔指数（Theil Index）相关测算数据来源于中经网统计数据库。所有名义变量均利用 GDP 平减指数（以 1994 年为基期）剔除了价格的影响。各变量的统计性描述见表 4-1。各解释变量间的相关系数矩阵（见表 4-2）表明不存在多重共线性问题。

表 4-1 主要变量的统计性描述

指标	符号	指标说明	观测值	均值	标准差	最小值	最大值
TFP 增长	$TFPR_{it}$	由 DEA 方法进行测算	750	0.006	0.013	-0.014	0.036
技术进步	TP_{it}	TFP 增长分解项	750	0.005	0.007	-0.016	0.017
规模效率	SE_{it}	TFP 增长分解项	750	0.002	0.011	-0.015	0.026
税制结构	$TAXS_{it}$	直接税/间接税	750	0.317	0.220	0.070	1.991
对外贸易水平	$OPEN_{it}$	进出口贸易总额/GDP	750	0.288	0.335	0.001	1.709
金融发展水平	FIN_{it}	金融机构贷款余额/GDP	750	1.120	0.376	0.545	2.585
外商投资水平	FDI_{it}	外商直接投资额/GDP	750	0.030	0.031	0.001	0.245
政府干预程度	GOV_{it}	一般公共预算支出/GDP	750	0.180	0.093	0.018	0.623
交通基础设施水平	INF_{it}	每平方公里的营运铁路里程	750	0.238	0.136	0.001	0.823

表 4-2 变量之间的相关系数矩阵

变量	$TFPR_{it}$	$TAXS_{it}$	$OPEN_{it}$	FIN_{it}	FDI_{it}	GOV_{it}	INF_{it}
$TFPR_{it}$	1.000						
$TAXS_{it}$	0.094	1.000					
$OPEN_{it}$	0.409	0.209	1.000				
FIN_{it}	0.136	-0.285	0.236	1.000			
FDI_{it}	0.402	0.004	0.571	0.093	1.000		
GOV_{it}	-0.207	0.142	-0.273	-0.093	-0.353	1.000	
INF_{it}	-0.247	-0.035	-0.370	-0.071	-0.402	0.122	1.000

4.4 实证结果及分析

4.4.1 空间相关性检验及模型的选择

为了检验空间模型的可行性，笔者在构建空间计量模型之前，采用吉尔里 C 检验（Geary's C test）对 1995—2018 年期间我国各省级行政区税制结构和 TFP 增长的空间相关性进行检验，以判别空间计量模型的适用性。检验结果表明，二者在 1995—2018 年期间存在明显的空间相关性，说明采用空间计量模型研究税制结构对 TFP 增长的影响及其空间溢出效应是合适的（见表 4-3）。基于此，本章中引入 TFP 的空间相关项和时间滞后项构建空间面板模型，以分析税制结构变动对我国 TFP 增长的综合影响及其空间外溢效应。

表 4-3 1995—2018 年各省级行政区 TFP 增长与税制结构的空间相关性检验

年份	TFP 增长	税制结构变动	年份	TFP 增长	税制结构变动	年份	TFP 增长	税制结构变动
1995	0.532**	0.153*	2003	0.453**	0.661*	2011	0.143**	0.121
1996	0.532**	0.147 7*	2004	0.464**	0.123*	2012	0.174**	0.124
1997	0.342**	1.129	2005	0.234**	0.122*	2013	0.120**	0.120**
1998	0.452**	0.611*	2006	0.545**	0.123*	2014	0.143**	0.118**
1999	0.732**	0.248***	2007	0.632**	0.126	2015	0.154**	0.078*
2000	0.452**	0.141*	2008	0.345**	0.122*	2016	0.253***	0.091*
2001	0.532**	0.121*	2009	0.142**	0.120*	2017	0.354**	0.106**
2002	0.334**	0.668	2010	0.224**	0.123*	2018	0.336**	0.103*

注：①表中数值为吉尔里 C 检验计算出的空间相关指数；② *、** 和 *** 分别表示在 10%、5% 和 1% 的显著性水平上是显著的，下同。

从空间模型选择的诊断结果（见表 4-4）来看，一般动态空间模型的吉尔里 C 检验结果显示，至少存在一种空间交互效应。LR 检验和 LM 检验则显示，无论是空间误差项还是空间滞后项，均在 1% 的水平上显著，即模型中存在空间误差项和空间滞后项的交互作用，可以初步选择同时包含空间滞后项和空间误差项的动态空间模型。进一步的瓦尔德检验（接受原假设）和 LR 检验（拒绝原假设）结果表明，应选择动态空间自回归模型。因此，笔者最终选择构建空间自回归模型作为基准模型。该模型的具体形式如下：

$$TFPR_{it} = \beta_0 + \beta_1 TFPR_{it-1} + \lambda_1 \sum_{j=1}^{N} W_{ij} TFPR_{jt} + \beta_2 TAXS_{it-1} \\ + \sum \beta_\sigma X_{\sigma t} + \mu_i + \gamma_t + \epsilon_{it} \quad (4.7)$$

表 4-4 动态空间模型的选择检验

检验内容	原假设	检验方法	统计量	结论
空间相关性	不存在空间相关性	吉尔里 C 检验	-0.336***	拒绝原假设
空间误差项	不存在空间误差相关性	LR 检验	7.357***	拒绝原假设
		LM 检验	7.772***	拒绝原假设
空间滞后项	不存在空间滞后相关性	LR 检验	13.173***	拒绝原假设
		LM 检验	19.168***	拒绝原假设
模型适用性	适用空间自回归模型	瓦尔德检验	3.56	接受原假设
	适用空间误差模型	LR 检验	65.421***	拒绝原假设

4.4.2 基准回归结果分析

表 4-5 给出了基准回归结果。模型（1）至模型（3）为不含空间交互效应的普通最小二乘法（OLS）估计结果，模型（4）至模型（6）为式（4.3）动态空间自回归模型的 GMM 估计结果。模型（4）的结果表明，在控制其他变量不变的情况下，直接税与间接税比例每提高 1%，我国 TFP 增长率将提高 0.078%。这表明税制结构的变动（提高直接税占比）能有效推动 TFP 的增长。这与常世旺和韩仁月（2015）、肖叶（2019）等的研究结论具有一致性。从分解项结果来看，税制结构变化主要作用于技术进步，而对规模效率没有显著影响，这说明税制结构主要通过促进技术进步来推动 TFP 增长。长期以来，我国税制结构中的间接税占比较高，虽然间接税可以通过税负转移而由消费者承担，但是由于其主要在产品生产和交易环节征收，需要企业先行垫付，因此影响了企业的现金流，挤出了企业用于创新研发等方面的投入。同时，间接税制存在的许多不符合经济发展现状的设计也阻碍了经济效率的提高。例如，增值税的税制设计原则上要求只允许对增值额部分征税而不能干扰企业的正常经营资本，但是现实中存在许多进项税不允许抵扣的情形以及在征管体制上存在退税"时间差"等情况，企业实际上需要承担大量的增值税，这有悖于增值

税的税收中性原则,对企业的经营资金造成较大影响,并可能加重企业税收负担,不利于企业科技创新和 TFP 提升。

表 4-5 动态空间自回归模型估计结果

估计方法	OLS 估计			GMM 估计		
被解释变量	TFP 增长	技术进步	技术效率增长	TFP 增长	技术进步	技术效率增长
序号	(1)	(2)	(3)	(4)	(5)	(6)
$TFPR_{it-1}$	0.686***	0.297***	0.219**	0.540***	0.080***	0.038
	(14.555)	(2.844)	(2.145)	(19.596)	(2.942)	(1.319)
$TAXS_{it-1}$	0.061**	0.086**	0.042	0.078***	0.188***	-0.026
	(2.167)	(2.026)	(1.021)	(3.071)	(6.547)	(-0.794)
$OPEN_{it}$	0.009	0.019***	0.009**	0.012***	0.026***	0.003
	(1.432)	(3.041)	(2.129)	(2.683)	(5.740)	(0.644)
FIN_{it}	0.008***	0.120	0.099	0.051*	0.022	0.122***
	(2.072)	(1.325)	(0.841)	(1.648)	(0.667)	(3.043)
FDI_{it}	0.140**	0.228***	-0.006	0.207***	0.322***	0.098*
	(2.088)	(3.293)	(-0.102)	(4.430)	(6.485)	(1.753)
GOV_{it}	-0.017	0.055***	-0.023	-0.068***	-0.059***	-0.115***
	(-1.236)	(2.619)	(-1.154)	(-4.497)	(-3.609)	(-5.771)
INF_{it}	0.011***	0.005	0.014	0.026**	0.012	0.058***
	(2.993)	(0.210)	(0.624)	(2.261)	(0.981)	(4.093)
$W_{ij} \cdot TFPR_{jt}$	—	—	—	0.005**	0.032***	0.013***
				(2.336)	(7.503)	(5.608)
常数项	0.0682	-0.175*	-0.077	-0.065**	-0.040	-0.118***
	(0.542)	(-1.793)	(-0.611)	(-2.033)	(-1.167)	(-2.915)
地区固定效应	控制	控制	控制	控制	控制	控制
时间固定效应	控制	控制	控制	控制	控制	控制
观测值个数	720	720	720	690	690	690
调整后的 R^2	0.636	0.436	0.275	0.535	0.334	0.367
对数似然值	—	—	—	1 591.590	1 509.208	1 425.190
F 检验	33.301***	29.811***	9.947***	99.986***	43.979***	11.389***

注:括号里为 t 统计量,下同。

模型（4）的估计结果也显示，对外贸易水平、外商直接投资、金融发展水平以及交通基础设施对 TFP 增长的影响显著为正，这说明外部环境的改善能够有效促进 TFP 增长。我国对外开放程度的不断提高，不仅有利于企业吸纳海外人才和借鉴先进生产技术经验，而且可以鼓励企业提高中间投入品的质量，间接地促使企业投入创新以提高产品竞争力。金融发展水平的提高和交通基础设施的完善大大便利了地区间和企业间的商贸交流，降低了贸易成本，从而提高了资源的配置效率。过高的政府干预程度则不利于 TFP 增长，这与薛钢等（2015）、郝春虹和刁璟璐（2019）等的研究结论一致。这很有可能是因为过多的政府干预扰乱了市场秩序，尤其是在财政分权的背景下，地方政府片面追求"显性政绩"，实行"保护主义"以及开展"逐底竞争"等行为加剧了资源错配，不利于技术进步和生产效率提升（薛钢等，2015；肖叶、刘小兵，2018）。

4.4.3 稳健性检验

上述基准回归结果表明，税制结构变动（即直接税相对于间接税比重的提升）对我国 TFP 提高具有显著的促进作用。对此笔者将通过变换空间权重矩阵、变换核心变量以及变换回归模型等方法，检验基准回归结果的稳健性。

4.4.3.1 变换空间权重矩阵

研究表明，使用空间模型时基于不同的空间权重矩阵进行回归，得到的实证结果可能会有所差异。在本章中，基准模型的空间权重矩阵为经济距离权重矩阵。本节中，构建基于地理位置权重矩阵（即基于两个省份是否相邻的地理邻接 0-1 矩阵）的空间模型来检验基准模型的稳健性。回归结果报告在表 4-6 的模型（7）至模型（9），可以发现在基于地理位置空间权重矩阵的模型回归结果中，各系数符号和显著性均与基准模型的估计结果保持了较好的一致性。

4.4.3.2 变换核心变量

由前文分析可知，已有相关研究衡量税制结构变动的主要方法包括占比法和比值法。为了从侧面说明直接税比重提高与 TFP 增长的关系，本节中使用直接税占比法，即直接税收入／（直接税收入+间接税收入），来检验基准模型的稳健性。回归结果报告在表 4-6 的模型（10）至模型（12），结果也表明，变换核心变量衡量方法后模型的估计结果与基准模型的估计结果具有较好的一致性。

第4章 税制结构与经济增长可持续性：TFP视角

表4-6 稳健性检验结果

检验方法	变换权重矩阵			变换核心变量			固定效应模型		
被解释变量	TFP增长	技术进步	技术效率增长	TFP增长	技术进步	技术效率增长	TFP增长	技术进步	技术效率增长
序号	(7)	(8)	(9)	(10)	(11)	(12)	(13)	(14)	(15)
$TFPR_{it-1}$	0.523*** (19.161)	0.095*** (3.690)	0.005 (0.179)	0.529*** (19.416)	0.048* (1.912)	-0.027 (-0.942)	—	—	—
$TAXS_{it-1}$	0.071*** (2.825)	0.086*** (3.107)	0.007 (0.223)	0.033* (1.856)	0.038** (2.105)	0.018 (0.684)	0.071* (1.741)	0.238*** (6.069)	-0.166*** (-3.613)
$OPEN_{it}$	0.012*** (2.794)	0.021*** (4.776)	0.011** (2.329)	0.018*** (4.033)	0.022*** (4.908)	0.035*** (5.847)	0.019** (2.022)	0.026*** (2.761)	-0.007 (-0.693)
FIN_{it}	0.005 (0.174)	-0.028 (-0.897)	0.011 (0.317)	-0.010 (-0.310)	-0.023 (-0.714)	0.165*** (4.202)	0.088*** (2.914)	-0.045 (-1.544)	0.131*** (3.853)
FDI_{it}	0.181*** (3.919)	0.289*** (6.157)	0.073 (1.382)	0.161*** (3.417)	0.366*** (7.747)	-0.013 (-0.230)	0.192*** (3.366)	0.192*** (3.508)	-0.030 (-0.466)
GOV_{it}	-0.052*** (-3.404)	-0.020 (-1.255)	-0.087*** (-5.013)	-0.028* (-1.756)	0.014 (0.872)	-0.135*** (-5.297)	-0.245*** (-10.073)	-0.121*** (-5.187)	-0.130*** (-4.776)
INF_{it}	0.030*** (2.667)	-0.002 (-0.200)	0.055*** (4.213)	0.034*** (3.089)	0.005 (0.464)	0.066*** (4.217)	0.121*** (5.583)	0.007 (0.336)	0.122*** (4.999)

85

续表

检验方法	变换权重矩阵				变换核心变量				固定效应模型		
被解释变量	TFP 增长	技术进步	技术效率增长	TFP 增长	技术进步	技术效率增长	TFP 增长	技术进步	技术效率增长
序号	(7)	(8)	(9)	(10)	(11)	(12)	(13)	(14)	(15)
$W_{ij} \cdot TFPR_{jt}$	0.077***	0.177***	0.155***	0.605***	1.136***	−0.295***	—	—	—
	(6.494)	(19.006)	(15.715)	(6.322)	(20.115)	(−3.973)			
常数项	−0.017	0.016***	−0.017	−0.010	−0.005	−0.196***	−0.098***	0.033	−0.128***
	(−0.543)	(2.503)	(−0.470)	(−0.293)	(−0.141)	(−5.082)	(−3.043)	(1.063)	(−3.534)
地区固定效应	控制	控制	控制	控制	控制	控制	控制	控制	控制
时间固定效应	控制	控制	控制	控制	控制	控制	控制	控制	控制
观测值个数	690	690	690	690	690	690	720	720	720
调整后的 R^2	0.559	0.504	0.323	0.543	0.493	0.353	0.386	0.306	0.315
对数似然值	946.340	912.023	864.092	1 209.234	1 103.887	1 013.997	—	—	—
F 检验	65.237***	26.986***	19.454***	32.234***	36.453***	16.794***	64.523***	23.553***	10.998***

4.4.3.3 变换回归模型

为进一步验证基准结果的稳健性，本节中对非空间的静态固定效应模型进行了估计，估计结果报告见表4-6的模型（13）至模型（15），从中可以发现建立不同模型也能够得出税制结构变动对TFP的增长具有显著的促进作用，证明本章的基准回归结果具有可靠性和稳定性。

4.4.4 异质性分析

4.4.4.1 基于经济发展水平的异质性

在我国，由于地理位置、历史因素等原因，各地区发展不平衡、不协调等经济现象长期存在。刘智勇等（2018）指出，我国地区差距不仅体现在自然地理上，而且体现在人力资本结构、资金投入以及发展经验等经济领域。经济发展水平的差异是否会造成税制结构变动的TFP增长效应之不同呢？为回答这个问题，本节中使用我国各省级行政区1995—2018年期间人均实际GDP来衡量其经济发展水平，将人均实际GDP高于全样本平均值的省级行政区划分为高发展水平地区，否则划分为低发展水平地区。按照上述标准划分为高发展水平地区的省级行政区有：北京、天津、内蒙古、江苏、浙江、福建、广东、上海和湖北。划分为低发展水平地区的省级行政区有：河北、山西、辽宁、吉林、黑龙江、安徽、江西、山东、河南、湖南、广西、海南、四川、重庆、贵州、云南、陕西、甘肃、青海、宁夏和新疆。

经济发展水平异质性检验结果报告见表4-7。从中可以发现，在高发展水平地区地区税制结构变动对TFP增长的影响系数显著为0.084，但在低发展水平地区影响系数显著为0.056；从技术进步角度来看，高发展水平地区的系数显著为0.176，低发展水平地区的系数显著为0.104。这表明，税制结构变动在经济发展水平较高的地区更能发挥对TFP增长的促进作用。可能的原因在于：经济发展水平较高地区的地方政府财力相对雄厚，有能力利用税收优惠政策和税制结构调整吸引较多的资本和人才流入，从而进一步促进当地的技术进步和TFP增长。同时，经济发展水平较高地区的地方政府管理水平和治理水平往往也相对较高，从而为促进税制结构的TFP增长效应提供了较好的制度环境。相较而言，在经济发展水平较低地区，地方政府财政收入和管理水平相对有限，税收政策和税制结构调整空间也有限，难以进一步发挥税制结构促进技术进步和人力资本积累的作用，因此税制结构的TFP增长效应也有限。

表 4-7 经济发展水平异质性检验结果

被解释变量	TFP 增长		技术进步		技术效率增长	
经济发展水平	高发展水平地区	低发展水平地区	高发展水平地区	低发展水平地区	高发展水平地区	低发展水平地区
序号	(16)	(17)	(18)	(19)	(20)	(21)
$TFPR_{it-1}$	0.539*** (19.546)	0.531*** (18.692)	0.079*** (2.892)	0.082*** (2.995)	0.076*** (2.608)	0.058** (2.008)
$TAXS_{it-1}$	0.084** (2.519)	0.056* (1.864)	0.176*** (4.674)	0.104*** (3.090)	-0.110** (-2.575)	-0.076 (-1.297)
$OPEN_{it}$	0.012*** (2.629)	0.016*** (3.769)	0.025*** (5.343)	0.035*** (7.647)	0.005 (0.970)	0.000 (0.019)
FIN_{it}	0.052* (1.669)	0.040 (1.188)	0.022 (0.671)	0.033 (0.919)	0.051 (1.308)	0.056 (1.374)
FDI_{it}	0.208*** (4.450)	0.209*** (4.415)	0.320*** (6.376)	0.319*** (6.239)	0.095* (1.664)	0.095* (1.654)
GOV_{it}	-0.069*** (-4.401)	-0.068*** (-4.093)	-0.058*** (-3.449)	-0.043** (-2.450)	-0.064*** (-3.368)	-0.069*** (-3.412)
INF_{it}	0.025** (2.198)	0.034*** (2.785)	0.013 (1.058)	0.007 (0.473)	0.053*** (3.747)	0.057*** (3.719)
$W_{ij} \cdot TFPR_{jt}$	0.005** (2.374)	0.004* (1.809)	0.033*** (7.500)	0.035*** (7.990)	0.010*** (3.606)	0.008*** (2.916)
常数项	0.003*** (2.24)	-0.003 (-0.51)	0.064* (1.90)	0.041** (2.02)	-0.061* (-1.72)	0.006 (0.47)
地区固定效应	控制	控制	控制	控制	控制	控制
时间固定效应	控制	控制	控制	控制	控制	控制
观测值个数	230	460	230	460	230	460
调整后的 R^2	0.557	0.547	0.428	0.374	0.341	0.335
对数似然值	1 163.345	1 039.982	1 044.859	947.234	692.960	701.758
F 检验	64.92***	82.49***	30.55***	42.03***	42.27***	24.96***

4.4.4.2 基于税种分类的异质性

为了进一步厘清税制结构中主要直接税比重变化对 TFP 增长的影响，接下来分别用企业所得税占比（即企业所得税在直接税和间接税收入之和中的比重）和个人所得税占比（即个人所得税在直接税和间接税收入之和中的比重）衡量税制结构，重新对动态空间自回归模型进行估计。表 4-8 的估计结果显示，提高企业所得税和个人所得税比重均能显著推动我国 TFP 的提高，这与基准回归结果中提高直接税与间接税比重可以促进 TFP 增长的结论具有一致性。但是，从系数大小来看，提高个人所得税比重比提高企业所得税比重更能推动 TFP 增长和技术进步。

表 4-8 税种异质性检验结果

被解释变量	TFP 增长		技术进步		技术效率增长	
直接税税种	企业所得税	个人所得税	企业所得税	个人所得税	企业所得税	个人所得税
序号	(22)	(23)	(24)	(25)	(26)	(27)
$TFPR_{it-1}$	0.532*** (19.254)	0.537*** (19.459)	0.299 (1.225)	-0.065** (-2.408)	0.015 (0.512)	0.081*** (2.821)
$TAXS_{it-1}$	0.006* (1.807)	0.115*** (4.578)	0.019 (0.889)	0.148*** (5.211)	0.006 (0.312)	-0.034 (-1.062)
$OPEN_{it}$	0.014*** (3.408)	0.010** (2.428)	0.042** (2.576)	0.028*** (6.033)	0.069*** (4.955)	0.006 (1.168)
FIN_{it}	0.048 (1.539)	0.064** (2.028)	0.937 (0.932)	0.044 (1.295)	0.091* (1.917)	0.044 (1.122)
FDI_{it}	0.215*** (4.688)	0.213*** (4.617)	0.346 (1.001)	0.310*** (6.254)	0.239** (2.573)	0.103* (1.838)
GOV_{it}	-0.062*** (-4.053)	-0.076*** (-5.054)	0.113* (1.901)	-0.053*** (-3.239)	-0.072** (-2.504)	-0.077*** (-4.129)
INF_{it}	0.030*** (2.698)	0.028** (2.472)	0.027 (0.763)	0.007 (0.585)	0.090*** (5.13)	0.058*** (4.127)
$W_{ij} \cdot TFPR_{jt}$	0.004* (1.937)	0.006*** (2.897)	0.004 (0.233)	0.034*** (7.587)	0.016*** (4.185)	0.010*** (3.842)
截距项	-0.060* (-1.864)	-0.080** (-2.482)	-0.191 (-0.995)	-0.062* (-1.765)	-0.073 (-1.519)	-0.051 (-1.274)

续表

被解释变量	TFP 增长		技术进步		技术效率增长	
直接税税种	企业所得税	个人所得税	企业所得税	个人所得税	企业所得税	个人所得税
序号	(22)	(23)	(24)	(25)	(26)	(27)
地区固定效应	控制	控制	控制	控制	控制	控制
时间固定效应	控制	控制	控制	控制	控制	控制
观测值个数	690	690	690	690	690	690
调整后的 R^2	0.525	0.563	0.310	0.401	0.351	0.381
对数似然值	1 009.453	1 093.342	799.346	609.672	811.452	763.894
F 检验	62.932 ***	61.434 ***	80.515 ***	39.456 ***	46.754 ***	50.753 ***

4.5 税制结构影响 TFP 增长的作用机制分析

笔者在本书 2.3.3 节中提出，税制结构会通过多种可能的渠道和机制影响 TFP 增长，其中一个非常重要的机制是税制结构可通过影响收入分配而作用于 TFP 增长。直接税保障了税收的横纵向公平，能够通过社会收入再分配功能缩小城乡收入差距，而城乡收入差距的缩小不仅会影响市场的消费规模和需求结构，而且会通过农村劳动力质量的提升促进人力资本结构的优化，进而促进 TFP 的增长（高帆、汪亚楠，2016）；相反，间接税具有税负易转嫁和累退性性质，会在一定程度上引起社会公平的偏向，引起劳动力和社会资本的重新配置，从而扩大了城乡收入差距，进而不利于 TFP 的增长（王乔、汪柱旺，2008；钞小静、沈坤荣，2014；高帆、汪亚楠，2016；骆永民、樊丽明，2019）。

在城乡二元结构的经济背景下，城乡差距的缩小主要表现在城乡居民收入分配上。直接税尤其是个人所得税以收入额为征收对象且具有累退性，提高直接税比重利于加强财政的收入再分配效应，从而缩小城乡收入差距。基于此，逐步提高所得税、财产税等直接税在总税收收入中的比重，有利于缩小城乡收入差距，促进收入再分配，推动早日实现共同富裕，已成为学术界和实务界的基本共识（张斌，2006；Sung and Park，2011；Higgins and Pereira，2014；李文，2015；刘元生等，2020；蒋震，2021）。根据边际消费倾向理论，农村居民收入增加能够有效带动品质领先型产品市场，而高质量产品的市场需求结构会进一步影响供给结构和生产技术的进步，从而促进 TFP 的增长。城乡收入差距缩小、居民整体收入水平的提高，不仅能降低劳动力接受教育的相对成本，而且可以通过影响消费结构改善供给市场的产品质量，从而促进 TFP 增长（陆远权、张德钢，2015；范子英、张航，2018）。与之相反，具有税负转嫁性质的间接税会引致低收入者的税收负担和消费成本相对变高，不仅不利于消费规模和消费结构的改善，而且进一步拉大了城乡差距，最终抑制 TFP 增长。

本节中借助中介效应模型，将居民收入状况作为中介变量，验证了税制结构变动可以通过收入分配渠道作用于 TFP 增长。所谓中介变量，指的是自变量（税制结构）引起因变量（TFP 增长）变动的中间媒介，它代表了经济运行过程中的一种内部机制，通过这种内部机制，自变量可以对因变量起作用（温忠麟等，2004）。笔者参照邵帅等（2019）、刘畅和田晓丽（2020）、陈欣远等（2021）、郭峰和陈凯（2021）等的做法，以动态空间自回归模型为基础，分以下三个步骤对税制结构变化影响 TFP 增长的收入分配机制渠道进行检验。

第一步：检验 $TAXS_{it}$ 对 $TFPR_{it}$ 的影响（即系数 β'_2）。

$$TFPR_{it} = \beta_0 + \beta_1 TFPR_{it-1} + \lambda_1 \sum_{j=1}^{N} W_{ij} TFPR_{jt} + \beta_2 TAXS_{it-1} \\ + \sum \beta_\sigma X_{\sigma t} + \mu_i + \gamma_t + \epsilon_{it}$$

此步骤已在基准模型估计中完成。

第二步：检验 $TAXS_{it}$ 对中介变量 M_{it} 的影响（即系数 α_2）。

$$M_{it} = \alpha_0 + \alpha_1 M_{it-1} + \theta_1 \sum_{j=1}^{N} W_{ij} M_{jt} + \alpha_2 TAXS_{it-1} \\ + \sum \alpha_\sigma X_{\sigma t} + \mu_i + \gamma_t + \epsilon_{it} \tag{4.8}$$

第三步：检验 $TAXS_{it}$ 和 M_{it} 对 $TFPR_{it}$ 的影响（即系数 β'_2 和 φ）。

$$TFPR_{it} = \beta'_0 + \beta'_1 TFPR_{it-1} + \lambda'_1 \sum_{j=1}^{N} W_{ij} TFPR_{jt} \\ + \varphi M_{it} + \beta'_2 TAXS_{it-1} + \sum \beta'_\sigma X_{\sigma t} + \mu_i + \gamma_t + \epsilon_{it} \tag{4.9}$$

根据已有研究，本节中选取城乡居民收入泰尔指数来表示各省份的收入分配状况（彭定赟、陈玮仪，2014），作为上述中介效应模型的中介变量（M_{it}）。参照夏洛克斯（Shorrocks，1980）、王少平和欧阳志刚（2008）的方法，泰尔指数的计算公式如下：

$$M_{it} = \sum_{j=1}^{2} \left(\frac{P_{jit}}{\overline{P}_{it}}\right) \ln\left(\frac{P_{jit}}{\overline{P}_{it}} \bigg/ \frac{Z_{jit}}{\overline{Z}_{it}}\right) \qquad (4.10)$$

式中，j 表示城镇（$j=1$）或农村地区（$j=2$）；i 和 t 分别表示省份和时间；P_{jit} 表示 i 省份 t 年城镇或农村的收入；Z_{jit} 表示 i 省份 t 年城镇或农村的人口数量；$\overline{P}_{it}$ 表示全国 t 年城镇或农村的总收入；$\overline{Z}_{it}$ 表示全国 t 年城镇或农村的总人口数量。泰尔指数的数值越大，表示城乡居民收入差距越大。

由于上文基准回归结果显示税制结构变动对技术效率增长并无显著影响，因此本节中仅就 TFP 增长及其分解项中的技术进步进行中介效应检验。表 4-9 给出了中介效应分析过程以及结果。按照中介效应模型的分析步骤，第一步，分别检验各模型总效应，这一步已在基准回归模型中完成，结果见表 4-9 中的模型（4）至模型（5）[1]。这一步结果显示税制结构对 TFP 增长和技术进步具有显著的影响，说明税制结构的变动显著影响了 TFP 增长及其分解项中的技术进步。第二步，检验税制结构变动对中介变量泰尔指数的影响，这一步对 TFP 增长及其分解项技术进步是相同的，结果见表 4-9 中的模型（28）。其结果表明，税制结构对泰尔指数的影响系数显著为负（-0.659），说明以直接税与间接税比例衡量的税制结构变动有利于缩小城乡收入差距。接着，继续进行第三步检验，即税制结构变动和城乡收入差距对 TFP 增长的影响，结果见表 4-9 中的模型（29）至模型（30）。检验结果表明，泰尔指数（M_{it-1}）对 TFP 增长和技术进步的影响系数显著为负（分别为 -0.083 和 -0.249），即城乡收入差距的缩小有利于促进 TFP 增长和技术进步。这表明通过税制结构变动影响 TFP 增长的收入分配渠道是存在的，并且税制结构变动（直接税与间接税的比例提高）通过缩小城乡收入差距促进了 TFP 增长和技术进步。

表 4-9　城乡收入差距中介效应检验结果

检验步骤	第一步		第二步	第三步	
被解释变量	TFP 增长	技术进步	泰尔指数	TFP 增长	技术进步
序号	（4）	（5）	（28）	（29）	（30）
Y_{it-1}	0.540*** (19.596)	0.080*** (2.942)	1.452*** (14.991)	0.535*** (19.839)	0.308*** (2.944)

---

① 同表 4-5 中的模型（4）至模型（5）。

第4章 税制结构与经济增长可持续性：TFP视角

续表

检验步骤	第一步		第二步	第三步	
被解释变量	TFP增长	技术进步	泰尔指数	TFP增长	技术进步
序号	(4)	(5)	(28)	(29)	(30)
$TAXS_{it-1}$	0.078*** (3.071)	0.188*** (6.547)	-0.659** (-2.077)	0.092*** (3.689)	0.073*** (2.508)
M_{it-1}	—	—	—	-0.083*** (-3.823)	-0.249** (-2.102)
$OPEN_{it}$	0.012*** (2.683)	0.026*** (5.740)	0.023* (1.833)	0.004 (0.956)	0.025 (1.558)
FIN_{it}	0.051* (1.648)	0.022 (0.667)	0.003 (1.231)	0.058* (1.881)	0.028 (1.135)
FDI_{it}	0.207*** (4.430)	0.322*** (6.485)	-1.125*** (-4.414)	0.199*** (4.294)	0.254** (1.902)
GOV_{it}	-0.068*** (-4.497)	-0.059*** (-3.609)	-0.169*** (-3.753)	-0.055*** (-3.977)	-0.203*** (-3.375)
INF_{it}	0.026** (2.261)	0.012 (0.981)	-0.129** (-2.005)	0.012 (1.074)	0.018 (0.501)
$W_{ij} \cdot Y_{jt}$	0.005** (2.336)	0.032*** (7.503)	-0.001 (-0.065)	0.004* (1.840)	0.006 (0.546)
截距项	-0.065** (-2.033)	-0.040 (-1.167)	-0.102*** (-7.410)	-0.060* (-1.909)	-0.043 (-0.962)
地区固定效应	控制	控制	控制	控制	控制
时间固定效应	控制	控制	控制	控制	控制
观测值个数	690	690	690	690	690
调整后的R^2	0.535	0.334	0.861	0.566	0.409
对数似然值	1 591.590	1 509.208	1 403.225	1 594.818	1 299.030
F检验	99.986***	43.979***	50.873***	97.874***	5.927***

注：本表中Y_{it}分别表示各模型的被解释变量。

4.6 本章小结

笔者在本章中运用我国 1995—2018 年期间 30 个省级行政区的面板数据及动态空间计量模型，研究了税制结构变动对省级 TFP 增长的影响及影响机制，得出以下几点结论。

第一，提高直接税比重能够显著地促进我国 TFP 增长，并且有效地推动了技术进步。

第二，提高企业所得税和个人所得税占比均有利于我国 TFP 增长。

第三，在经济欠发达地区提高直接税比重能够发挥更大的作用。

第四，提高直接税比重能够发挥收入再分配作用，缩小城乡收入差距，从而促进 TFP 增长和技术进步。

第5章　财政分权与经济增长可持续性：聚类与情势转换视角[①]

笔者在本书第3章和第4章中，从经典的TFP视角分别探讨了我国整体的TFP增长状况以及政府规模、税制结构等财税体制特征对TFP增长和经济增长可持续性的影响。本章中，将进一步从区域经济增长动态特征，特别是从增长动态的聚类与增长情势转换的视角，探讨财政分权这一重要财税体制特征变化对经济增长可持续性的影响。

5.1　问题的提出

经济增长是否具有良好的可持续性，不仅取决于经济增速，而且取决于增长稳定性（Pritchett, 2000；Berg et al., 2012；Kerekes, 2012）。纵观改革开放以来中国经济的发展历程，一个不容忽视的事实是：经济增长具有较大的波动性；尽管各地区经济增长总体上保持了较好的同步性，但增速及其波动存在较大差异，即地区经济呈现出较明显的增长动态差异（见图5-1）。1978—2014年间，我国245个地级市的实际GDP增长率均值从7.26%到23.78%不等，增长率标准差的差异亦很大（最小为2.45%，最大为16.69%）[②]。那么，这些不同的增长动态蕴含着怎样的演进逻辑和理论内涵？对于我国经济增长可持续性又具有怎样的启示？特别是，哪些地区的动态增长具有较好的可持续性？什么因素在其中发挥了重要作用？无疑，深入厘清这些问题有助于更好地

[①] 本章核心部分发表于《金融研究》2020年第10期（贾俊雪等，2020），有删改。

[②] 截至2020年6月，我国共有333个地级行政单位（其中包括293个地级市、30个自治州、7个地区和3个盟），本章中统一将其简称为"地级市"。由于数据缺失和行政区划变动，本书中的基准样本包含245个地级市，详细数据说明见5.2节。

认识和理解中国经济增长的动态演进及可持续性，对于总结中国特色社会主义经济理论具有重要意义，亦可为优化、完善相关政策制度安排以有效促进中国经济的可持续增长提供有益思路。

遗憾的是，目前国内对于我国地级市经济增长动态变化的研究仍显不足。章韬（2012）研究了1990—2010年期间我国285个城市（含地级市）的经济增长，估计了城市经济增长的TFP，并考察了城市个体效应和城市内经济聚集程度对城市TFP的影响，但并未关注地级市经济增长的周期性和波动性。其他关于我国地级市经济增长的研究，如李培（2007）、李莉等（2008）、周慧（2016）等，多是采用短面板数据，对地级市经济增长动态变化和经济增长模式的考察十分有限。此外，已有不少研究表明我国经济增长过程中伴随了多次情势（或状态、区制）转换，如郭庆旺等（2007a，2007b）、吕捷等（2013）、张同斌和高铁梅（2015）等。因此，利用一般的线性模型来考察我国经济增长路径可能会有偏差，而马尔科夫情势转换模型可以很好地捕捉经济增长的非线性动态特征。贾俊雪（2015）将马尔科夫情势转换模型应用于地级市财政分权、经济增长与经济波动的研究中，发现财政分权在促进经济增长的同时，也加剧了地级市的经济波动，不利于地区经济长期增长可持续性；同时，财政分权的影响存在跨时和跨区域差异。

本章选取地级市经济增长作为研究对象具有重要的现实意义。一是地级市行政区域是我国经济增长的重要单位，全国的经济增长趋势必定反映在每个地级市的增长趋势上；二是我国各个地方的整体经济发展水平和制度环境是十分相似的，这为笔者提供了一个较为同质的面板数据集，从而可以有效剔除不可观测的文化、政治等因素的影响，而各地的差异性又为笔者研究特定的中国经济环境下的经济增长路径提供了丰富的样本；三是在分析地区性差异的基础上探讨中国经济可持续性问题，不仅可以具体识别不同地区经济增长的表现，而且可以进一步分析在特定背景下这些增长差异背后可能的原因（如财政分权、地理、资源等），从而丰富对我国经济增长可持续性的理解，而这也是通常的跨国对比研究难以做到的。

显然，能够影响经济增速或增长波动性的因素都可能对经济增长可持续性产生潜在重要影响，笔者在本章中重点关注的是财政分权这一重要财税体制特征的影响。以"放权让利"为主基调的财税体制改革被普遍认为是中国改革开放以来最重要的体制变革之一，不仅深刻改变了我国的政府间财政关系，而

第5章 财政分权与经济增长可持续性：聚类与情势转换视角

且对政府与市场的关系进而对经济增长及其波动产生了深远的影响，成为深刻认识和理解中国经济持续高速增长的一个重要视角（许成钢，2011）。因此，深入厘清财政分权对中国经济增长动态和可持续性的影响及其背后蕴含的理论内涵，对于中国特色社会主义经济理论、政府间财政关系理论和财税体制的发展与完善具有重要意义。截至目前，已有大量文献深入考察了中国财政分权的经济影响（张涛、邹恒甫，1998；林毅夫、刘志强，2000；金贺辉等，2005；张晏、龚六堂，2005；沈坤荣、付文林，2005；丁从明、陈仲常，2009；张曙霄、戴永安，2012）。但已有研究关注的重点大都是财政分权对经济增长或经济波动的单一影响，鲜有文献在一个相对统一的分析框架内同时探究财政分权的经济增长效应和经济稳定效应，较大程度上忽略了财政分权对经济增长动态及可持续性的整体影响。并且，已有文献也比较缺乏就省级以下地区经济增长动态以及财政分权对其影响的深入研究——已有研究大多聚焦于省份经济增长动态的分析（Ja Lil et al.，2014；周业安、章泉，2008），而忽略了同一省份的不同地区（如地级市）即组内增长动态的差异特征，以及不同省份的地区（如地级市）即组间增长动态的共同特征。

笔者在本章中以我国245个地级市1978—2014年期间的面板数据为基础，利用马尔科夫情势转换聚类面板模型，从情势转换与聚类视角考察了地级市的经济增长动态特征，识别出不同的动态增长模式及其在平均增速、增长状态以及持续期、增长波动、增长可持续性等方面的差异，然后利用多项选择和二项选择面板模型剖析了财政分权的影响。与已有研究相比，本章中可能的特色主要体现在如下三个方面。

第一，从一个较新颖的视角即情势转换与聚类视角出发，将经济增长与经济波动纳入一个相对统一的分析框架，总结并识别出我国地区经济增长所蕴含的动态增长模式及可持续性特征，从而形成对已有经济增长可持续性经典研究视角的一个有益补充，有利于丰富、拓展可持续增长的理论内涵；在此基础上，较全面地剖析了财政分权对经济增长、增长波动乃至增长可持续性的整体影响。这对于中国特色社会主义经济理论、政府间财政关系理论（尤其是基于中国实践的）的发展与完善具有重要意义，亦可为当前及今后有利于经济可持续增长的央地财政关系的调整优化提供有益的改革思路。已有研究则大都就增长与波动单独进行分析，在较大程度上割裂了二者之间的内在有机关联，忽略了增长稳定性对经济增长可持续性的重要影响。

第二，马尔科夫情势转换聚类面板模型这一较为前沿的分析方法的运用，不仅有利于内生地识别出地级市不同的非线性动态增长模式，避免因人为划分而可能带来的偏差，而且有利于较好地揭示不同动态增长模式的多维度特征（增速、增长状态及其持续期和增长波动性）差异，丰富关于经济增长可持续性的认识和理解；此外也有利于从多维度深入剖析财政分权的影响（包括对增长模式归属、模式间增长状态差异和模式内增长状态的影响），从而更全面地揭示财政分权对经济可持续增长的影响及其机理。已有关于中国地区经济及财政分权影响的研究则鲜有使用这一方法的。

第三，本章中使用了我国地级市30多年（1978—2014年期间）的面板数据。这有助于更全面、准确地识别改革开放以来中国地区经济增长动态特征的典型事实，为深入认识和理解改革开放以来中国经济增长动态、可持续性、财政分权的影响及其蕴含的内在逻辑机理和深刻理论内涵提供更加微观化的经验依据。已有关于中国地级市研究的样本期则普遍相对较短。

5.2 地级市经济增长路径的聚类分析

5.2.1 分析方法

近年来，国内学者利用非线性马尔科夫情势转换时间序列模型进行了大量研究，如刘金全和郑挺国（2006）、王立勇和刘文革（2009）、张同斌和高铁梅（2015）以及彭洋等（2019）。笔者借鉴施纳特和考夫曼（Schnatter and Kaufmann，2008）基于模型的聚类分析（model-based clustering analysis）方法，采用了一个有限混合的马尔科夫情势转换自回归模型，来研究我国地级市经济增长的动态特征。这一方法将马尔科夫情势转换时间序列模型推广到面板数据分析中，与基于有限混合模型（finite mixture models）的聚类分析相结合，从而能够以聚类的视角分析既具有情势转换的动态时间特征，又具有彼此相似的群组特征的多个时间序列。与单纯的马尔科夫情势转换时间序列模型相比，马尔科夫情势转换聚类面板模型具有一个明显优势：可同时考察不同经济体或不同地区经济增长的动态时序特征及其相似性和差异性，并据此内生地识别出不同的聚类。同时，这一方法通过将情势转换与聚类分析相结合，可以较全面地识别出基于经济增速与增长稳定性的增长可持续性特征。情势转换将经济增长内生地识别为高增长状态和低增长状态以及两种状态的动态转换,可较好地捕捉经济增长与经济波动的特征以及二者的内在有机关联;聚类分析将不同经济体或不同地区的动态增长内生地划分成若干聚类,有助于对不同聚类所蕴含的增长模式及其可持续性特征进行深入对比分析。正因为如此,该模型已成为目前研究经济增长动态及可持续性的一个重要分析工具(Schnatter and Kaufmann,2008;Kerekes,2012;Hamilton and Owyang,2012;Ohtsuka and Kakamu,2018;Rivas et al.,2018)。

不同于一些分类研究中采用外生定义(先验性地)来对所研究的时间序列进行分组(如根据增长均值来人为区分高增长组、低增长组),基于模型的聚类分析"让数据自己定义合适的组别",减少了外生性分组带来的偏差。先验性分组可能是不正确的,因为其他(可能不能被观测的)变量或许决定了真正的分组,即使各个时间序列潜在的产生机制是不同的,也有可能被分到相同的组(Schnatter,2011)。

在基于模型的聚类分析中,某个组的数据生成机制,也就是聚类分析中的聚类内核(clustering kernel)的作用十分重要。连续时间序列面板数据的聚类内核通常基于动态回归模型,离散时间序列面板的聚类内核则基于概率模型(probit model)、二项选择模型(logit model)、多项选择模型(multinomial logit model)或者马尔科夫模型。本章中所用的方法是,假设每个地级市的经济增长在某个时间点上的状态(离散的不可观测变量)是由若干个服从马尔科夫过程的情势转换机制生产的,从而可以将遵从相似的马尔科夫情势转换过程的地级市内生地归纳成一个聚类,不同的聚类服从不同的马尔科夫情势转换过程,由此识别出经济增长路径相似的地级市,并研究不同聚类中的地级市经济增长模式的特征。

特别是,对于第 i($i=1,2,\cdots,N$)个地级市,笔者引入非观测状态变量 S_i 来捕捉该地级市经济增长所属的聚类;相同的聚类归属表明这些地级市的经济增长具有相似的动态特征。当 $S_i=k$ 时,地级市 i 的实际 GDP 增长率 y_{it} 服从如下 p 阶自回归[AR(p)]过程:

$$y_{it} = c_k^1 + \alpha_{k1}^1 y_{it-1} + \cdots + \alpha_{kp}^1 y_{it-p} \\ + (I_{kt}-1)(c_k^d + \alpha_{k1}^d y_{it-1} + \cdots + \alpha_{kp}^d y_{it-p}) + \varepsilon_{it} \quad (5.1)$$

式中,$t=1,2,\cdots,T$;$k=1,2,\cdots,K$,K 为聚类个数;p 为最大滞后阶数。

这是一个非线性的动态自回归模型,地级市 i 归属为聚类 k 的概率为:

$$Pr(S_i = k) = \eta_{ik} \tag{5.2}$$

式中，$\sum_{k=1}^{K} \eta_{ik} = 1$，并假设 η_{ik} 的先验分布是参数均为 q 的狄利克雷分布（Dirichlet distribution），即 $(\eta_{i1}, \eta_{i2}, \cdots, \eta_{iK}) \sim D(q, q, \cdots, q)$。

式（5.1）中的 I_{kt} 是不同聚类下不同时间点上的状态指示函数。同样，I_{kt} 也是观测不到的、具有不确定性的潜在变量（状态潜在变量），捕获了 t 时刻经济所处的综合状态。假设有以下两个潜在状态：

状态 1 时，$I_{kt} = 1$，此时：

$$y_{it} = c_k^1 + \alpha_{k1}^1 y_{it-1} + \cdots + \alpha_{kp}^1 y_{it-p} + \varepsilon_{it} \tag{5.3}$$

状态 2 时，$I_{kt} = 0$，此时：

$$\begin{aligned} y_{it} &= (c_k^1 - c_k^d) + (\alpha_{k1}^1 - \alpha_{k1}^d) y_{it-1} + \cdots + (\alpha_{kp}^1 - \alpha_{kp}^d) y_{it-p} + \varepsilon_{it} \\ &\triangleq c_k^2 + \alpha_{k1}^2 y_{it-1} + \cdots + \alpha_{kp}^2 y_{it-p} + \varepsilon_{it} \end{aligned} \tag{5.4}$$

潜在状态变量 I_{kt} 服从两状态一阶马尔科夫过程，即 t 期所处的状态取决于 $t-1$ 期所处的状态，且其转移矩阵随着 k 的变化而变化，即：

$$P_k = \begin{bmatrix} p_{11}^k & p_{21}^k \\ p_{12}^k & p_{22}^k \end{bmatrix} = \begin{bmatrix} p_{11}^k & 1 - p_{22}^k \\ 1 - p_{11}^k & p_{22}^k \end{bmatrix} \tag{5.5}$$

式中，p_{mn}^k 表示第 k 个聚类中的所有地级市从状态 m 到状态 n 的转移概率。由于只有两个状态，所以有 $p_{m2}^k = 1 - p_{m1}^k$，$m = 1, 2$。该马尔科夫过程的转移矩阵 P_k 不随时间变化，完全由第 k 个聚类包含的地级市的经济增长时间序列内生地决定。在此假设 $p_{mn}^k (m, n = 1, 2; k = 1, 2, \cdots, K)$ 的先验分布为贝塔（Beta）分布 $B(x, y)$。

由于地级市的经济规模呈现多样性，规模较小的地级市经济波动可能比较剧烈，同时增长越快的地级市波动性也可能越大，因此允许每个地级市的方差不同并且随着时间变化（异方差），即假设给定参数 λ_{it}，式（5.4）中的误差项 ε_{it} 服从条件正态分布：

$$\varepsilon_{it} | \lambda_{it} \sim i.i.d. N(0, \sigma_{it}^2) \tag{5.6}$$

$$\sigma_{it}^2 = \sigma^2 / \lambda_{it} \tag{5.7}$$

式中，假设 λ_{it} 的先验分布是伽马（Gamma）分布 $g(\alpha, \beta)$，亦即 σ_{it}^2 服从倒伽马分布 $g^{-1}(\alpha, \beta)$。

通过式（5.1）至式（5.7）所设定的模型，笔者假设每个时间序列都被视为一个独立的实体，这个实体属于 K 个内生群组当中的一个，而每个群组是由不同的数据的生成机制来描述的,每个时间序列都以一个先验的未知概率落在某个组别中。在此,允许聚类与聚类之间的估计参数都不同,而聚类内部服从相同的时间序列过程,这些参数与聚类的个数都是内生地决定的,类别变量是一个潜在的内生变量,与每个组的参数同时被估计出来。

通过上述模型将 N 个时间序列内生地分为 K 个聚类,不仅解决了短时间序列的信息量问题,而且尽可能保留了时间序列之间的差异性。采用传统面板数据方法时,既无法将每个时间序列分派到每个组别中,也不能同时研究时间序列的情势变化。传统的面板数据方法往往将所有的时间序列一定程度地混合(pooling)在一起,这样虽然可以加入个体效应,但是时间序列的生产机制仍然是高度统一的。当这 N 个时间序列的内在生成机制彼此存在显著的差异时,混合面板估计往往会有偏差。此外,在聚类分析的基础上进一步引入马尔科夫链,可使不同聚类里的时间序列在不同的状态之间转换。不同于阿蒂斯等(Artis et al.,2004)提出的马尔科夫情势转换向量自回归(MS-VAR)模型,这些转换的概率和转换的时间点在不同聚类里也是不同的,由此可以考察所有地级市经济增长中更丰富的动态变化过程。目前,还有一种应用较广泛的聚类算法是 K 均值聚类法。该方法主要应用于静态数据分析,且聚类个数需要外生给定,故存在一定的随意性(Rani and Sikka,2012)。尽管可以根据最小化欧式距离对地级市经济增长面板数据进行 K 均值聚类分析,但这一做法无法捕捉数据在时间维度上的动态关联性;也可以分别对每个地级市建立马尔科夫情势转换时间序列模型,进行多指标横截面 K 均值聚类分析,但这会导致结果依赖模型参数而非所有数据信息,致使结果有偏。

基于模型的聚类可以采用基于最大期望(EM)算法的极大似然估计方法进行估计,也可以采用贝叶斯估计。贝叶斯估计有很多优点,特别是不受参数个数的限制。由于上述模型中的待估计参数较多,且两个潜在变量(状态变量 I_{kt} 和组别变量 k)的出现给极大似然法估计带来了困难,因此基于上述各参数的先验分布假设,笔者采用类似于考夫曼(Kaufmann,2003)提出的贝叶斯估计方法进行估计。给定观测到的面板数据,利用贝叶斯规则,每个时间序列的先验分组分布不断地更新,得到后验分组分布,这个后验分组分布是对每个时间序列进行分组的基础。因此,最终时间序列的分组很大程度上是由数据本身决定的。模型参数的后验分布以及状态变量、组别变量的推断来自马尔科夫蒙特卡罗(MCMC)模拟。关于上述模型之详细的贝叶斯估计原理和抽样方法见考夫曼（Kaufmann，2003）和施纳特（Schnatter，2001、2011）。

5.2.2 数据说明和统计描述

5.2.2.1 数据来源

对于 5.2.1 节中地级市马尔可夫情势转换面板聚类分析模型的估计，本章中采用的数据是 1978—2014 年期间我国 245 个地级行政区（包括地级市、自治州、地区、盟[①]等。如前所述，本书中统称为"地级市"）的实际 GDP 增长率，这是已有文献中没有采用过的地级市数据集合。已有文献对我国地级市的长面板数据研究得比较少，其原因有二：一是缺乏系统的数据整理，地级市的数据散落在各种统计资料中；二是地级市是我国五大行政级别[②]中较为不稳定的行政级别，频繁的地级市行政区域变化给数据的收集带来困难。特别是 20 世纪 80 年代后期到 90 年代中期，很多省级行政区都出现过撤销原来的地区一级并设立地级市（简称"撤地设市"或"撤地改市"）的情况，加之伴随大范围的行政区划变更，到 2000 年左右各地级市的行政区划才基本固定下来。为了保留尽可能多的地级市并保证数据的准确性，笔者参考了多个数据来源，包括中华人民共和国成立五十年和六十年各省级行政区的统计资料汇编（50/60 系列）、改革开放三十年各省级行政区统计资料汇编（30 系列）、《中国城市统计年鉴》[③]、《中国区域经济统计年鉴》、各省级行政区及地级市统计年鉴、各地级市国民经济与社会发展统计公报等。这些资料都是由各地统计局出版或公布的，所以具有权威性。为了保证数据统计口径一致，对于 2009 年之前的年份，笔者优先采用统计汇编资料数据，没有 30/50/60 系列的省级行政区[④]，由各省级行政区或市的最新统计年鉴补充；区划发生变化的[⑤]，按照最新的行政区划口径统计。2009—2014 年的 GDP 数据由各省级行政区或市的统

[①] 截至 2020 年 6 月，在我国总计 333 个地级行政区中，有 293 个地级市、30 个自治州、7 个地区、3 个盟，地级市约占地级行政区的 88%（来自百度百科）。

[②] 指中央、省（自治区/直辖市/特别行政区）、地级市（自治州/盟）、县（自治县/旗）、乡镇五级。

[③] 《中国城市统计年鉴》各年的统计数据是按照当年的行政区划统计的，若某市发生行政区划变化，则变化之前的历史数据不可用。

[④] 包括安徽、四川、广西、新疆、吉林、宁夏、云南、西藏、海南等。

[⑤] 行政区划变更情况资料来自中国行政区划网（http://www.xzqh.org.cn）、中华人民共和国民政部区划地名司网站（http://qhs.mca.gov.cn）、中华人民共和国民政部全国行政区划信息查询平台（http://202.108.98.30/map）以及《中华人民共和国行政区划沿革地图集（1949—1999）》（陈潮主编，中国地图出版社 2003 年版）等。

计年鉴补充。同时，通过查阅各省级行政区、各地级市的《统计年鉴》和《统计资料汇编》等，笔者收集整理了各地级市 1978—2014 年的 GDP 指数（上一年=100，可比价格）数据，据此计算出各地级市的 GDP 平减指数，再利用各地级市 GDP 平减指数将名义 GDP 折算成以 1978 年为基期的实际值[①]。

笔者剔除了那些存在严重数据缺失的地级市，以及行政区划发生变化后历史统计数据尚未完全调整的地级市[②]。另外，改革开放初期的地级市统计资料不够完善，部分地级市的名义 GDP 等指标缺失。为保留尽可能多的地市级，笔者对数据缺失不严重（不连续缺失 5 年及以上）的地级市之各个指标的名义值进行线性插值后，再计算指标的实际值[③]。最终进行聚类分析的样本包含我国 245 个地级市 1979—2014 年期间的实际 GDP 增长率。这些地级市 2014 年的名义 GDP 总量为 55.50 万亿元，约占当年全国名义 GDP（63.61 万亿元[④]）的 87.25%，涵盖了全国绝大多数经济实体，对这一样本进行分析足以说明全国性的经济与政策规律或问题。

5.2.2.2 统计描述

对此笔者先给出了各个地级市实际 GDP 增长率的一些统计描述，以帮助了解改革开放以来样本地级市经济增长的整体状况。表 5-1 给出了样本中各地级市实际 GDP 增长率的主要统计特征。由于样本点较多，在此仅给出每条时间序列的样本期、增长率均值、增长率标准差、增长率最小值和增长率最大值的统计特征。从增长率均值可以判断某个地级市在样本期的平均增长速度，增长率标准差则可以在一定程度上衡量增长的波动性。

表 5-1　我国地级市实际 GDP 增长率数据统计特征（1979—2014 年）

变量名称	个数	均值	标准差	最小值	最大值
样本期（年）	245	36	0	36	36
增长率均值（%）	245	11.44	1.93	7.26	23.78
增长率标准差（%）	245	5.64	2.07	2.45	16.69

---

① 本章下文使用的全社会固定资产投资和全社会消费品零售总额的等变量的实际值（以 1978 年为基期）亦是利用该指数折算的。

② 例如，合肥市 2011 年行政区划发生变化，与变化后的统计口径一致的数据仅能追溯到 2000 年。

③ 线性插值降低了被插值年份经济增长的波动性，会给估计带来一定偏差，但由于这种处理并不是大范围的（如名义 GDP 的线性插值共涉及 11 个地级市），笔者认为可以忽略其影响。

④ 参见：《中国统计年鉴（2015 年）》。

续表

变量名称	个数	均值	标准差	最小值	最大值
增长率最小值（%）	245	-2.34	6.19	-32.60	6.30
增长率最大值（%）	245	25.21	9.14	14.60	68.73

广东珠海市 1984 年的实际 GDP 增长率为 68.73%，是整个样本中的最大值；四川阿坝藏族羌族自治州因受 2008 年汶川地震的影响，其实际 GDP 增长率为-32.60%，是整个样本中的最小值。各个地级市在样本期实际 GDP 增长率均值从 7.26% 到 23.78% 不等，而增长率标准差也从 2.45% 到 16.69% 不等。增长率均值最小的是黑龙江伊春市（7.26%，标准差为 5.46%），增长率标准差最小的是湖南岳阳市（2.45%）。增长率均值最大的是广东深圳市（23.78%），同时它也是波动最为剧烈的地级市（标准差为 16.69%）。可见，经济增长速度较快的地级市的波动性也较高。值得注意的是，实际 GDP 增长率标准差最小的岳阳市，其增长率均值为 11.34%，与样本整体均值 11.44% 十分接近，似乎是一种比较理想的增长模式。由此可以初步判断，我国地级市层面的经济增长在增长速度和波动性上都存在较大的差异性，这是全国性的宏观数据所体现不出来的，也为进一步分析提供了空间。

图 5-1 更直观地给出了 1979—2014 年我国 245 个地级市实际 GDP 增长率的折线；图 5-2 给出了 245 个地级市实际 GDP 增长率的均值和标准差的累积分布；图 5-3 是各个地级市的增长率均值和增长率标准差的散点图；图 5-4 是每个地级市分别与河北石家庄市和广东广州市的相关性的散点图。从图 5-1 中可以看到，尽管全国层面的宏观数据显示我国改革开放以来的经济增长在 10% 左右波动，但是从地级市的层面来看，同一时期的差异非常大，而且跨期的增长路径也彼此不同。例如，在 2008 年全球金融危机时，有的地级市继续保持较高速的经济增长，有的地级市则出现了明显的经济增长下滑。图 5-2 进一步给出了前文提到的伊春市、深圳市和岳阳市的经济增长平均速度和波动性在整个样本中的分布，可见经济增长的可持续性并不能单纯地用增长速度来衡量，经济增长波动也是重要的一个方面。上文提到从深圳市的情况来看，似乎增长速度较快的地级市的波动性也较高，通过对各个地级市的增长率均值和增长率标准差作散点图（见图 5-3），可以发现增长率均值和增长率标准差之间有比较明显的正相关关系，但深圳市仍属于高增长、高波动的极端情况，大多数地

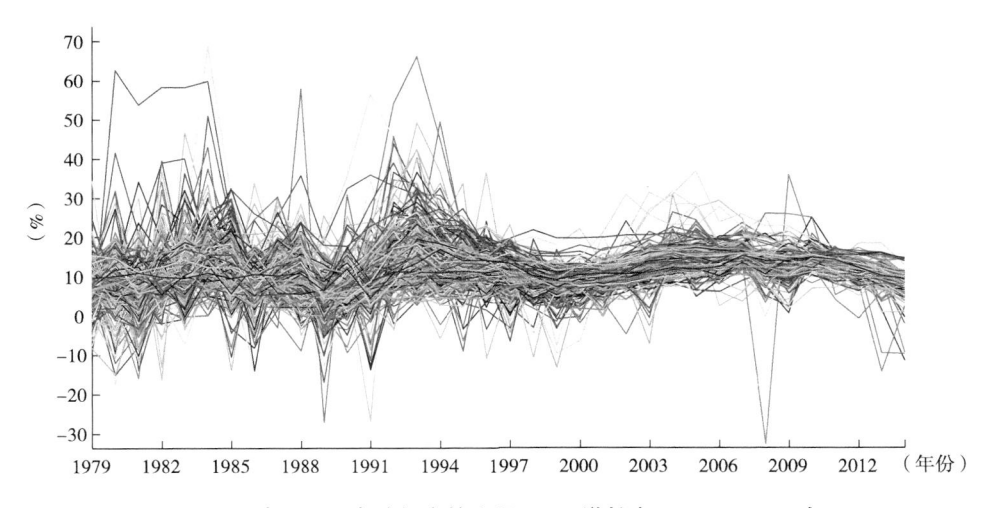

第 5 章 财政分权与经济增长可持续性：聚类与情势转换视角

图 5-1 我国 245 个地级市的实际 GDP 增长率（1979—2014 年）

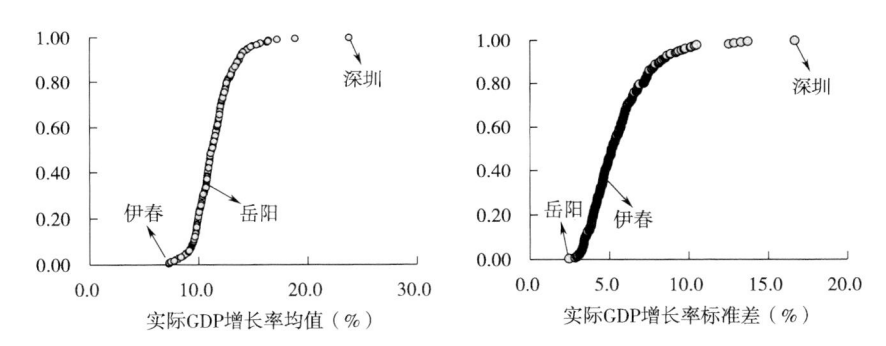

图 5-2 实际 GDP 增长率均值和标准差的累积分布

级市的经济增长率标准差分布在 3%到 15%的区间内。图 5-4 表明，各个地级市之间的经济增长呈现一定的相关性，如广州市和石家庄市的相关系数为 0.59；但也有很多地级市之间的经济增长相关性并不是那么明显，如内蒙古赤峰市、山东菏泽市、贵州遵义市等与石家庄市和广州市的相关系数均接近 0。当然，这与所选取的对比地级市有关，因为距离较近或同一省份内地级市之间的经济增长相关性可能更大。总之，改革开放以来，尽管几乎所有地级市都经历了相对较长时间的高速增长，但在增长过程中，增长速度和增长的波动性却存在很大的差异。

需要说明的是，从图 5-1 中可发现，不同于 1998 年和 2008 年的全球性金融危机，1989 年的非经济因素给样本中几乎所有地级市的经济增长都带来了较大的负面冲击，这会对包含情势转换的经济增长路径的聚类分析造成比较大的影响，因此在本章后续研究中，笔者剔除了 1989 年的 GDP 增长率的值。

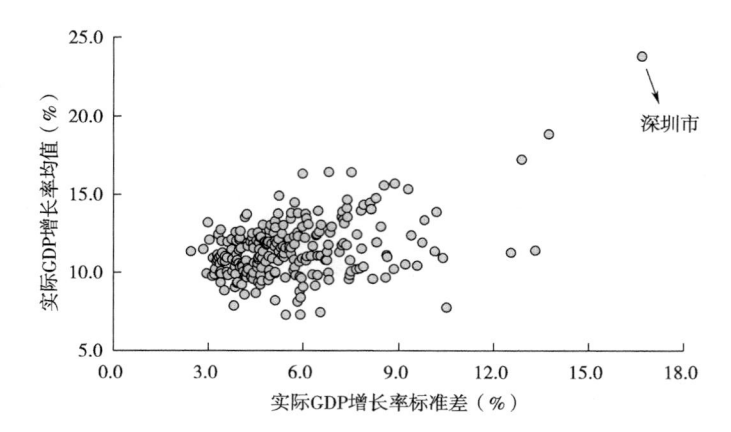

图 5-3 实际 GDP 增长率均值和标准差的散点图

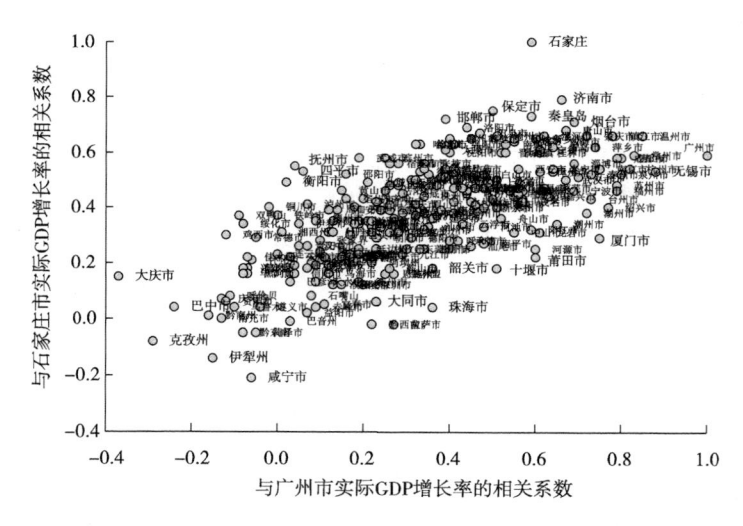

图 5-4 我国 245 个地级市实际 GDP 增长率的相关性（1979—2014 年）

5.2.3 聚类分析估计结果

5.2.3.1 模型的选择与识别

由于涉及多条时间序列，笔者无法用简单的偏自相关图来决定 AR（p）过程的滞后阶数 p，而同时对所有潜在变量 λ，S 和 I_1，I_2，…，I_K 求积分又十分困难。按照施纳特和考夫曼（Schnatter and Kaufmann，2008）的方法，在对

λ 和 S 取边缘分布后,再采用施纳特(Schnatter,2001)给出的桥抽样(bridge sampling)方法得到模型的对数边际似然值,根据极大似然原则,选择最合适的聚类个数和滞后阶数。

表 5-2 给出了不同聚类个数 (1~5)、不同滞后阶数 (1~4) 时贝叶斯估计桥抽样情况下模型的边际似然值[①]。为了进行对比,笔者还考虑了所有参数均无马尔科夫转换情况下模型的估计结果。对比不同聚类个数下有无情势转换的模型的边际似然值不难发现,所有存在马尔科夫情势转换的模型都优于不存在马尔科夫情势转换的模型。当 $K=1$ 时,就是没有对地级市进行分类的情况,在滞后阶数固定、存在马尔科夫情势转换的情况下,随着 K 的增加,边际似然值大多呈现先增后减的趋势,这表明聚类的个数并不是越多越好,而是存在一个适度的聚类个数。当个体差异性较大时,类别过多、分类太大则可能会受偶然因素的影响,从而不利于分析又个体之间的共性;但类别过少,分析则又未免过于宽泛。在所有可能模型的边际似然值中,$K=3$,$p=3$ 且存在马尔科夫情势转换时的边际似然值最大,因此笔者选择 $K=3$,$p=3$ 并且存在情势转换的模型。

表 5-2 模型的选择(聚类个数、滞后期、是否存在情势转换)

K	是否存在情势转换	$p=1$	$p=2$	$p=3$	$p=4$
1	是	-22 428.31	-22 413.29	-22 363.15	-22 371.26
	否	-22 861.59	-22 825.69	-22 824.61	-22 829.35
2	是	-22 315.01	-22 301.24	-22 277.51	-22 273.79
	否	-22 827.69	-22 795.79	-22 783.45	-22 789.97
3	是	-22 288.36	-22 271.56	-22 226.80	-22 260.14
	否	-22 834.93	-22 802.23	-22 794.04	-22 802.14
4	是	-22 305.59	-22 273.64	-22 276.77	-22 234.42
	否	-22 838.03	-22 811.22	-22 796.88	-22 811.01

① 滞后期数越多,数据量越少,计算的对数边际似然值之间越缺乏可比性,故需要设定统一的最大滞后阶数,以确保不同模型的对数边际似然值具有可比性。本章中选取的最大滞后阶数为 4 期(p 的最大取值范围)。笔者也尝试 K 的取值范围分别为 [1,3]、[1,4] 和 [1,6] 以及 p 的取值范围分别为 [1,3] 和 [1,5] 等,但最优模型设定结果没有改变。

续表

K	是否存在情势转换	$p=1$	$p=2$	$p=3$	$p=4$
5	是	−22 306.66	−22 285.44	−22 231.40	−22 235.83
	否	−22 841.07	−22 813.63	−22 801.07	−22 811.83

注：所有模型的对数边际似然值都是在设定最大滞后阶数为4的前提下估计得到的，以确保良好的可比性。

需要说明的是，式（5.1）至式（5.7）所给出的模型在进行 MCMC 模拟时是不可识别的（unidentifiable）。对此，需要施加一些约束来识别 MCMC 拟合值的状态和聚类归属（Schnatter and Kaufmann，2006、2011）。本章根据 MCMC 拟合值的散点图确定增长状态和聚类的识别条件分别为：$\alpha_{k1}^1 > \alpha_{k1}^2$ 和 $\alpha_1^1 < \alpha_2^1 < \alpha_3^1$，$\alpha_{11}^1 < \alpha_{21}^1 < \alpha_{31}^1$。图 5-5 在收敛后的 6 000 次抽样中，等距离地选

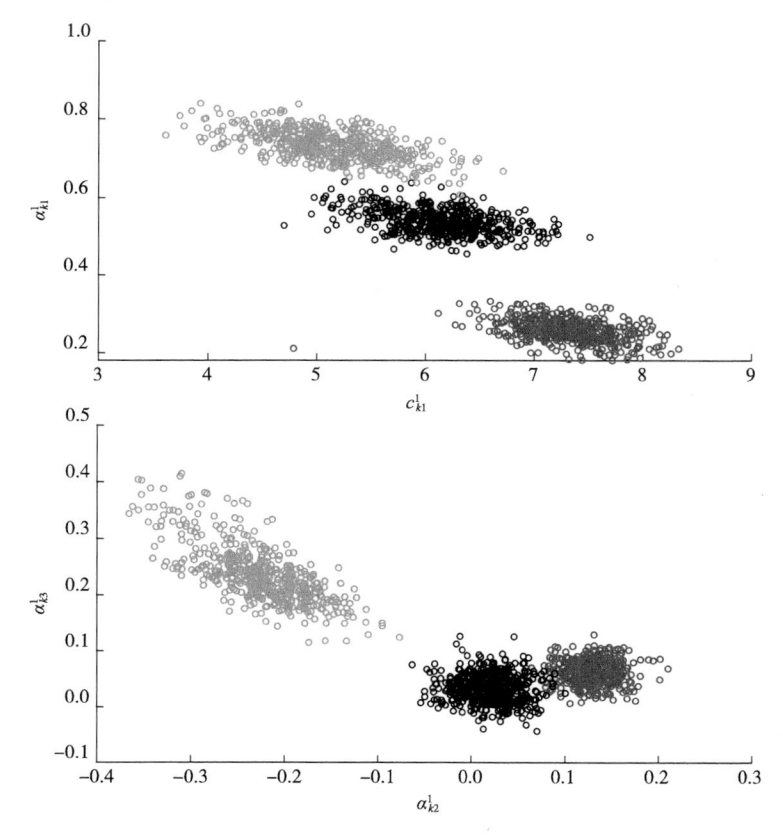

图 5-5　状态 1（$I_{kt}=1$）待估计系数 MCMC 拟合值

取了其中的 500 次抽样的拟合值作图。可以看出在状态 1（$I_{kt}=1$）下，一阶滞后项系数的抽样拟合值很明显地在 3 个不同的均值上聚集，并且彼此覆盖的区间很少，因此，运用 $\alpha_{11}^1<\alpha_{21}^1<\alpha_{31}^1$ 这一限制条件来区分 3 个聚类是合适的。从图 5-5 还可以看出，采用二阶滞后项的系数 α_{k2}^1（$\alpha_{12}^1>\alpha_{22}^1>\alpha_{32}^1$）来识别聚类，会得到同样的结果，但是若使用参数 α_{k3}^1 来识别，由于各聚类之间存在相互重叠，后验估计均值会出现偏差。

5.2.3.2　3 聚类、3 期滞后（$K=3$、$p=3$）后验估计结果

在对 MCMC 拟合值进行状态和聚类方面的识别后，得到了如表 5-3 所示的 $K=3$，$p=3$ 的贝叶斯后验均值估计结果。为使每个地级市只能归属为一个聚类，设定地级市 i 落入聚类 k 的条件为：$\overline{\eta_{ik}} \geq 0.5$（$\overline{\eta_{ik}}$ 为聚类归属概率的后验均值）。同理，设定经济处于状态 1 的条件为：$\overline{p_{1k}} \geq 0.5$（$\overline{p_{1k}}$ 为经济处于状态 1 的概率后验均值），否则处于状态 2。图 5-6 给出了各个地级市分别被分到三个聚类的概率的后验均值；表 5-4 给出了各地级市的最终聚类结果；图 5-7 给出了每个聚类中每一年（1982—2014 年，不包括 1989 年）所处状态的概率 η_k（$k=1,2,3$）的后验均值；表 5-5 给出了各增长模式在不同年份中所处的状态。

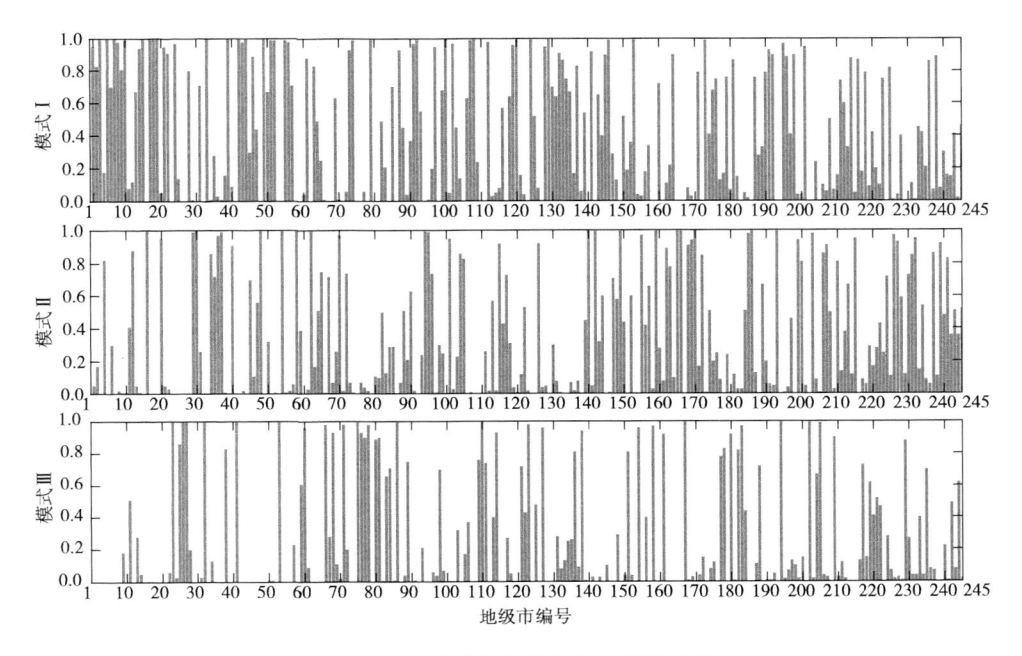

图 5-6　各个地级市分组概率后验均值

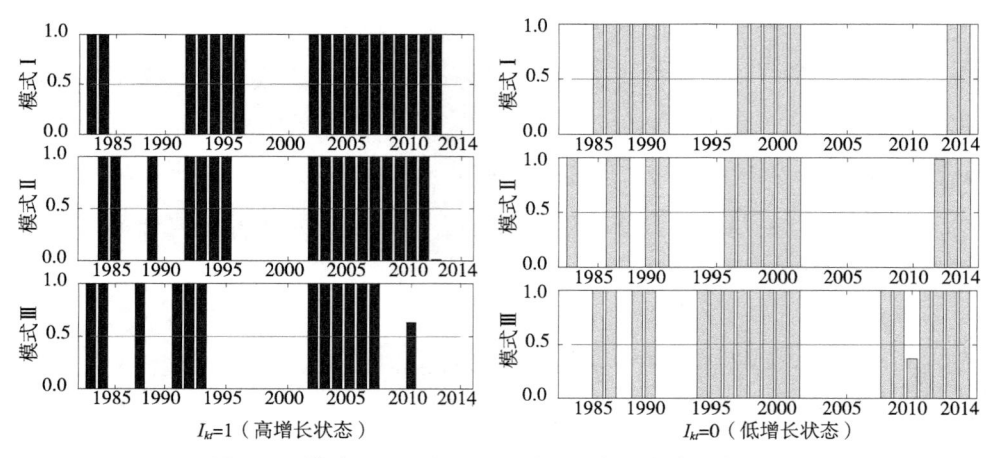

图 5-7 模式 Ⅰ、Ⅱ 和 Ⅲ 不同增长状态概率的后验均值

表 5-4 显示，245 个地级市的动态增长可识别为三个聚类，其包含的地级市个数分别为 99、77 和 59 个，共占总样本的 95.92%[①]。其余 10 个地级市归属任一聚类的概率都不足 50%，故未包含在分析结果中。这三个聚类代表了地级市三种不同的动态增长模式：聚类 1 中 99 个地级市经济增长动态的共同特征由表 5-3 中 $k=1$ 时的各参数所刻画，称之为动态增长模式 Ⅰ（以下简称"模式 Ⅰ"）；聚类 2 和聚类 3 的共同特征分别由表 5-3 中 $k=2$ 和 $k=3$ 时的各参数所刻画，称之为动态增长模式 Ⅱ 和模式 Ⅲ（以下简称"模式 Ⅱ"和"模式 Ⅲ"）。值得注意的是：隶属同一省份的地级市也可能归属不同的动态增长模式（如在河北省中，邢台市和保定市属于模式 Ⅰ，邯郸市、廊坊市和石家庄市属于模式 Ⅲ，其他地级市则属于模式 Ⅱ，见表 5-4）。这体现了马尔科夫情势转换聚类面板模型的一个明显优势——有利于弥补按地域划分类别时可能忽略地域内增长动态差异的不足。

表 5-3 $K=3$，$p=3$ 时的后验估计结果

聚类参数	模式 Ⅰ（$k=1$）		模式 Ⅱ（$k=2$）		模式 Ⅲ（$k=3$）	
	$I_{kt}=1$（高增长状态）	$I_{kt}=0$（低增长状态）	$I_{kt}=1$（高增长状态）	$I_{kt}=0$（低增长状态）	$I_{kt}=1$（高增长状态）	$I_{kt}=0$（低增长状态）
c_k^m	7.31 (6.62 8.00)	5.52 (4.73 6.31)	6.14 (5.25 6.98)	5.03 (4.20 5.84)	5.19 (4.20 6.15)	4.08 (3.29 5.07)

---

① 聚类结果的样本覆盖率与状态和聚类的识别条件有关；若识别条件选择不当，将无法准确识别出各聚类，样本覆盖率会比较低，高覆盖率则说明模型的识别条件比较恰当。

第 5 章 财政分权与经济增长可持续性：聚类与情势转换视角

续表

聚类参数	模式Ⅰ（k=1） $I_{kt}=1$（高增长状态）	模式Ⅰ（k=1） $I_{kt}=0$（低增长状态）	模式Ⅱ（k=2） $I_{kt}=1$（高增长状态）	模式Ⅱ（k=2） $I_{kt}=0$（低增长状态）	模式Ⅲ（k=3） $I_{kt}=1$（高增长状态）	模式Ⅲ（k=3） $I_{kt}=0$（低增长状态）
α_{k1}^m	0.26 (0.21 0.31)	0.13 (0.06 0.21)	0.54 (0.47 0.60)	0.02 (-0.04 0.09)	0.72 (0.64 0.80)	0.50 (0.43 0.57)
α_{k2}^m	0.13 (0.09 0.17)	0.08 (0.02 0.14)	0.02 (-0.04 0.08)	0.25 (0.19 0.31)	-0.22 (-0.32 -0.13)	-0.04 (-0.09 0.02)
α_{k3}^m	0.06 (0.02 0.10)	0.07 (0.02 0.11)	0.03 (-0.01 0.09)	0.13 (0.08 0.18)	0.23 (0.15 0.33)	0.10 (0.05 0.14)
p_{mm}^k	0.82 (0.66 0.96)	0.81 (0.62 0.97)	0.76 (0.59 0.92)	0.71 (0.50 0.91)	0.65 (0.44 0.86)	0.77 (0.59 0.93)
增长率均值	12.84	8.12	14.25	10.03	16.04	11.80
平均持续期	5.57	5.27	4.20	3.41	2.88	4.28

注：①括号中是95%置信区间的估计值；②平均持续期 $D_m^k = 1/(1-p_{mm}^k)$，其中 $m=1, 2$；$k=1, 2, 3$。

表5-4 三种模式（即聚类）包含的地级市

增长模式	地级市数量	包含的地级市名称
模式Ⅰ（k=1）	99	阿坝州 乌兰察布 驻马店 周口 榆林 双鸭山 鹤岗 吕梁 兴安盟 甘孜州 十堰 铜仁 临汾 盘锦 信阳 淮南 伊春 铁岭 忻州 恩施州 怀化 大同 佳木斯 四平 邢台 大庆 吉林 七台河 永州 铜川 滁州 攀枝花 通辽 六盘水 荆州 丹东 锦州 济源 南阳 蚌埠 广元 聊城 黄冈 泸州 延边州 宜春 齐齐哈尔 雅安 黑河 淮安 抚州 许昌 辽阳 毕节 株洲 衡阳 保定 商丘 鸡西 天水 延安 常德 滨州 晋中 安庆 兰州 荆门 绵阳 商洛 阳泉 临沂 德阳 牡丹江 巴中 石嘴山 开封 达州 衢州 宿州 济宁 鹤壁 景德镇 武威 湘潭 黄山 淮北 邵阳 安顺 连云港 郴州 黔东南州 伊犁州 徐州 娄底 长治 宜宾 黔南州 乌鲁木齐 湘西州
模式Ⅱ（k=2）	77	白城 衡水 白山 锡林郭勒盟 河池 潮州 梅州 承德 张家口 赤峰 绥化 汉中 眉山 汕尾 庆阳 苏州 鄂尔多斯 呼伦贝尔 无锡 舟山 咸宁 运城 张掖 克州 福州 枣庄 襄阳 九江 鞍山 云浮 沧州 阳江 湖州 本溪 漯河 茂名 南通 上饶 河源 资阳 南充 遵义 秦皇岛 宁德 巴彦淖尔 朔州 唐山 台州 柳州 萍乡 武汉 肇庆 鄂州 宁波 遂宁 厦门 新余 金华 龙岩 平顶山 盐城 益阳 渭南 咸阳 泰安 成都 南昌 哈尔滨 广州 吉安 湛江 赣州 三明 昆明 日照 平凉 岳阳

111

续表

增长模式	地级市数量	包含的地级市名称
模式Ⅲ ($k=3$)	59	朝阳 泉州 莆田 莱芜 珠海 深圳 阜新 乌海 德州 清远 菏泽 威海 温州 常州 惠州 包头 濮阳 汕头 铜陵 镇江 呼和浩特 绍兴 拉萨 焦作 嘉兴 安阳 沈阳 泰州 桂林 洛阳 东莞 巴音郭楞州 杭州 宿迁 晋城 邯郸 廊坊 佛山 江门 淄博 乐山 潍坊 三门峡 石家庄 烟台 太原 扬州 青岛 西安 中山 宝鸡 银川 漳州 黄石 韶关 济南 贵阳 黔西南州 长沙

表 5-5 各组各年份（不包括 1989 年）所处的状态

增长模式	$I_{kt}=1$（高增长状态）	$I_{kt}=0$（低增长状态）
Ⅰ	1983—1984 年，1992—1996 年，2002—2012 年	1985—1988 年，1990—1991 年，1997—2001 年，2013—2014 年
Ⅱ	1984—1985 年，1988 年，1992—1995 年，2002—2011 年	1983 年，1986—1987 年，1990—1991 年，1996—2001 年，2012—2014 年
Ⅲ	1983—1984 年，1987 年，1991—1993 年，2002—2007 年，2010 年	1985—1986 年，1988 年，1990 年，1994—2001 年，2008—2009 年，2011—2014 年

5.2.4 结果分析

从不同模式的平均增长状况来看，在状态 1（$I_{kt}=1$）时，三种动态增长模式的实际 GDP 增长率均值都超过了 12%（见表 5-3），呈现高增长态势，故将状态 1 称为"高增长状态"；在状态 2（$I_{kt}=0$）时，各模式的增长率均值都明显低于状态 1，故称状态 2 为"低增长状态"（这里的"高增长"和"低增长"状态是相对而言的）。模式Ⅲ两种状态下的经济增长率（16.04% 和 11.80%）是三种模式中最高的，模式Ⅰ两种状态下的经济增长率（12.84% 和 8.12%）则是最低的。高增长状态下，模式Ⅲ与模式Ⅰ的增长率均值相差了 3.20 个百分点；低增长状态下，模式Ⅲ与模式Ⅰ的增长率均值相差了 3.68 个百分点。此外，在模式Ⅰ下，高增长与低增长两种状态的增长率均值相差了 4.72 个百分点，而模式Ⅱ与Ⅲ下的高、低增长状态的增长率均值分别相差了 4.22 和 4.24 个百分点。由此可见，模式Ⅰ不仅在两种状态下的增速最慢，而且其高、低增长状态下的增长差异在三种模式中也是最大的。

不过，经济增长是否具有良好的可持续性不仅仅取决于平均增长率，增长稳定性也是一个极为重要的方面。从图 5-7、表 5-3 可知：模式 I 的高增长状态维持概率（$p_{11}^1 = 0.82$）明显高于模式 II 和 III（分别为 0.76 和 0.65），且这一概率与其低增长状态维持概率（$p_{22}^1 = 0.81$）差别不大；模式 II 的高增长状态维持概率明显大于低增长状态维持概率，模式 III 则相反。由增长状态维持概率（p_{mm}^k）可计算出两种状态的平均持续期 [$D_m^k = 1/(1 - p_{mm}^k)$，$m = 1$，2；$k = 1$，2，3]：三种模式的高增长状态平均持续期分别为 5.57 年、4.20 年和 2.88 年，低增长状态平均持续期分别为 5.27 年、3.41 年和 4.28 年（见表 5-3）。由此可知，高、低增长状态的持续期不同，且不同模式之间存在较明显的差异：模式 I 高、低增长状态的持续期差异较小（0.30 年），且两种状态的持续期在三种模式中均是最长的——结合前文所述模式 I 之中高、低增长状态的增长差异较大，这意味着模式 I 增长状态的转换可能会造成较大幅度的经济波动；模式 II 的高增长状态持续期明显长于低增长状态（相差 0.79 年），且其低增长状态的持续期在三种模式中是最短的；模式 III 则与之相反——高增长状态的持续期明显短于低增长状态（相差 1.40 年），其高增长状态的持续期在三种模式中最短[①]。

此外，同一增长状态下的增长波动性也会对经济的整体可持续性产生重要影响。图 5-8 给出了模型估计，得到的 1979—2014 年期间三种动态增长模式的 GDP 增长率均值和方差均值的变化情况（图中阴影部分表示该年份处于高增长状态）。三组地级市都经历了较相似的增长过程：20 世纪 80 年代中后期、90 年代后期和 2010 年以来所有地级市都经历了明显的增速下滑，其他年份则保持在较高的增长水平上；20 世纪 90 年代中期以来，增长方差即增长的波动性明显下降，但全球金融危机期间又有所增强（特别是模式 I）。这是由我国整体宏观经济增长动态变化所决定的。图 5-8 也表明，无论是高增长状态还是低增长状态，模式 II 的增长波动性均明显低于模式 I；而模式 III 除了在高增长状态下个别年份呈现高波动态势之外，大多数年份的增长波动性亦明显低于模式 I。另外，与表 5-3 的结果相似，图 5-8 显示模式 I 中的地级市在大多数年份的增长率均值都低于模式 II 和 III，模式 III 的增长率均值在较长时间内高

---

① 这种高、低增长状态维持概率和平均持续期的差异，表明我国经济增长和经济波动具有明显的非对称性。这一现象在很多研究中都有所论及（陈浪南、刘宏伟，2007；黄玖立等，2011），但鲜有研究注意到这种非对称性的地区聚类差异。一方面，这种非对称性的聚类差异可能体现了地区经济缓冲负面冲击能力的差异；另一方面，地区特征或区域政策的相似性也可能会造成地区在面对冲击时具有一定的相似反应。

于其他模式，模式Ⅱ的增长率均值则长期处于中间水平——既没有出现过高的经济增速，也未出现较严重的增长放缓，即呈现出较好的增长稳定性。

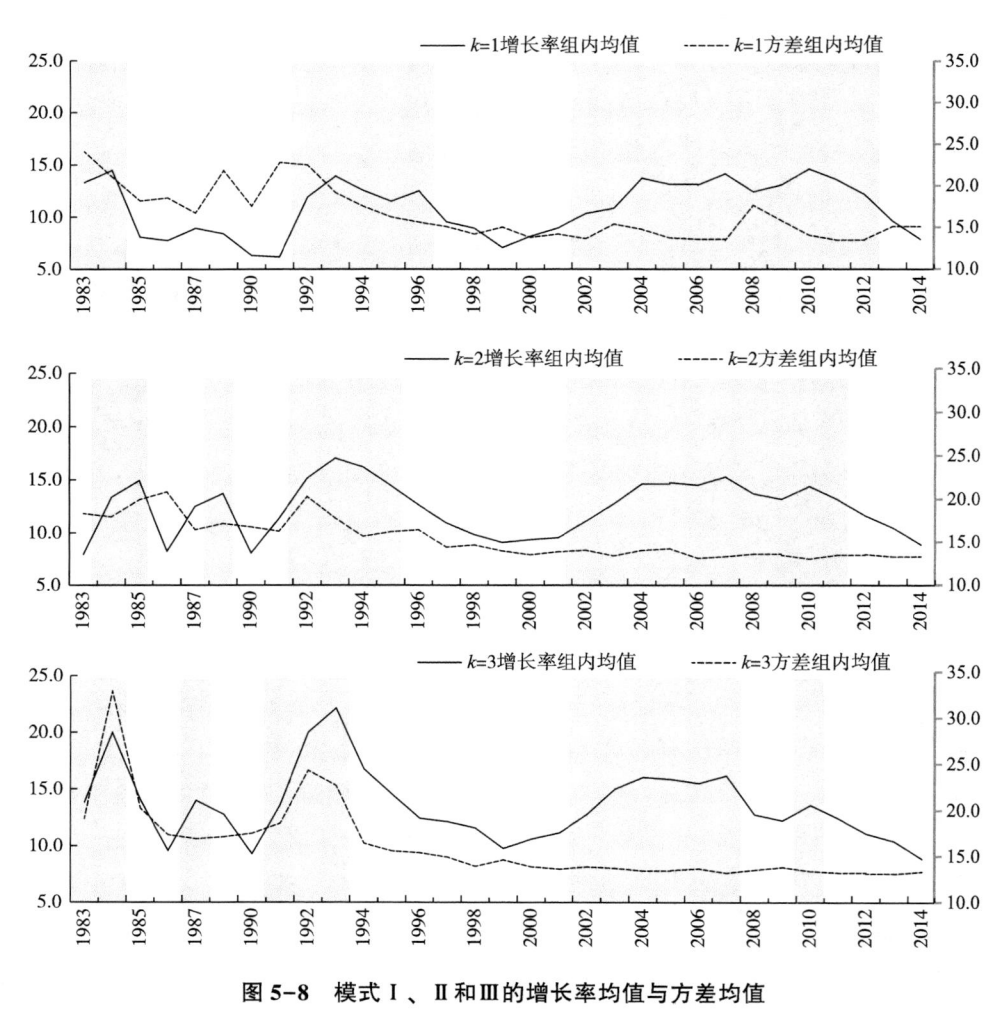

图 5-8 模式Ⅰ、Ⅱ和Ⅲ的增长率均值与方差均值

注：①左纵轴为增长率均值（%），右纵轴为方差均值；②阴影部分表示该年份处于高增长状态（$I_{kt}=1$）。

此外，图5-7和图5-8还表明，三种模式的差异性还体现在增长情势转换的周期性和同一年份所处的增长状态也有所不同。20世纪90年中期以前，三种模式的周期性差异比较明显，其中模式Ⅱ更有可能较晚地进入高增长期。例如，模式Ⅱ在1984年开始了高增长状态，而模式Ⅰ和Ⅲ在1983年已处于高增长状态；模式Ⅲ在1991年进入高增长状态，而模式Ⅱ在1992年才进入高增长状态。这造成一些年份中三种模式所处的增长状态存在明显不同。例如，1985年模式Ⅰ和Ⅲ处于低增长状态，而模式Ⅱ处于高增长状态。进入21世纪以后，三种模式的同步性有所增强——都经历了持续较长的高增长期，近年来则都处于低增长状态。

综上所述，改革开放以来我国地级市经济增长呈现出三种不同的动态增长模式：如表5-6所示，模式Ⅱ的增长可持续性整体上明显好于模式Ⅰ和Ⅲ，主要体现在其不仅具有较高的经济增速，而且高增长状态的持续期较长，两种状态下的增长波动性较小；模式Ⅰ的增长可持续性最差，主要体现在其低增长状态持续期较长，两种增长状态下的增速差异较大，且均呈现低增长、高波动的特征。

表 5-6 三种经济增长模式的可持续性分析

经济增长模式		平均持续期	增长率均值	增长方差均值	特征	可持续性
模式Ⅰ	整体	—	10.86	16.55	低增长、高波动	最差
	高增长状态	5.57	12.84	16.39	高波动	
	低增长状态	5.27	8.12	16.78	高波动	
模式Ⅱ	整体	—	12.34	15.50	高增长、低波动	最好
	高增长状态	4.20	14.25	15.47	低波动	
	低增长状态	3.41	10.03	15.54	低波动	
模式Ⅲ	整体	—	13.58	16.22	高增长、高波动	居中
	高增长状态	2.88	16.04	17.75	高波动	
	低增长状态	4.28	11.80	15.11	低波动	

5.3 财政分权对地级市经济增长可持续性的影响

上节分析表明，我国地级市存在三种不同的动态增长模式，其中模式Ⅱ总体上具有良好的增长可持续性。那么，是什么因素决定了不同地级市呈现出不同的动态增长模式和可持续性特征呢？厘清这一问题无疑有助于更好地认识和理解中国经济增长的动态形成机制与可持续性。本节重点关注财政分权的影响。特别是，本节分别利用多项选择logit和二项选择logit面板模型，从三个维度(即对动态增长模式归属、模式间增长状态差异和模式内增长状态的影响)来考察这一问题。

5.3.1 模型设定

在考察财政分权对地级市经济增长模式归属的影响时,由于上节识别出的地级市模式归属变量 S_i^* 是一个多项选择变量,因此笔者采取如下形式的多项选择 logit 面板模型(以 S_i^* 作为被解释变量,模式Ⅰ作为基准组):

$$Prob(S_{ik}^* = k \mid Z_{it-1}, X_{it-1}, F_i) = \frac{1}{1 + \sum_{k=2}^{3} \exp(c_k + \beta_k Z_{it-1} + \gamma_k X_{it-1} + \delta_k F_i + \xi_{it})},$$
$$k = 1 \tag{5.8}$$

$$Prob(S_{ik}^* = k \mid Z_{it-1}, X_{it-1}, F_i) = \frac{\exp(c_k + \beta_k Z_{it-1} + \gamma_k X_{it-1} + \delta_k F_i + \xi_{it})}{1 + \sum_{k=2}^{3} \exp(c_k + \beta_k Z_{it-1} + \gamma_k X_{it-1} + \delta_k F_i + \xi_{it})},$$
$$k = 2,3 \tag{5.9}$$

式中,ξ_{it} 为误差项。Z_{it-1} 为滞后一期的核心解释变量,包括财政分权变量以及它们与 1994 年分税制改革哑变量的乘积项(用以捕捉 1994 年分税制改革对财政分权经济增长可持续效应的影响)。对于财政分权变量,笔者借鉴已有文献的普遍做法,同时考虑了财政收支分权,并利用如下指标加以度量:支出分权=人均地级市财政支出/(人均中央财政支出+人均省份财政支出+人均地级市财政支出),收入分权=人均地级市财政收入/(人均中央财政收入+人均省份财政收入+人均地级市财政收入)。此外,笔者还用财政自给度(地级市本级预算内收入与预算内支出的比值)来度量财政分权程度(准确地讲,此处刻画的主要是财政收支分权的匹配度)[1]。X_{it-1} 为滞后一期的控制变量,包括人口增长率、产业专业化水平(用简化克鲁格曼专业化指数度量)、第三产业增加值占 GDP 的比重、全社会固定资产投资实际增长率和全社会消费品零售总额实际增长率。此外,笔者还控制了一组不随时间变化的地级市特征变量 F_i,包括行政区面积(取自然对数)、期初经济发展水平(1978 年人均 GDP,取

---

[1] 这些度量指标存在不足,而这也是此类文献面临的一个普遍问题(徐永胜、乔宝云,2012)。因此,学者们一直试图提出更完善的财政分权度量指标,例如刘怡和刘维刚(2015)、毛捷等(2018)、刘勇政等(2019)和谢贞发等(2019)利用增值税或企业所得税等税种的地方分成比例来度量税收分权。由于数据限制,笔者无法构造出 1978—2014 年这一较长样本期内的上述度量指标;并且,某一税种的地方分成比例也可能无法全面捕捉地方财政收入分权的整体水平。有鉴于此,本章中采用已有文献的普遍做法,而这也有助于增强与已有研究的可比性。

自然对数)、(东、中、西部)地区哑变量和资源型城市哑变量①。

在考察财政分权对模式间增长状态差异和模式内增长状态的影响时,笔者采取了类似模型——考察对模式内增长状态的影响时,被解释变量为高增长状态二值变量(高增长状态取值为1,否则为0),故上述模型退化为二项选择logit面板模型。表5-7给出了主要变量的基本统计描述。

表5-7 主要变量的统计描述

变量名称	样本数	均值	标准差	最小值	最大值
经济增长模式类别变量	8 460	1.830	0.802	1.000	3.000
模式Ⅰ高增长状态哑变量	8 820	0.500	0.500	0.000	1.000
模式Ⅱ高增长状态哑变量	8 820	0.472	0.499	0.000	1.000
模式Ⅲ高增长状态哑变量	8 820	0.361	0.480	0.000	1.000
财政支出分权	8 798	0.330	0.107	0.062	0.896
财政收入分权	8 780	0.285	0.149	0.0005	1.039
财政自给度	8 773	0.837	0.744	0.003	10.175
人口增长率	8 575	0.010	0.013	−0.184	0.301
第三产业增加值比重	8 818	0.311	0.094	0.023	0.696
简化克鲁格曼专业化指数	8 818	0.293	0.162	0.004	0.972
全社会固定资产投资增长率	8 558	0.174	0.219	−1.987	3.152
全社会消费品零售总额增长率	8 558	0.107	0.085	−2.195	2.354
行政区面积(km², 取自然对数)	8 820	0.204	0.900	−2.119	3.855
资源型地级市哑变量	8 820	0.400	0.490	0.000	1.000
西部地区哑变量	8 820	0.261	0.439	0.000	1.000
中部地区哑变量	8 820	0.359	0.480	0.000	1.000

① 简化克鲁格曼专业化指数 $= \sum_{j=1}^{3} |s_{ijt} - s_{jt}|$,$s_{ijt}$ 表示地级市 i 的第 j 产业 ($j=1,2,3$) 的增加值占 GDP 的比重,s_{jt} 表示全国产业 j 的增加值占 GDP 的比重(Krugman, 1991)。理论上,克鲁格曼专业化指数越大,表明产业专业化程度越高,经济可能越容易受到特定产业冲击的影响。东部地区包括河北、辽宁、江苏、浙江、福建、山东、广东和海南,中部地区包括山西、吉林、黑龙江、安徽、江西、河南、湖北和湖南,西部地区包括内蒙古、广西、四川、贵州、云南、西藏、陕西、甘肃、青海、宁夏和新疆。资源型城市是根据国务院 2013 年印发的《全国资源型城市可持续发展规划(2013—2020年)》确定的。

续表

变量名称	样本数	均值	标准差	最小值	最大值
东部地区哑变量	8 820	0.380	0.485	0.000	1.000
1978年人均GDP（元，取自然对数）	8 820	5.808	0.450	4.865	7.438

5.3.2 对动态增长模式归属的影响

在正式回归之前，笔者先利用 t 检验考察了核心解释变量在代表性年份的模式间的均值差异。表5-8的检验结果表明，三组地级市的财政收支分权、财政自给度的均值在多数年份都存在显著的组间差异，这意味着财政分权很可能对地级市的动态增长模式具有重要影响①。

表5-8 财政分权的模式间均值差异 t 检验结果

变量名称	年份	模式内均值			模式间均值差异		
		模式Ⅰ	模式Ⅱ	模式Ⅲ	模式Ⅰ与模式Ⅱ	模式Ⅰ与模式Ⅲ	模式Ⅱ与模式Ⅲ
		(1)	(2)	(3)	(4)	(5)	(6)
财政支出分权	1985	0.277	0.274	0.301	0.003(0.287)	−0.023(−1.447)	−0.027(−1.554)
	1995	0.330	0.343	0.381	−0.013(−0.923)	−0.051***(−3.274)	−0.038**(−2.147)
	2005	0.327	0.353	0.387	−0.025(−1.558)	−0.060***(−3.639)	−0.034*(−1.724)
	2014	0.405	0.428	0.450	−0.023(−1.278)	−0.045**(−2.475)	−0.022(−1.010)
财政收入分权	1985	0.248	0.292	0.368	−0.043*(−1.912)	−0.119***(−4.586)	−0.076**(−2.568)
	1995	0.228	0.263	0.324	−0.034**(−1.991)	−0.096***(−5.255)	−0.062***(−2.895)
	2005	0.180	0.230	0.314	−0.050**(−2.485)	−0.133***(−6.556)	−0.083***(−3.350)
	2014	0.226	0.274	0.352	−0.048**(−2.427)	−0.126***(−6.473)	−0.078***(−3.272)
财政自给度	1985	0.868	1.236	1.487	−0.369***(−3.022)	−0.619***(−4.705)	−0.251(−1.561)
	1995	0.566	0.621	0.707	−0.055**(−2.070)	−0.141***(−5.039)	−0.087***(−2.812)
	2005	0.398	0.490	0.673	−0.092***(−3.007)	−0.275***(−8.341)	−0.183***(−4.882)
	2014	0.398	0.509	0.686	−0.111***(−3.538)	−0.288***(−9.326)	−0.177***(−4.872)

注：①小括号里是 t 统计量值；②*、**和***分别表示在10%、5%和1%的显著性水平上显著。

---

① 这些核心解释变量的相关系数都小于0.65，表明不存在突出的多重共线性问题。

表 5-9 汇报了多项选择 logit 回归模型下各解释变量对地级市增长模式归属概率的平均边际效应（即解释变量每增加一个单位，地级市归属某种动态增长模式的概率增加程度）：模型 a 同时考虑了财政收支分权，模型 b 则只考虑了财政自给度①。

表 5-9 财政分权对增长模式归属概率的影响

解释变量	模型 a 模式Ⅰ (1)	模型 a 模式Ⅱ (2)	模型 a 模式Ⅲ (3)	模型 b 模式Ⅰ (4)	模型 b 模式Ⅱ (5)	模型 b 模式Ⅲ (6)
财政支出分权	0.204** (0.093)	0.059 (0.098)	-0.262*** (0.078)			
财政支出分权×1994年哑变量	0.047 (0.098)	0.252** (0.106)	-0.300*** (0.096)			
财政收入分权	-1.012*** (0.071)	0.576*** (0.076)	0.436*** (0.059)			
财政收入分权×1994年哑变量	-0.223** (0.104)	-0.251** (0.108)	0.473*** (0.094)			
财政自给度				-0.155*** (0.014)	0.104*** (0.011)	0.051*** (0.008)
财政自给度×1994年哑变量				-0.070*** (0.020)	-0.004 (0.018)	0.074*** (0.016)
人口增长率	-1.173** (0.528)	-0.998** (0.499)	2.171*** (0.465)	-2.052*** (0.594)	-1.061** (0.526)	3.113*** (0.503)
第三产业增加值比重	-0.528*** (0.078)	0.312*** (0.076)	0.216*** (0.072)	-0.605*** (0.074)	0.515*** (0.075)	0.090 (0.072)
简化克鲁格曼专业化指数	0.214*** (0.034)	0.013 (0.037)	-0.226*** (0.035)	0.234*** (0.034)	0.013 (0.037)	-0.247*** (0.036)

---

① 由于增长模式类别变量不随时间变化，故无法采用固定效应模型。为此，笔者采用了混合回归模型，在回归中引入行政区面积、地理位置和初始条件等不随时间变化的地级市特征因素以控制地级市个体效应。限于篇幅，此处略去了多项选择 logit 面板混合回归的具体结果，只给出根据回归结果计算得到的平均边际效应。

续表

解释变量	模型 a 模式Ⅰ (1)	模型 a 模式Ⅱ (2)	模型 a 模式Ⅲ (3)	模型 b 模式Ⅰ (4)	模型 b 模式Ⅱ (5)	模型 b 模式Ⅲ (6)
全社会固定资产投资增长率	-0.013 (0.021)	-0.006 (0.023)	0.019 (0.020)	-0.007 (0.022)	-0.013 (0.023)	0.020 (0.021)
全社会消费品零售总额增长率	-0.206*** (0.070)	0.009 (0.061)	0.197*** (0.055)	-0.195*** (0.069)	0.016 (0.060)	0.179*** (0.055)
行政区面积（取自然对数）	0.018*** (0.006)	0.044*** (0.007)	-0.062*** (0.007)	0.017*** (0.006)	0.047*** (0.007)	-0.065*** (0.007)
资源型地级市哑变量	0.027*** (0.010)	-0.015 (0.011)	-0.012 (0.010)	0.029*** (0.011)	-0.002 (0.011)	-0.027*** (0.010)
中部地区哑变量	0.104*** (0.012)	0.001 (0.015)	-0.104*** (0.013)	0.158*** (0.012)	-0.022 (0.014)	-0.137*** (0.013)
东部地区哑变量	-0.275*** (0.014)	0.178*** (0.015)	0.097*** (0.012)	-0.202*** (0.014)	0.141*** (0.014)	0.061*** (0.012)
1978年人均GDP（取自然对数）	0.221*** (0.017)	-0.234*** (0.018)	0.013 (0.016)	0.085*** (0.014)	-0.173*** (0.014)	0.088*** (0.013)
样本数	7 930	7 930	7 930	7 930	7 930	7 930

注：①解释变量均取滞后一期值，下同；②*、**和***分别表示在10%、5%和1%的显著性水平上显著，下同；③括号里是稳健标准误，下同。

由模型 a 的结果可知：财政支出分权显著增加了地级市归属模式Ⅰ（增长可持续性最差，见表5-6）的概率，而显著降低了归属模式Ⅲ的概率，对模式Ⅱ（增长可持续性最好）归属概率的影响则不显著，见表5-9第（1）至（3）列，这表明财政支出分权总体上削弱了地级市的经济增长可持续性。1994年分税制改革后，财政支出分权的影响出现了明显变化——有利于增强地级市的经济增长可持续性，主要体现在财政支出分权与1994年分税制改革哑变量的乘积项在第（2）列中的平均边际效应显著为正（0.252），即1994年分税制改革后，财政支出分权显著增加了地级市归属模式Ⅱ的概率。

与之不同，财政收入分权总体上有利于增强地级市的经济增长可持续性，主要体现在其显著降低了地级市归属模式Ⅰ的概率，而显著增加了归属模式Ⅲ尤其是模式Ⅱ的概率。1994年分税制改革后，财政收入分权的这一积极影响在一定程度上有所减弱，主要体现在财政收入分权虽然有助于进一步降低（增加）归属模式Ⅰ（模式Ⅲ）的概率，但对模式Ⅱ归属概率的正影响显著减弱。究其原因，可能在于1994年分税制改革采取了财权层层上移、事权层层下放的做法，造成地级市政府普遍存在较突出的纵向财政失衡，带来了公共池等道德风险问题，从而削弱了财政收入分权的积极影响（Rodden et al.，2003；贾俊雪等，2014），这凸显了增加收支分权匹配度以减小地方纵向财政失衡的重要性（下文将就纵向财政失衡对财政收支分权效应的影响作进一步分析）。这一点也得到了财政自给度影响结果的良好支持——增加地方财政自给度（即增加地方收支分权匹配度，减少地方纵向财政失衡情况的发生）有利于增强地级市的经济增长可持续性，主要体现在财政自给度的增加显著降低了地级市归属模式Ⅰ的概率，而显著增加了归属模式Ⅲ尤其是模式Ⅱ的概率，这一积极影响在1994年分税制改革后表现得更为突出，见表5-9第（4）至（6）列。

5.3.3 对模式间增长状态差异的影响

正如前文所指出的，不同动态增长模式在不同年份所处的增长状态（高增长或低增长状态）存在较明显的差异。表5-10依照时间顺序给出了三种模式所处增长状态存在差异的年份（共12年）。以此为基础，笔者将在本节中进一步考察财政分权对三种模式间增长状态差异的影响。

表5-10 模式间增长状态差异

年份	所处增长状态			样本期划分
	模式Ⅰ	模式Ⅱ	模式Ⅲ	
1983	高增长	低增长	高增长	子样本期（1）
1985	低增长	高增长	低增长	子样本期（2）
1987	低增长	低增长	高增长	子样本期（3）
1988	低增长	高增长	低增长	子样本期（2）
1991	低增长	低增长	高增长	子样本期（3）
1994—1995	高增长	高增长	低增长	子样本期（4）
1996	高增长	低增长	低增长	子样本期（5）

续表

年份	所处增长状态			样本期划分
	模式Ⅰ	模式Ⅱ	模式Ⅲ	
2008—2009	高增长	高增长	低增长	子样本期（4）
2011	高增长	高增长	低增长	子样本期（4）
2012	高增长	低增长	低增长	子样本期（5）

具体而言，笔者将表5-10中三种模式分别处于相同增长状态的年份归为一组，得到五组子样本（见表5-10最后一列）。子样本期（1）：1983年，模式Ⅰ和模式Ⅲ处于高增长状态，模式Ⅱ处于低增长状态。子样本期（2）：1985年和1988年，模式Ⅰ和模式Ⅲ处于低增长状态，模式Ⅱ处于高增长状态。子样本期（3）：1987年和1991年，模式Ⅰ和模式Ⅱ处于低增长状态，模式Ⅲ处于高增长状态。子样本期（4）：1994—1995年、2008—2009年和2011年，模式Ⅰ和模式Ⅱ处于高增长状态，模式Ⅲ处于低增长状态。子样本期（5）：1996年和2012年，模式Ⅱ和模式Ⅲ处于低增长状态，模式Ⅰ处于高增长状态。然后，笔者就各子样本分别估计了式（5.8）和式（5.9）的多项选择logit模型（以与其他两种模式处于不同增长状态的模式组为基准组），具体结果见表5-11。

表5-11　财政分权对模式间增长状态差异的影响

子样本		财政支出分权	财政收入分权	财政自给度	样本数
子样本期（1）：模式Ⅱ为基准组	模式Ⅰ	2.321 (2.718)	-5.436*** (1.988)	-0.738*** (0.258)	227
	模式Ⅲ	-1.368 (2.922)	0.023 (1.852)	-0.221 (0.183)	
子样本期（2）：模式Ⅱ为基准组	模式Ⅰ	2.126 (2.118)	-6.287*** (1.507)	-1.033*** (0.266)	463
	模式Ⅲ	-1.693 (2.083)	-0.312 (1.426)	-0.292 (0.193)	
子样本期（3）：模式Ⅲ为基准组	模式Ⅰ	0.878 (2.436)	-5.927*** (1.728)	-0.633* (0.332)	467
	模式Ⅱ	-0.724 (2.317)	0.685 (1.586)	0.587** (0.268)	

续表

子样本		财政支出分权	财政收入分权	财政自给度	样本数
子样本期（4）：模式Ⅲ为基准组	模式Ⅰ	1.600 (1.383)	-6.419*** (1.021)	-1.158*** (0.384)	1 175
	模式Ⅱ	2.302* (1.348)	-2.324** (0.919)	-0.336 (0.239)	
子样本期（5）：模式Ⅰ为基准组	模式Ⅱ	0.505 (2.094)	5.140** (2.141)	1.169 (0.742)	470
	模式Ⅲ	-4.480* (2.653)	10.110*** (2.589)	2.770*** (0.828)	

注：限于篇幅，此表中略去了其他变量的估计结果。

表 5-11 显示，财政支出分权对三种模式间增长状态差异的影响较弱——只是在子样本期（4）对模式Ⅱ高增长状态（相对于模式Ⅲ低增长状态而言）的形成具有显著的正影响，在子样本期（5）对模式Ⅲ低增长状态（相对于模式Ⅰ高增长状态而言）的形成则具有显著的负影响，且显著性较弱。与之不同，财政收入分权对三种模式间的增长状态差异产生了重要影响，突出表现在财政收入分权有助于缩小模式Ⅰ相对于模式Ⅱ和模式Ⅲ的增长状态差异——在子样本期（1）至子样本期（4），财政收入分权对模式Ⅰ相对于模式Ⅱ和模式Ⅲ的增长状态差异均具有显著的负影响。既然模式Ⅰ在三种模式中的增长可持续性最差（见表 5-6），这就意味着财政收入分权有助于增强地级市的经济增长可持续性——这也体现在子样本期（5）内，财政收入分权显著增加了模式Ⅱ和模式Ⅲ相对于模式Ⅰ的增长状态差异，这与前文结论保持了较好的一致性。总体而言，财政自给度的影响与财政收入分权的影响类似。

5.3.4 对模式内增长状态的影响

前文主要关注的是财政分权对地级市动态增长模式间差异造成的影响。紧接着，一个很自然且重要的问题是：财政分权对模式内增长状态的形成又具有怎样的影响？本节中就将分析这一问题。特别是，笔者分别以三种模式的高增长状态指示变量（I_{kt}，即处于高增长状态时取值为1，否则为0）作为被解释变量，利用二项选择 logit 固定效应面板模型给出财政分权的平均边际效应，具体结果见表 5-12。

表 5-12 财政分权对模式内高增长状态概率的影响

解释变量	模型 a			模型 b		
	模式 Ⅰ	模式 Ⅱ	模式 Ⅲ	模式 Ⅰ	模式 Ⅱ	模式 Ⅲ
	(1)	(2)	(3)	(4)	(5)	(6)
财政支出分权	-0.506**	-0.339	-0.383			
	(0.242)	(0.258)	(0.247)			
财政支出分权× 1994年哑变量	1.321***	0.116	-0.272			
	(0.321)	(0.204)	(0.234)			
财政收入分权	0.465***	-0.369*	-0.078			
	(0.141)	(0.207)	(0.185)			
财政收入分权× 1994年哑变量	-1.269***	-0.387	-0.618***			
	(0.298)	(0.201)	(0.238)			
财政自给度				-0.045*	-0.001	-0.010
				(0.027)	(0.016)	(0.022)
财政自给度×1994年哑变量				0.002	-0.093***	-0.417***
				(0.021)	(0.033)	(0.091)
人口增长率	-1.324	-1.232	-2.080***	-2.223**	-1.228	-1.730**
	(0.987)	(1.189)	(0.697)	(0.966)	(0.913)	(0.689)
第三产业增加值比重	0.514***	1.013***	1.584***	0.826***	0.746***	1.260***
	(0.098)	(0.165)	(0.187)	(0.083)	(0.079)	(0.136)
简化克鲁格曼专业化指数	-0.083	-0.173	0.201**	-0.030	-0.124	0.124
	(0.081)	(0.119)	(0.090)	(0.063)	(0.097)	(0.078)
全社会固定资产投资增长率	0.185***	0.480***	0.379***	0.159***	0.333***	0.344***
	(0.049)	(0.062)	(0.075)	(0.042)	(0.083)	(0.084)
全社会消费品零售总额增长率	-0.045	0.064	-0.598***	0.047	0.076	-0.568***
	(0.073)	(0.135)	(0.175)	(0.058)	(0.093)	(0.181)
样本数	3 056	2 370	1 825	3 056	2 370	1 825

由表 5-12 可知：财政支出分权总体上不利于各增长模式之高增长状态的形成，但其中仅对模式Ⅰ高增长状态形成的负影响具有统计显著性；1994 年分税制改革后，财政支出分权呈现出一定的积极影响，体现在财政支出分权与 1994 年分税制改革哑变量的乘积项对模式Ⅰ高增长状态的形成具有显著的正影响（且系数较大）。模式Ⅰ因其动态特征为低增长、高波动而成为三种模式

中增长可持续性最差的（见表 5-6），这为前文发现的财政支出分权对地级市经济增长可持续性的影响（总体上具有不利影响，1994 年分税制改革后则具有一定积极作用，见表 5-9）提供了一个较好的解释。财政收入分权对各模式高增长状态形成的影响呈现出一定的分化现象：对模式 I 高增长状态的形成具有显著的正影响，对模式 II 高增长状态的形成则具有显著的负影响。1994 年分税制改革后，财政收入分权不利于各模式（尤其是模式 I）高增长状态的形成，体现在财政收入分权与 1994 年分税制改革哑变量的乘积项对三种模式（尤其模式 I）高增长状态的形成具有显著的负影响。这同样为前文发现的 1994 年分税制改革后财政收入分权对地级市经济增长可持续性的积极影响有所减弱（见表 5-9）提供了一个较好的解释。由此可见，财政收入分权的影响呈现出一定的跨时与跨模式差异，这与张晏和龚六堂（2005）的研究结论较相似（但他们关注的是财政分权增长效应的跨地区差异，而忽略了不同地区存在的增长模式差异）。总体而言，财政自给度的影响较弱。1994 年分税制改革后，财政自给度对模式 II 尤其是模式 III 高增长状态的形成产生了显著的负影响。

5.4 稳健性检验

为了确保本章主要结论的可靠性，笔者从如下四个方面进行稳健性分析。

5.4.1 离群点对经济增长模式聚类分析的影响

先考察潜在样本离群点的影响。特别是，由 1979—2014 年期间样本地级市实际 GDP 增长率均值和标准差的散点图（见图 5-3）可知：深圳市是一个明显的样本离群点。为此，笔者尝试剔除深圳市样本，重新进行分析，结果并没有什么明显变化（见表 5-13），且聚类结果与基准聚类结果具有较高的重合度（见表 5-14）。

表 5-13　剔除离群点（深圳市）马尔科夫情势转换聚类结果

聚类参数	模式 I ($k=1$)		模式 II ($k=2$)		模式 III ($k=3$)	
	$I_{kt}=1$ (高增长状态)	$I_{kt}=0$ (低增长状态)	$I_{kt}=1$ (高增长状态)	$I_{kt}=0$ (低增长状态)	$I_{kt}=1$ (高增长状态)	$I_{kt}=0$ (低增长状态)
c_k^m	7.12 (6.42　7.86)	5.42 (4.63　6.24)	6.02 (5.24　6.89)	4.94 (4.15　5.77)	6.08 (5.16　7.19)	3.92 (3.21　4.58)

续表

聚类参数	模式Ⅰ ($k=1$) $I_{kt}=1$ (高增长状态)	模式Ⅰ ($k=1$) $I_{kt}=0$ (低增长状态)	模式Ⅱ ($k=2$) $I_{kt}=1$ (高增长状态)	模式Ⅱ ($k=2$) $I_{kt}=0$ (低增长状态)	模式Ⅲ ($k=3$) $I_{kt}=1$ (高增长状态)	模式Ⅲ ($k=3$) $I_{kt}=0$ (低增长状态)
α_{k1}^m	0.26 (0.21 0.31)	0.14 (0.06 0.21)	0.54 (0.47 0.60)	0.02 (-0.04 0.09)	0.70 (0.62 0.78)	0.49 (0.44 0.55)
α_{k2}^m	0.14 (0.09 0.18)	0.08 (0.03 0.15)	0.03 (-0.03 0.08)	0.26 (0.20 0.32)	-0.22 (-0.31 -0.13)	-0.02 (-0.08 0.03)
α_{k3}^m	0.07 (0.03 0.11)	0.07 (0.03 0.11)	0.04 (-0.01 0.08)	0.13 (0.08 0.18)	0.18 (0.11 0.25)	0.10 (0.06 0.14)
p_{mm}^k	0.82 (0.66 0.96)	0.81 (0.62 0.97)	0.76 (0.59 0.93)	0.71 (0.49 0.90)	0.65 (0.43 0.86)	0.76 (0.60 0.93)
增长率均值	12.81	8.09	14.32	10.02	15.95	11.66
平均持续期	5.51	5.27	4.21	3.41	2.86	4.19

注：①括号中是95%置信区间的估计值；②平均持续期 $D_m^k = 1/(1-p_{mm}^k)$，$m=1$，2，$k=1$，2，3。

表5-14 剔除离群点（深圳市）后聚类结果与基准样本聚类结果对比

增长模式	样本情况	包含地级市个数	重合个数	重合度
模式Ⅰ	所有地级市	99	96	96.97%
模式Ⅰ	剔除深圳市	99	96	96.97%
模式Ⅱ	所有地级市	77	75	93.75%
模式Ⅱ	剔除深圳市	80	75	93.75%
模式Ⅲ	所有地级市	59	56	96.55%
模式Ⅲ	剔除深圳市	58	56	96.55%

注：重合度=重合地级市个数/剔除一线城市后样本分类个数×100%。

单独对深圳市进行的马尔科夫情势转换分析表明，深圳市的增长动态与表5-3识别出的地级市三种动态增长模式存在较明显的不同，即呈现出较突出的超高速增长动态特征——深圳市高、低增长状态下的平均增速都在19%以上，并且高增长状态的平均持续期（8.54年）远大于低增长状态的平均持续期（1.88年），这凸显出改革开放以来深圳市的独特性。此外，与深圳市一样，本章基准样本中的广州市也属于一线城市，因此笔者也尝试同时剔除深圳市和广州市的样本（虽然散点图表明，广州市并非明显的样本离群点），结果具有较好的稳健性①。

5.4.2 城市群的影响

城市群是以地缘经济为基础的城市群体，在地区乃至全国经济增长中发挥着积极作用（吴福象、刘志彪，2008；赵勇、白永秀，2012；原倩，2016；张可，2018）。无疑，将城市群分析纳入本章的分析框架，将有利于丰富分析维度，也有助于检验本章主要结论的稳健性②。为此，笔者在多项选择 logit 模型中引入新的控制变量，即是否属于城市群哑变量（若某个地级市属于我国发展较成熟的 14 个城市群③，则取值为 1，否则为 0）。

回归结果（见表 5-15）表明：地级市是否属于城市群对其增长模式归属概率具有较突出的影响。若地级市属于某一城市群，则会显著增加其归属模式Ⅱ的概率，显著降低归属模式Ⅰ的概率，即城市群有利于增强地级市的经济增长可持续性。不过，财政分权的影响结果与基准结果保持了较好的一致性。与之类似，引入城市群哑变量也未明显改变财政分权对模式间增长状态差异和模式内高增长状态所形成的影响结果，这表明本章的主要结论具有较好的稳健性。

表 5-15 城市群对地级市经济增长模式归属概率的影响

解释变量	模型 a			模型 b		
	模式Ⅰ	模式Ⅱ	模式Ⅲ	模式Ⅰ	模式Ⅱ	模式Ⅲ
	（1）	（2）	（3）	（4）	（5）	（6）
财政支出分权	0.043 5	0.191*	−0.235***			
	(0.091 9)	(0.098 9)	(0.077 9)			

---

① 笔者也尝试剔除属于 70 个大中城市的地级市样本（涉及 58 个地级市），结果出现了较明显的变化，这可能与剔除的样本数较多有关。同时，笔者也尝试以这 58 个大中城市样本为基础进行聚类分析，但没有识别出不同的动态增长模式，这可能是因样本城市数量较少所致，也可能说明这些大中城市具有较相似的动态增长特征。

② 本章中的聚类分析与城市群分析具有一定的相似性，但侧重点有所不同：①城市群主要是以地缘经济为基础确定的城市群体（可涵盖各行政级别的城市），笔者则并非以地级市的地理空间为基础，而是依据地级市经济增长动态特征来识别不同的地级市聚类即不同的动态增长模式；②城市群的划分往往是由政策外生而确定的，本章中识别的地级市聚类（即属于不同动态增长模式的地级市组别）则是由数据特征内生而确定的。

③ 这些城市群包括 10 个已经获得国务院正式批复的国家级城市群和其他 4 个发展较成熟的城市群（截至 2020 年 6 月）。

续表

解释变量	模型 a			模型 b		
	模式Ⅰ	模式Ⅱ	模式Ⅲ	模式Ⅰ	模式Ⅱ	模式Ⅲ
	（1）	（2）	（3）	（4）	（5）	（6）
财政支出分权×1994年哑变量	0.070 8	0.244**	-0.315***			
	(0.097 5)	(0.107)	(0.096 0)			
财政收入分权	-0.914***	0.480***	0.435***			
	(0.070 4)	(0.076 2)	(0.058 7)			
财政收入分权×1994年哑变量	-0.171*	-0.312***	0.483***			
	(0.104)	(0.109)	(0.094 9)			
财政自给度				-0.131***	0.082 7***	0.048 2***
				(0.013 3)	(0.010 8)	(0.008 01)
财政自给度×1994年哑变量				-0.039 1**	-0.032 8*	0.071 9***
				(0.019 7)	(0.018 5)	(0.016 5)
人口增长率	-1.736***	-0.545	2.281***	-2.625***	-0.597	3.222***
	(0.568)	(0.482)	(0.466)	(0.637)	(0.527)	(0.507)
第三产业增加值比重	-0.659***	0.435***	0.224***	-0.724***	0.627***	0.097 1
	(0.076 5)	(0.073 7)	(0.071 9)	(0.072 1)	(0.073 7)	(0.071 8)
简化克鲁格曼专业化指数	0.134***	0.092 9**	-0.227***	0.163***	0.085 6**	-0.248***
	(0.034 1)	(0.038 0)	(0.035 3)	(0.034 0)	(0.037 5)	(0.036 5)
全社会固定资产投资增长率	-0.008 82	-0.009 07	0.017 9	-0.004 92	-0.013 9	0.018 8
	(0.021 1)	(0.023 3)	(0.019 9)	(0.021 8)	(0.023 1)	(0.020 9)
全社会消费品零售总额增长率	-0.178***	-0.016 2	0.194***	-0.165***	-0.007 72	0.173***
	(0.064 3)	(0.060 8)	(0.054 8)	(0.063 0)	(0.059 2)	(0.054 7)
行政区面积（取自然对数）	-0.004 38	0.066 6***	-0.062 2***	-0.003 96	0.068 9***	-0.064 9***
	(0.005 90)	(0.006 77)	(0.006 66)	(0.006 30)	(0.007 09)	(0.006 94)
资源型地级市哑变量	0.004 11	0.006 42	-0.010 5	0.007 48	0.019 2*	-0.026 6***
	(0.010 2)	(0.011 2)	(0.009 85)	(0.010 5)	(0.011 3)	(0.009 95)
中部地区哑变量	0.138***	-0.039 8***	-0.098 0***	0.192***	-0.057 8***	-0.134***
	(0.012 0)	(0.014 3)	(0.012 9)	(0.011 8)	(0.013 7)	(0.012 6)
东部地区哑变量	-0.262***	0.158***	0.104***	-0.188***	0.125***	0.062 8***
	(0.014 2)	(0.014 5)	(0.012 0)	(0.014 0)	(0.014 1)	(0.011 7)

续表

解释变量	模型 a			模型 b		
	模式Ⅰ	模式Ⅱ	模式Ⅲ	模式Ⅰ	模式Ⅱ	模式Ⅲ
	（1）	（2）	（3）	（4）	（5）	（6）
1978年人均GDP（取自然对数）	0.211***	-0.226***	0.015 3	0.070 6***	-0.165***	0.094 4***
	(0.016 7)	(0.016 8)	(0.015 7)	(0.013 9)	(0.013 3)	(0.012 8)
城市群哑变量	-0.181***	0.191***	-0.009 99	-0.183***	0.188***	-0.005 80
	(0.010 4)	(0.011 8)	(0.009 83)	(0.010 5)	(0.011 7)	(0.009 96)
样本数	7 930	7 930	7 930	7 930	7 930	7 930

5.4.3 纵向财政失衡的影响

已有研究指出，当地方政府因存在较突出的纵向财政失衡而对财政转移支付的依赖性较强时，将会引发公共池等道德风险问题，不利于财政分权积极作用的发挥（罗登等，2003；贾俊雪等，2014；李永友、张帆，2019；刘勇政等，2019；吴敏等，2019）。前文得到的1994年分税制改革后（地方存在较突出的纵向财政失衡）财政收入分权对地级市经济增长可持续性的积极影响有所减弱的结论较好地证实了这一点。接下来，笔者尝试直接考察纵向财政失衡对财政分权的经济增长可持续效应的影响，这不仅有助于更好地认识和理解财政分权对地级市动态增长模式及增长可持续性的影响及其机理，而且可以检验本章主要结论的稳健性。

具体而言，笔者使用（地级市本级预算内支出-地级市本级预算内收入）/地级市本级预算内支出，来度量地级市的纵向财政失衡规模（贾俊雪等，2016；储德银、迟淑娴，2018；杜彤伟等，2019）①，从而构造一个高纵向财政失衡哑变量（某一地级市的纵向财政失衡规模均值大于样本中位数，则赋值为1，否则为0），将这一哑变量与财政收支分权变量的乘积项引入模型a。回归结果（见表5-16至表5-18）表明，纵向财政失衡明显削弱了财

---

① 《全国地市县财政统计资料》提供了1993—2008年地级市政府的财政转移支付收入数据，但缺少其他年份的数据，因此本章中主要关注纵向财政失衡的影响。地方纵向财政失衡主要由两部分构成：上级政府给予的财政转移支付（也可能存在向上级政府的收入上解）和地方政府赤字（2014年新预算法颁布之前，地方政府不允许有赤字，但实践中较普遍地存在赤字且主要通过地方借贷融资）。财政转移支付为其中的主要成分，因此纵向财政失衡也可在较大程度上捕捉财政转移支付的影响。

收支分权对地级市经济增长可持续性的积极影响。这符合理论预期,也与前文基准结果保持了良好的逻辑一致性。因此,今后应适当增加地方财政收支分权的匹配度,减轻地方纵向财政失衡,增强地方财政自给能力,以更好地发挥财政分权在促进经济可持续增长中的积极作用。

表 5-16 纵向财政失衡对财政分权之模式归属效应的影响

解释变量	模式Ⅰ	模式Ⅱ	模式Ⅲ
财政支出分权	-0.336***	0.522***	-0.186***
	(0.096)	(0.093)	(0.068)
财政支出分权×高纵向财政失衡哑变量	0.597***	-0.828***	0.231**
	(0.117)	(0.134)	(0.102)
财政收入分权	-1.006***	0.674***	0.331***
	(0.073)	(0.074)	(0.052)
财政收入分权×高纵向财政失衡哑变量	0.221**	-0.638***	0.418***
	(0.096)	(0.107)	(0.083)
高纵向财政失衡哑变量	-0.180***	0.433***	-0.253***
	(0.039)	(0.044)	(0.031)
人口增长率	-0.942*	-1.502***	2.444***
	(0.538)	(0.520)	(0.462)
第三产业增加值比重	-0.485***	0.141*	0.344***
	(0.074)	(0.072)	(0.064)
简化克鲁格曼产业化指数	0.249***	-0.113***	-0.135***
	(0.036)	(0.039)	(0.036)
全社会固定资产投资增长率	-0.015	-0.004	0.019
	(0.021)	(0.023)	(0.020)
全社会消费品零售总额增长率	-0.197***	-0.006	0.203***
	(0.068)	(0.059)	(0.055)
行政区面积(取自然对数)	0.001	0.064***	-0.066***
	(0.006)	(0.007)	(0.007)
资源型地级市哑变量	0.022**	-0.013	-0.009
	(0.010)	(0.011)	(0.010)
中部地区哑变量	0.108***	0.003	-0.111***
	(0.012)	(0.014)	(0.013)

续表

解释变量	模式Ⅰ	模式Ⅱ	模式Ⅲ
东部地区哑变量	-0.265***	0.174***	0.091***
	(0.014)	(0.015)	(0.012)
1978年人均GDP（取自然对数）	0.238***	-0.236***	-0.002
	(0.017)	(0.017)	(0.016)
样本数	7 933	7 933	7 933

表5-17　纵向财政失衡对财政分权之模式间增长状态差异效应的影响

子样本期	增长模式	财政支出分权	财政支出分权×高纵向财政失衡哑变量	财政收入分权	财政收入分权×高纵向财政失衡哑变量	高纵向财政失衡哑变量	样本数
子样本期（1）：模式Ⅱ为基准组	模式Ⅰ	2.854	-1.110	-9.150***	7.178*	-2.308	228
		(4.672)	(6.037)	(2.930)	(3.690)	(1.455)	
	模式Ⅲ	-3.304	6.581	-2.887	4.523	-3.742***	
		(3.875)	(5.395)	(2.574)	(3.640)	(1.302)	
子样本期（2）：模式Ⅱ为基准组	模式Ⅰ	3.589	-1.837	-10.10***	7.948**	-1.999*	463
		(3.762)	(4.618)	(2.540)	(3.233)	(1.024)	
	模式Ⅲ	-2.145	4.468	-3.100	5.571*	-3.338***	
		(2.674)	(4.054)	(2.127)	(3.083)	(0.955)	
子样本期（3）：模式Ⅲ为基准组	模式Ⅰ	0.169	-1.210	-5.972*	1.299	0.294	467
		(4.450)	(5.272)	(3.103)	(4.024)	(1.136)	
	模式Ⅱ	-0.791	-2.129	2.718	-3.751	2.211*	
		(3.116)	(4.610)	(2.302)	(3.594)	(1.138)	
子样本期（4）：模式Ⅲ为基准组	模式Ⅰ	-2.603	5.845**	-4.451***	-2.445	-0.659	1 175
		(2.088)	(2.576)	(1.408)	(1.862)	(0.751)	
	模式Ⅱ	4.061**	-4.012	-1.627	-2.095	2.380***	
		(1.753)	(2.551)	(1.195)	(1.752)	(0.757)	
子样本期（5）：模式Ⅰ为基准组	模式Ⅱ	5.607	-6.938	2.411	1.055	1.768	470
		(4.864)	(5.407)	(4.085)	(4.664)	(1.389)	
	模式Ⅲ	-0.786	-2.303	6.264	3.610	-0.831	
		(5.021)	(5.857)	(4.500)	(5.212)	(1.352)	

表 5-18　纵向财政失衡对财政分权之模式内高增长状态效应的影响

解释变量	模式 Ⅰ	模式 Ⅱ	模式 Ⅲ
财政支出分权	0.103	-0.448*	-1.696***
	(0.132)	(0.247)	(0.272)
财政支出分权×高纵向财政失衡哑变量	0.340*	-0.360	-0.963*
	(0.193)	(0.360)	(0.535)
财政收入分权	-0.221*	-0.178	0.764***
	(0.126)	(0.205)	(0.196)
财政收入分权×高纵向财政失衡哑变量	-0.047	-0.532*	-0.084
	(0.125)	(0.286)	(0.336)
人口增长率	-1.643**	-1.240	-0.823
	(0.834)	(1.193)	(0.648)
第三产业增加值比重	0.601***	0.821***	1.067***
	(0.109)	(0.218)	(0.250)
简化克鲁格曼产业化指数	-0.0308	-0.220*	0.182
	(0.0532)	(0.112)	(0.130)
全社会固定资产投资增长率	0.130***	0.503***	0.424***
	(0.039)	(0.056)	(0.061)
全社会消费品零售总额增长率	0.021	0.031	-0.823***
	(0.048)	(0.139)	(0.154)
样本数	3 057	2 370	1 825

5.4.4　内生性问题

为了缓解财政分权变量的内生性问题，基准分析采用了这些变量的滞后一期值。为更好地矫正内生性问题，笔者也尝试采用控制函数法（control-function approach），该方法是目前已有文献在矫正多项选择 logit 模型的内生性问题时普遍采用的一种方法（Guevara and Akiva, 2010; De Grange et al., 2015; Wooldridge, 2015）。特别是，笔者将财政支出分权、财政收入分权和财政自给度作为内生变量，以它们的滞后二期值作为工具变量。基于格瓦拉（Guevara, 2015）提出的 F 检验表明，不存在弱工具变量问题。与基准结果相比，新的回归结果（见表 5-19 至表 5-21）出现了一些变化，但主要结论保持了良好的一致性，表明本章的基准结论具有较好的稳健性。

表 5-19　财政分权对增长模式归属概率的影响：控制函数法

解释变量	模型 a 模式Ⅰ (1)	模型 a 模式Ⅱ (2)	模型 a 模式Ⅲ (3)	模型 b 模式Ⅰ (4)	模型 b 模式Ⅱ (5)	模型 b 模式Ⅲ (6)
财政支出分权	0.255*** (0.0956)	0.0570 (0.102)	−0.312*** (0.0826)			
财政支出分权× 1994年哑变量	−0.005 (0.098)	0.267** (0.107)	−0.262*** (0.0959)			
财政收入分权	−1.126*** (0.0732)	0.624*** (0.0784)	0.503*** (0.0615)			
财政收入分权× 1994年哑变量	−0.189* (0.104)	−0.261** (0.108)	0.450*** (0.0944)			
财政自给度				−0.183*** (0.0144)	0.121*** (0.0119)	0.061*** (0.009)
财政自给度×1994年 哑变量				−0.084*** (0.019)	0.005 (0.019)	0.079*** (0.016)
人口增长率	−1.052** (0.524)	−1.044** (0.514)	2.096*** (0.457)	−1.938*** (0.586)	−1.138** (0.526)	3.076*** (0.503)
第三产业增加值比重	−0.528*** (0.078)	0.306*** (0.076)	0.222*** (0.072)	−0.648*** (0.075)	0.541*** (0.075)	0.107 (0.073)
简化克鲁格曼产业化指数	0.202*** (0.0343)	0.017 (0.037)	−0.219*** (0.035)	0.216*** (0.035)	0.022 (0.037)	−0.238*** (0.037)
全社会固定资产投资增长率	−0.018 (0.021)	−0.004 (0.023)	0.022 (0.020)	−0.009 (0.022)	−0.013 (0.023)	0.022 (0.021)
全社会消费品零售总额增长率	−0.198*** (0.0689)	0.009 (0.061)	0.189*** (0.054)	−0.188*** (0.068)	0.014 (0.059)	0.174*** (0.055)
行政区面积（取自然对数）	0.016*** (0.006)	0.045*** (0.007)	−0.061*** (0.007)	0.014** (0.006)	0.050*** (0.007)	−0.064*** (0.007)
资源型地级市哑变量	0.025** (0.010)	−0.015 (0.011)	−0.009 (0.010)	0.025** (0.011)	−0.001 (0.011)	−0.024** (0.010)

续表

解释变量	模型 a 模式Ⅰ (1)	模型 a 模式Ⅱ (2)	模型 a 模式Ⅲ (3)	模型 b 模式Ⅰ (4)	模型 b 模式Ⅱ (5)	模型 b 模式Ⅲ (6)
中部地区哑变量	0.099*** (0.012)	0.002 (0.015)	−0.102*** (0.013)	0.159*** (0.012)	−0.022 (0.014)	−0.137*** (0.013)
东部地区哑变量	−0.280*** (0.014)	0.181*** (0.015)	0.1005*** (0.012)	−0.199*** (0.014)	0.140*** (0.014)	0.060*** (0.012)
1978年人均GDP（取自然对数）	0.238*** (0.017)	−0.242*** (0.018)	0.004 (0.016)	0.098*** (0.014)	−0.181*** (0.014)	0.083*** (0.013)
样本数	7 923	7 923	7 923	7 923	7 923	7 923

表 5-20　财政分权对模式间增长状态差异的影响：控制函数法

子样本期	增长模式	财政支出分权	财政收入分权	财政自给度	样本数
子样本期（1）：模式Ⅱ为基准组	模式Ⅰ	−0.534 (3.007)	−5.691*** (1.979)	−0.856*** (0.300)	227
	模式Ⅲ	−3.473 (3.376)	1.112 (2.294)	−0.143 (0.198)	
子样本期（2）：模式Ⅱ为基准组	模式Ⅰ	1.835 (2.190)	−6.248*** (1.645)	−1.089*** (0.270)	460
	模式Ⅲ	−1.877 (2.220)	−0.151 (1.505)	−0.269 (0.210)	
子样本期（3）：模式Ⅲ为基准组	模式Ⅰ	2.063 (2.721)	−6.385*** (1.839)	−0.624* (0.344)	466
	模式Ⅱ	0.260 (2.453)	0.336 (1.659)	0.601** (0.274)	
子样本期（4）：模式Ⅲ为基准组	模式Ⅰ	1.369 (1.506)	−6.811*** (1.072)	−1.488*** (0.308)	1 174
	模式Ⅱ	2.707* (1.444)	−2.806*** (0.971)	−0.368 (0.287)	
子样本期（5）：模式Ⅰ为基准组	模式Ⅱ	0.206 (2.220)	5.747** (2.323)	1.462* (0.810)	470
	模式Ⅲ	−4.690* (2.665)	10.86*** (2.719)	3.025*** (0.886)	

表 5-21　财政分权对模式内高增长状态概率的影响：控制函数法

解释变量	模型 a 模式Ⅰ (1)	模型 a 模式Ⅱ (2)	模型 a 模式Ⅲ (3)	模型 b 模式Ⅰ (4)	模型 b 模式Ⅱ (5)	模型 b 模式Ⅲ (6)
财政支出分权	-0.621** (0.279)	-0.208 (0.273)	-0.416 (0.283)			
财政支出分权×1994年哑变量	1.454*** (0.313)	0.041 4 (0.209)	-0.312 (0.255)			
财政收入分权	0.437*** (0.155)	-0.591*** (0.223)	-0.323 (0.225)			
财政收入分权×1994年哑变量	-1.399*** (0.291)	-0.374* (0.206)	-0.709*** (0.251)			
财政自给度				-0.063* (0.034)	-0.008 (0.020)	-0.038 (0.030)
财政自给度×1994年哑变量				-0.009 (0.024)	-0.103*** (0.036)	-0.481*** (0.088)
人口增长率	-1.286 (1.056)	-1.261 (1.203)	-2.131*** (0.693)	-2.341** (1.016)	-1.279 (0.946)	-1.899*** (0.712)
第三产业增加值比重	0.551*** (0.116)	0.990*** (0.189)	1.728*** (0.152)	0.866*** (0.080)	0.765*** (0.079)	1.346*** (0.106)
简化克鲁格曼产业化指数	-0.101 (0.089)	-0.196* (0.118)	0.230** (0.102)	-0.040 7 (0.069)	-0.135 (0.101)	0.139 (0.089)
全社会固定资产投资增长率	0.202*** (0.048)	0.485*** (0.052)	0.409*** (0.061)	0.170*** (0.044)	0.345*** (0.086)	0.385*** (0.081)
全社会消费品零售总额增长率	-0.052 (0.080)	0.076 (0.138)	-0.678*** (0.165)	0.047 (0.062)	0.092 (0.097)	-0.632*** (0.182)
样本数	3 052	2 368	1 825	3 052	2 368	1 825

5.5　本章小结

经济增长是否具有良好的可持续性不仅取决于经济增速，而且取决于增长稳定性。笔者在本章中以我国 245 个地级市 1978—2014 年期间的面板数据为基础，利用马尔科夫情势转换聚类面板模型，从情势转换与聚类视角考察了地级市经济增长的动态特征，识别出不同的动态增长模式及其可持续性，从而利用（多项选择和二项选择）logit 面板模型剖析了财政分权的影响。

　　研究表明，改革开放以来我国地级市经济增长呈现出三种动态增长模式，这三种模式在平均增速、增长状态及持续期、增长波动性乃至增长可持续性方面存在较明显的差异。总体而言，财政支出分权削弱了地级市的经济增长可持续性，主要体现在其显著增加了地级市归属低增长、高波动增长模式的概率，降低了归属高增长、低波动增长模式的概率，1994 年分税制改革后则产生了较积极的影响。与之不同，财政收入分权总体上有利于增强地级市的经济增长可持续性，但 1994 年分税制改革后受地方纵向财政失衡加剧的不利影响，这一积极作用有所减弱。研究还发现，增加地方财政自给度（即增加地方收支分权匹配度、减少地方纵向财政失衡的情况的发生）有利于增强地级市的经济增长可持续性，这一积极影响在 1994 年分税制改革后表现得尤为突出。

第6章 税制结构与居民消费结构升级

6.1 问题的提出

居民消费是指居民用于最终商品和服务的支出。居民消费结构是指居民消费中各类消费支出的占比及构成,既反映了居民的生活质量和我国居民整体消费是否合理,也体现了居民对现有和未来消费需求的关注点及趋势。党的十九届五中全会明确提出"加快形成以国内大循环为主体、国内国际双循环相互促进的新发展格局",这是党中央应对"百年未有之大变局"所作出的重要决策。加快建立国内国际双循环发展格局,一个重要途径是加快消费结构升级,建立健全消费体制机制,充分发挥消费拉动内需增长的作用。习近平总书记在2019年12月提出消费要与财政政策相结合的要求,"十四五"规划也指出"增强消费对经济发展的基础性作用"。可见,消费对于经济发展和稳定具有重要的支撑作用。在经济高质量发展不断深入以及疫情冲击下出口疲软且存在较大不确定性的情况下,不断提升居民消费水平,优化居民消费结构,是稳住我国经济大局,应对不确定性冲击,促进我国经济健康持续稳定发展的有力举措。2021年我国GDP的增长率是8.1%,同时居民人均可支配收入和人均消费支出分别比上年增长8.1%和12.6%,反映了总体经济平稳运行、居民收入稳定增加、消费信心持续恢复的良好态势[①]。尽管如此,如何在疫情威胁仍在、国际经济动荡的情况下保持居民消费水平持续稳定的向好趋势并不断促进居民消费结构优化,仍是推进"双循环"顺利实现过程中不容忽视的问题之一。

---

① 数据来自国家统计局网站。

实际上，近年来居民消费对经济的拉动作用在逐渐减弱。投资、消费和出口通常被认为是拉动我国 GDP 的"三驾马车"，而消费是基本动力。如图 6-1 所示，1994—2019 年期间，我国居民消费对 GDP 的贡献总体呈先下降后上升的趋势。1994—2000 年期间，居民消费对 GDP 贡献率呈波动中上升态势且均超过 45.00%，这期间我国经济处于高速发展阶段，居民的消费水平及生活质量也随之改善。但自 2001 年以来，居民消费对 GDP 的贡献率呈下降趋势，2010 年以后下降趋势虽有所缓解，但总体上仍在较低（<40.0%）的水平徘徊。相比较而言，2000 年以来，资本形成总额对 GDP 的贡献率逐渐上升，2011 年达到顶峰（47.03%），到 2019 年末仍有 43.07% 的贡献率。可见，长期以来，我国经济依靠投资推动，不仅难以向集约型经济转型，而且在一定程度上造成物价上涨，挤出了居民消费。在经济高质量发展的新要求下，不仅需要推动技术进步促进 TFP 增长，而且亟须通过更加深入的经济体制改革，提高居民消费水平并优化消费结构，以需求侧改革促进供给侧改革，从而促进国内大循环的形成，改变经济发展模式并推动经济可持续高质量增长。

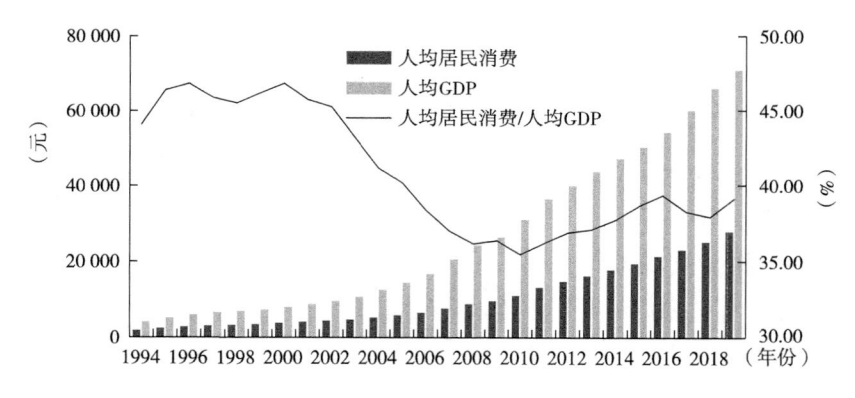

图 6-1　人均国内生产总值与居民消费情况（1994—2019 年）

同时，我国城乡居民收入的差距仍在逐步拉大。随着经济的快速发展，我国城乡居民的收入水平逐步提高，生活状况逐渐好转，消费层次逐渐提升。然而，尽管我国城镇及农村人均可支配收入均呈不断上升的趋势，但随着时间的推移，城镇人均收入与农村人均收入的差距呈不断扩大的趋势（见图 6-2）。由于收入水平直接决定了居民消费水平和消费层次，持续扩大的城乡居民收入差距意味着各类群体用于消费方面的支出差距也会越来越大，而这不利于我国居民整体消费水平的提升和结构优化。

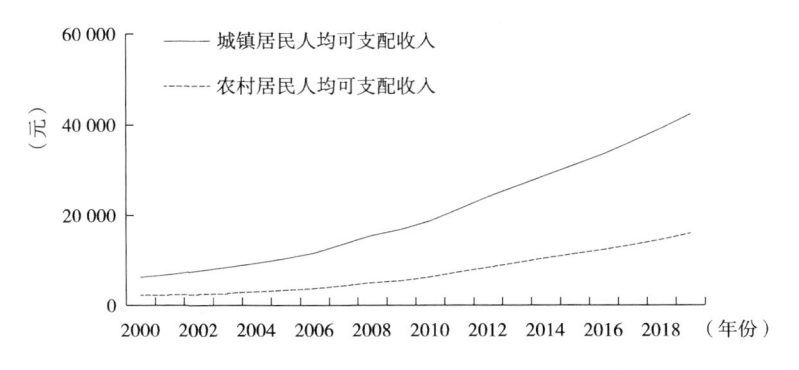

图 6-2　城乡人均可支配收入（2000—2019 年）

在我国经济运行过程中，税制改革发挥了重要的作用，其中税制结构是重要关注点之一。目前我国是"双主体"的税制结构，累退性较强的间接税占据的比重较高。税制结构作为重要的财税体制特征之一，综合体现了各种税收制度和税收政策搭配形成的有机整体。众所周知，税收政策对微观主体的消费行为和收入水平有直接的调节作用。一方面，增值税、消费税等间接税可以通过商品流转传递到消费者这一边，从而影响商品价格和居民的消费选择；另一方面，个人所得税、财产税等直接税可以直接调节不同收入群体的收入水平，通过收入再分配机制调节居民收入差距，而居民收入水平的变化也影响了居民消费。因此，税制结构变动不仅会对居民消费行为产生直接影响，而且可能通过调节城乡居民收入分配而作用于居民消费。特别是，税制结构对城乡居民的消费结构变动也具有类似的作用机制。

遗憾的是，虽然已有较多文献论及税制结构与居民消费水平的关系，但鲜有研究关注税制结构变动对居民消费结构的影响，且仅有的这些研究也没有得出一致的结论。一些学者认为提高直接税比重能够改善消费环境，促进居民消费结构升级（那艺等，2019；温桂荣等，2020；叶圆圆，2021）；也有部分学者认为提高直接税比重可能会抑制居民消费的升级（储德银、闫伟，2012；刘华等，2015）。与之类似，有学者认为提高间接税比重有利于居民消费结构升级（Boeters et al.，2010；Blumkin et al.，2012；王智煊、邓力平，2015）；但也有不少学者认为，以间接税为主的税制结构会抑制居民消费结构升级（王春雷，2012；范子英、张航，2018）。此外，少有学者关注地区间和城乡间的差异，没有针对我国城乡的东中西部进行具体细致的分析，缺少对区域间差异的研究。大多数学者研究的是税制结构影响居民消费结构的直接效果，很少有学者进一步探讨税制结构影响城乡居民消费结构的具体途径。

鉴于以上背景，本章中，笔者在系统梳理税制结构影响居民消费结构的相关理论以及充分了解我国税制结构和居民消费结构现状的基础上，利用我国30个省（自治区、直辖市）2002—2019年期间的面板数据，采用固定效应模型实证检验税制结构对城镇和农村居民消费结构的影响并分析地区间差异；在此基础上，采用中介效应模型进一步检验税制结构通过调节城乡收入分配差距影响居民消费结构的作用机制。显然，本章研究具有重要的理论意义和现实意义。通过分析税制结构对居民消费结构的影响及作用机制，不仅有利于识别当前居民消费水平提高过程中税制结构可能存在的问题，从而明确进一步促进消费结构升级的税制改革方向，而且可以为优化居民消费结构提出针对性的政策及改革建议，从而拉动居民消费增长，改善国内消费环境，最终促进经济高质量发展，畅通"双循环"的内生动力。

本章可能的贡献在于：

第一，从居民消费结构入手，研究税制结构变动对我国城乡居民消费结构变化的影响。已有文献较多地关注了税制结构与居民消费水平的关系，但鲜有研究关注税制结构变动对居民消费结构的影响。

第二，已有大多数研究都基于全国整体进行理论或实证分析，笔者除沿用上述思路外，还进一步考察了不同区域税制结构对城乡居民消费结构的影响及其差异性，丰富了人们对于税制结构对居民消费结构影响的认知。

第三，已有相关研究大多关注了我国税制结构对居民消费水平或结构的影响，笔者则不仅研究了税制结构如何直接影响居民消费，而且实证检验了税制结构是如何通过收入分配渠道影响居民消费结构的，从而加深了人们对税制结构的经济效应及其作用途径的理解。

6.2 税制结构影响居民消费结构的理论分析

6.2.1 通过影响消费行为作用于居民消费结构

税制结构是由各税种或税类组成的有机整体的综合反映，因此其对居民消费结构产生影响的一个重要理论基础就是不同税种对居民消费行为所产生的收入效应和替代效应。收入效应是指国家进行课征时，在商品价格不变的情况下，实际上抽取了一部分居民收入，造成居民的购买力降低，支出减少，从而抑制了居民的消费需求。替代效应是指国家对某类商品课税时，由于商品相对价格的改变，对商品组合中某类商品的消费造成消费另一种商品的机会成本上升，从而使最优的商品消费组合发生了改变。税收的替代效应不仅发生在商品市场，而且普遍存在于要素市场。

一般来说，直接税和间接税都可能同时存在收入效应和替代效应，但不同税种的主要影响效应有所不同。例如，对于居民消费而言，直接税中个人所得税的收入效应更加明显，但个人所得税也会改变劳动与闲暇的相对价格，从而在劳动力市场上产生一定的替代效应；而间接税中的消费税可能兼有收入效应和替代效应。由此可见，不同的直接税和间接税组合对居民消费结构的影响效应也会存在差异。接下来笔者将梳理和分析不同税种对居民消费的影响机制，以便于大家理解税制结构变动对居民消费结构的影响效应。

6.2.1.1 间接税对居民消费的影响分析

间接税对居民消费往往兼有收入效应和替代效应。一方面，商品被征收间接税时，厂商利用提高商品价格的方式，通过流通各环节向消费者转移部分或者全部的税负，那么在原有价格不变的前提下，相当于居民的实际收入减少了，从而造成居民购买力下降，影响居民消费水平及结构。另一方面，当商品相对价格改变时，即使居民收入水平不变，消费者通常也会减少对涨价商品的购买欲望，转而消费价格不变或涨幅较小的商品。此外，在间接税存在差别税率或者存在选择性征税和税收优惠政策时，适用不同税率或政策商品的价格变化存在差异，替代效应使消费者在一般情况下会增加对税率较低商品的消费，从而改变原有的消费结构。

增值税是我国最主要的间接税之一，在各类商品和服务流通的各个环节普遍征收，在给政府带来较多税收收入的同时，也对居民消费行为产生着深刻的影响。由于增值税是价内税，税负的转嫁性相比其他税种更强，其对居民消费的影响同时具有收入效应和替代效应。如图 6-3 所示，假设居民的总体收入是 M，现在有 X 和 Y 两种商品，价格分别是 P_1 和 P_2，U 为效用无差异曲线，AB 是消费者初始预算约束（收入水平）。征税前，购买 X 和 Y 花费了居民全部收入，得到 AB，此时与 U 相切于 E_1，消费者效用为 U_1。征收增值税后，商品 X 和 Y 的价格均上涨，消费者购买力下降，对两种商品的消费数量均减少；但由于适用税率不同，两种商品价格的涨幅不同，从而造成其相对价格发生变化。

此时预算约束线变为 CD 段，与无差异曲线相切于 E_2，消费者效应变为 U_2。这意味着增值税不仅会减少消费需求，而且会改变消费结构。

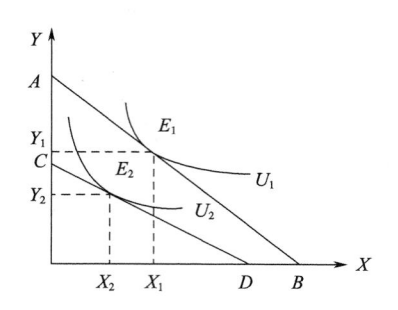

图 6-3　增值税对居民消费的影响分析

相较而言，我国的消费税是选择性征税，只是针对性地对部分商品征收，并未覆盖全部商品。如果在对商品普遍征收增值税的同时，对某一类商品征收消费税，那么该类商品的价格将高于其他商品。所以，征收消费税有明显的替代效用，但其收入效应可能较弱。如图 6-4 所示，假设居民的总体收入是 M，现在有 X 和 Y 两种商品，价格分别是 P_1 和 P_2，U 为无差异曲线，AB 是初始预算约束。征收选择性消费税之前，AB 线与无差异曲线相切于 E_1 得到最优的消费组合，消费者效用为 U_1。对商品 X 征收消费税后，预算约束线变为 AC 段，此时与无差异曲线相切于 E_2。可见，开征选择性消费税后，由于商品 Y 的价格不变，产生了较明显的替代效应，改变了原有的商品组合和消费结构。实际上，预算约束的改变意味着选择性消费税也存在收入效应。

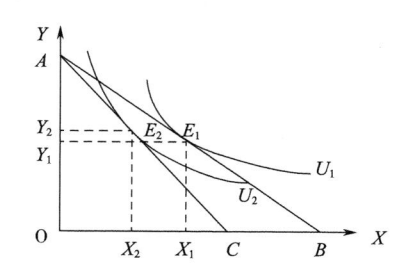

图 6-4　消费税对居民消费的影响分析

6.2.1.2　直接税对居民消费的影响分析

影响居民消费的直接税主要包括个人所得税和财产税。由于没有显著的税负转嫁，征税会造成纳税人收入减少（收入效应），那么在消费方面的支出也会相应减少，对商品的消费需求也会降低。因此对于居民消费而言，个人所得税和财产税的影响主要是收入效应。以个人所得税为例，如图6-5所示，仍然假设居民的总体收入是 M，商品 X 和 Y 的价格分别是 P_1 和 P_2，初始预算约束为 AB。征收个人所得税前，AB 与无差异曲线相切于 E_1，消费者效用为 U_1。当征收个人所得税时，两种商品的相对价格不会受影响，但是消费者收入减少，预算约束线变为与 AB 段平行的 CD 段，CD 与无差异曲线相切于 E_2，消费数量及效用均下降。一般认为，这种情况下两种商品的消费比例不会变化或变化较小，因此个人所得税会降低消费水平，但对居民的消费结构影响较小。然而，现实中居民面临的商品是多种多样的，而不是简单的两种商品。消费者会综合权衡不同收入水平下各类商品的消费数量，而权衡的结果往往与各类商品的需求弹性密切相关：当收入水平下降时，消费者对发展和享受型商品的消费减少，而基本生存类商品的消费数量变化相对较小。这意味着直接税也会影响居民的消费结构。

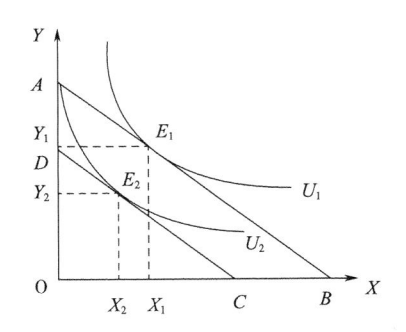

图 6-5　直接税对居民消费的影响分析

总之，直接税和间接税所包括的具体税种会对居民消费行为产生不同的效应，或主要为收入效应，或主要为替代效应，或两者并重。单个税种对居民消费结构的影响较为简单，但各税种组合起来的税制之整体变化对居民消费结构的影响可能非常复杂且不确定。各个税种及不同税系的搭配均会影响居民的收入和消费支出，造成各类消费支出占比的改变，居民消费层次、消费结构也会相应发生变化。同时，由于各个税种特有的性质、各税种影响居民消费的机制存在差异，因而税收政策实施后会对居民消费产生不同的结构效应。因此，只有厘清税制结构变动对居民消费结构影响的实际效果，把握其规律，才可以运用设置和调整直接税和间接税搭配比例（即调整税制结构）达到调节居民消费结构的目的。

6.2.2 通过影响供给侧作用于居民消费结构

商品和服务供给结构和品质的提升情况决定了居民消费升级能否实现（樊轶侠，2018）。政府可以通过税收优惠政策和税制结构调整改变企业的生产和研发成本，促进商品和服务的升级换代，改善整体供给结构，提高供给质量，使居民对高质量的消费品不再望而却步，从而不断推动消费升级。

随着居民收入水平的提高，发展与享受型消费需求大幅增加，消费者对商品质量和品质的期待也越来越高。同时，随着我国经济发展水平的不断提高，新的需求与供给矛盾不断涌现，越来越制约着居民消费结构升级。例如，随着社会老龄化的加重，养老服务需求日益增加，但已有的养老服务供给十分有限，此外婴幼儿托育服务供给不足也成为目前阻碍生育率上升的重要原因。可见，商品和服务的供给结构和供给质量存在较大的改善空间，否则将成为阻碍居民消费升级的因素。政府通过税收政策和税制结构调整，对新型消费和高质量消费的供给行业或者厂商提供税收优惠，可以有效降低此类消费的供给成本（及消费价格）；利用税收优惠推动企业研发创新，加快商品和服务的升级换代和供给侧结构优化，满足居民多样化、多层次的消费需求，从而推动居民消费结构升级。例如，国家可以通过税制结构调整将部分资源从私人部门集中到公共部门，若这些税收收入能够被用于教育、托育、养老等服务，从而降低此类服务的成本，就能够降低居民储蓄倾向，改变当前的消费行为。政府还可以利用税收政策引导企业提供更高质量、更环保绿色、更具个性的产品及服务，从而推动消费结构从生存型向发展型升级。此外，政府还可以运用税收政策和税制结构调整促进电子商务和数字经济的发展，引导消费渠道变革，提高商品供给的便利性和可获得性，降低交易成本，从而推动居民消费结构升级。

6.2.3 通过调节收入分配作用于居民消费结构

税制结构还可以通过影响居民收入分配而作用于其消费结构。收入差距过大不利于居民整体消费结构升级。贫富差距越大，表明少数居民拥有的收入更多，多数居民拥有的收入更少。受边际消费倾向的影响，高收入群体的边际消费倾向比低收入群体更低，收入差距过大会降低整体消费水平，不利于居民整体向更高层次的消费转变，最终抑制居民消费结构升级。

提高所得税、财产税等累进性较强的直接税比重会缩小居民收入差距，从而促进整体消费水平提升和消费结构升级。这是因为可支配收入是实现居民消费升级的经济基础，国家通过税收政策、税制结构调整以及财政支出政策进行收入再分配时，居民收入分配也会受到税制结构的影响；同时，居民收入又影响着居民的消费支出和消费意愿——通常而言，低收入群体的边际消费倾向高于高收入群体。当税制结构的调整使低收入群体的税负更低时，就会释放低收入人群的消费潜力，增进居民整体消费倾向，为居民消费升级提供可能（樊轶侠，2018；计金标等，2020）。有研究认为，我国的间接税对缩小城乡收入差距也具有积极的作用，这主要是因为各类间接税税收优惠政策有利于减轻低收入群体的税收负担（马骁等，2017）。

上述对税制结构影响居民消费结构的作用机制总结见图6-6。总之，税制结构变动对居民消费结构的影响是多重影响渠道综合作用的结果，其具体影响效应还需要通过实证分析来检验和判断。

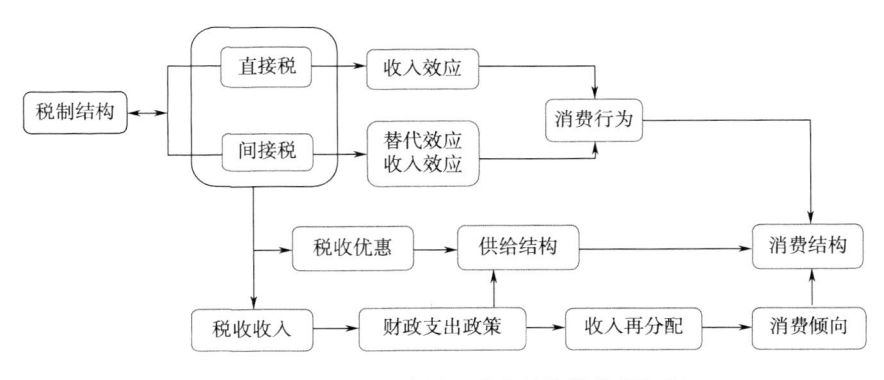

图6-6 税制结构影响居民消费结构的作用机制

6.3 我国居民消费结构与税制结构现状

6.3.1 居民消费结构现状

6.3.1.1 城乡居民恩格尔系数逐年下降

居民消费结构是指在一定的社会经济条件下，不同类型、不同组合的消费在总消费中的占比。一个常用的居民消费结构的衡量指标是恩格尔系数，即食品支出总额占个人消费支出总额的比重。如图6-7所示，我国城乡居民恩格尔系数逐年下降，表明城乡居民的消费结构持续改善。我国城乡居民恩格尔系数及其所衡量的消费结构经历了若干个标志性发展阶段。第一阶段是改革开放之初至1994年，为生存型消费阶段。1994年，我国的城镇居民恩格尔系数首次下降到了50%，这说明我国居民已经解决了基本温饱问题。在此阶段，居民消费主要倾向于满足基本温饱，有剩余收入可能会增加提高生活质量的消费需求，"四大件"、冰箱、汽车等象征财富的物件在这一阶段还属于奢侈品和高端消费。同时，居住、交通类的消费占比也有所提高。从农村来看，虽然恩格尔系数也在不断下降，但总体系数较高，此阶段的系数还未低于50%，维持生存的食品消费支出占据了大部分，因而难以向更高层次的消费转移，基本温饱问题仍困扰着广大的农村居民。第二阶段是1994—2000年。我国城镇居民恩格尔系数在2000年下降至39.40%，同时农村居民恩格尔系数也首次下降到50%以下（具体为49.1%）。此时我国的城镇居民恩格尔系数已达到小康水平，但食品类消费支出依然占据了较大比重，而广大农村居民刚刚满足了生存消费需求，开始向更高层次的消费转型。第三阶段是2000—2015年。这一阶段我国城乡居民恩格尔系数仍在持续下降，并且农村居民与城镇居民的恩格尔系数差异逐渐缩小。2015年，农村居民恩格尔系数为33.0%，几乎与城镇居民恩格尔系数（32.7%）持平。这表明农村居民生活水平快速提高，消费结构加快转变，从而带动整个社会的居民消费结构不断升级。第四阶段是2015年至今。这一阶段，无论是城镇居民还是农村居民，基本生活需求已得到极大满足，新的更高层次和更高要求的消费需求也不断涌现，居民日益增长的高端消费需求亟待得到满足。同时可以看到，从2016年开始，农村居民恩格尔系数

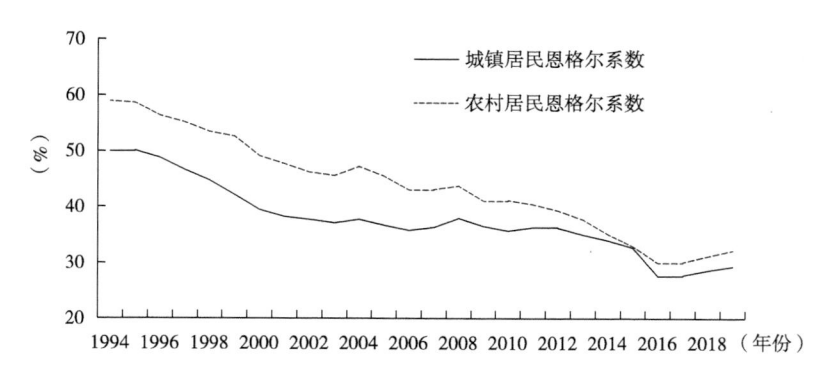

图6-7 我国城乡居民恩格尔系数（1994—2019年）

与城镇居民恩格尔系数均有微小的上升趋势,且二者的差异又逐渐拉大。这表明我国居民消费结构演化可能到了一个瓶颈期,消费需求与供给矛盾亟待解决。

6.3.1.2 衣食类消费大幅下降,居住类消费、服务型消费大幅上涨

在我国居民消费统计中,将居民消费支出分为食品烟酒消费支出、衣着消费支出、居住消费支出、生活用品及服务消费支出、交通通信消费支出、教育文化娱乐消费支出、医疗服务消费支出以及其他消费支出这八大类。图 6-8 给出了 1998 年以来我国居民人均各类消费支出占人均总消费支出比重的变化情况。从中可以看出,我国居民消费支出占比经历了较大的变化。其中食品烟酒类消费支出呈现下降趋势且下降幅度最大,从 1998 年的 48.01% 下降到 2019 年的 28.22%,下降了近 20 个百分点。这意味着居民维持基本生活的支出在总消费支出中的比重大幅下降,反映了居民生活水平的不断提高。衣着类和生活用品及服务类消费支出占比几十年来一直较为稳定。居住类消费占比明显提高,从 1998 年的 12.20% 提高到 2019 年的 23.45%,提高了超过 11 个百分点。交通通信消费支出、教育文化娱乐消费支出占比相比 20 世纪末也有较明显的上升,这意味着中高端服务型消费支出在总消费中占据的位置越来越重要,表明居民的消费结构经历了逐渐升级的过程。

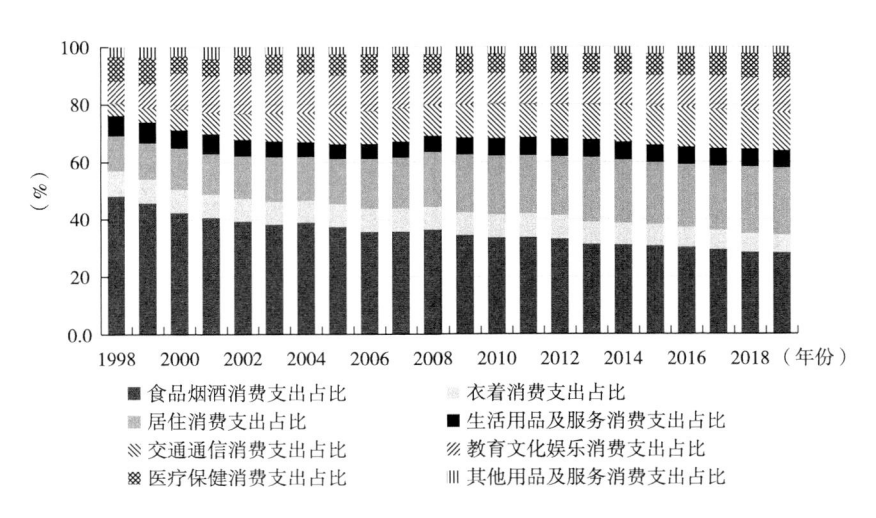

图 6-8 我国居民人均各类消费支出占比变动情况 (1998—2019 年)

6.3.1.3 发展和享受型消费支出占比逐年上升

为便于分析,笔者参考陈建宝和李坤明 (2013) 等研究,将上述八类消

费归纳为生存型消费、发展和享受型消费两大类。其中食品烟酒类和衣着类消费支出被归为生存型消费支出，其余六类支出（居住消费支出、生活用品及服务消费支出、交通通信消费支出、教育文化娱乐消费支出、医疗服务消费支出以及其他消费支出）被归为发展和享受型消费支出。

图6-9直观地给出了我国居民生存型消费支出及发展和享受型消费支出占比的变动情况。总体来看，我国居民的发展和享受型消费支出占比持续上升，而生存型消费支出占比持续下降；2000年之前，生存型消费支出占比高于发展和享受型消费支出占比，2000年以后则相反。这再次表明我国居民消费结构一直处于不断升级变化的过程中。

图6-9 两大类居民消费支出占比（1998—2019年）

6.3.1.4 我国居民消费结构依然存在明显的地区差异和城乡差异

总体来说，随着我国经济的不断发展，城乡居民消费结构在改革开放几十年来呈现出向好的趋势。但应当看到，我国居民消费结构仍然存在较为显著的问题。图6-10直观地给出了2019年各省（自治区、直辖市）城镇和农村的居民消费结构（以发展和享受型消费支出占总消费支出的比重衡量）。从中可以发现：在北京、上海和广东等经济比较发达的地区，城镇居民的消费结构优于农村居民，且二者差距较大；在湖北、湖南、广西、贵州、陕西等地区，农村的消费结构则略好于城镇；在其他经济较为落后的地区，城镇和农村居民消费结构所占比重较为相近。总体来讲，我国各地区城镇和农村居民消费结构有所差异，地区间居民消费结构发展不平衡，居民消费结构升级优化还有较大空间。

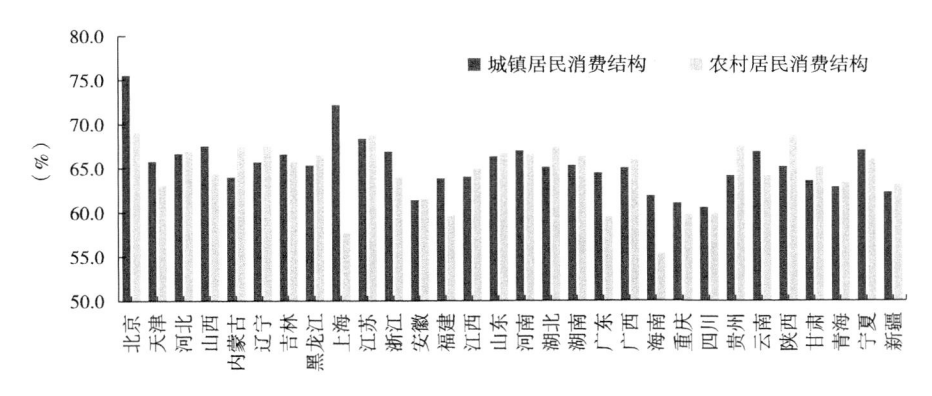

图 6-10 各省（自治区、直辖市）城乡居民消费结构差异（2019 年）

6.3.2 税制结构现状

税制结构是指一国（地区）税收体系中各税种组合方式和相对地位状况。目前已有研究大多选择了多种指标来衡量税制结构，其中多数研究将某一税种或税类在总税收收入中所占比重（占比法）作为衡量税制结构的指标。例如，张晓旭（2019）在研究税制结构对城乡居民收入分配差距的影响时，选取直接税占税收总额的比例代表税制结构；肖叶（2019）在研究税制结构对创新产出的影响的过程中，选取间接税和直接税分别占税收总收入的比重作为税制结构的衡量指标。

6.3.2.1 直接税比重逐年上升

图 6-11 给出了 1994—2019 年期间我国主要直接税与间接税在总税收收入中的占比变化情况。其中，间接税主要包括增值税、消费税和营业税（2016 年及以前），而直接税主要是个人所得税和企业所得税[①]。整体上看，这一期间我国间接税占比呈现不断下降的趋势，从 1994 年的 67.60% 下降至 2019 年的 47.41%，下降了 20 多个百分点；相反，直接税在我国整体税制中所占的比例则逐年上升，从 1994 年的 15.24% 增加至 2019 年的 30.18%，几乎翻了一倍。这表明我国税制结构一直在朝着提高直接税比重、降低间接税比重的方向调

---

① 1994—2019 年期间，增值税、营业税、消费税、个人所得税和企业所得税加总起来的税收收入占我国实际所有税收收入的 80% 左右。由于数据的可获得性，本章中对于直接税或间接税的分析未考虑除增值税、营业税、消费税、个人所得税和企业所得税以外的税种。此外，因 2016 年 5 月 1 日起全面实施"营改增"，笔者在计算间接税比重时，为保证数据的可比性，将 2002—2016 年期间的营业税和增值税合并计算。

整。虽然目前税制结构中间接税比重仍然较高，但经过数十年的调整，我国已经由分税制改革时期以间接税为主的税制结构转变为直接税与间接税并重的双主体税制结构。

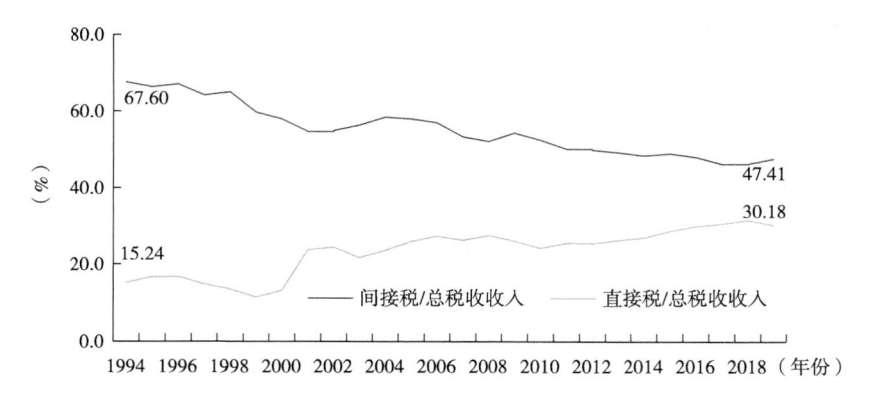

图 6-11　主要直接税与间接税的占比变化情况（1994—2019 年）

6.3.2.2　税制整体累进性增强

从具体税种来看，1994—2019 年期间增值税（含营业税）、消费税和所得税占比均发生了显著的变化（见图 6-12）。其中，增值税的比重始终占据高位，一直是我国第一大税种。但随着税制结构调整和税制完善，增值税的比重不断下降，从 1994 年的 58.09% 下降到 2019 年的 39.46%。企业所得税在我国税制结构中也具有重要地位，且近年来占比不断上升，2019 年达到了 23.61%。个人所得税虽然占比较低，但对总税收收入的贡献整体上也在不断增加。企业

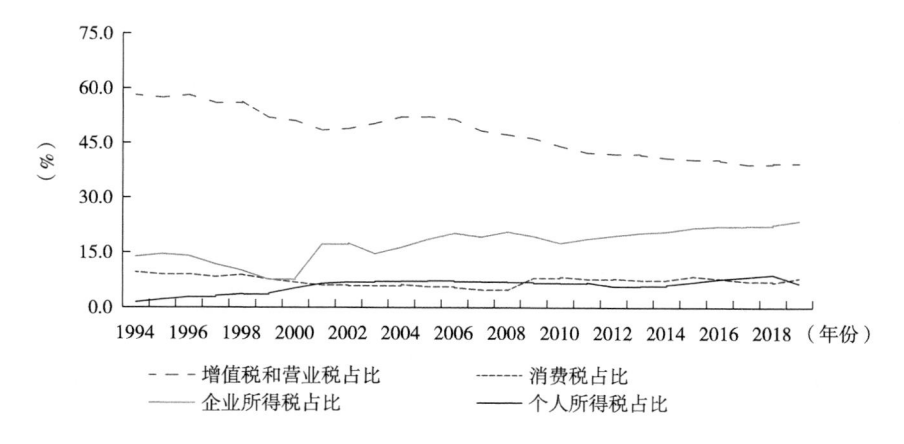

图 6-12　我国主要税种占总税收收入的比重（1994—2019 年）

所得税和个人所得税之和占总税收收入的比重在 2017 年超过了 30%。相比其他税种，个人所得税的累进性较强，其比重不断提高表明我国税制的整体累进性增强。消费税总体占比没有明显的波动，基本上都在 10% 以内。

6.3.2.3 税制结构地区间差异较大

总体来说，我国直接税占总税收收入的比重不断提高，这在整体上更加有利于社会公平和财政收入再分配功能的实现。但是一个不能忽略的事实是，我国各地的税制结构仍然存在较大差异，税制结构变动并不同步。如图 6-13 所示，除北京外，其余各省（自治区、直辖市）间接税（增值税与消费税之和）在总税收收入中的占比均超过了直接税（个人所得税与企业所得税之和）占比，其中天津、广西、云南、甘肃等省（自治区、直辖市）的间接税占比甚至超过了 60%。可见，从地区差异上看，我国税制结构的调整和优化还有较大的空间。

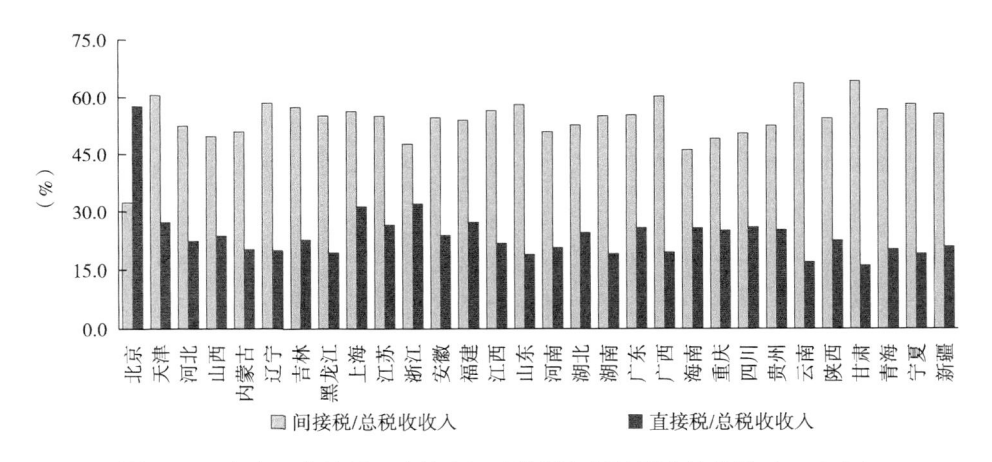

图 6-13　各省（自治区、直辖市）直接税与间接税占比差异（2019 年）

6.4　税制结构影响居民消费结构的实证检验

6.4.1　模型设定及变量说明

基于数据的可获得性，本章中选取 2002—2019 年期间我国除西藏、香港、澳门、台湾以外的 30 个省（自治区、直辖市）的面板数据进行分析。具体而言，采用如下的固定效应模型作为基准模型：

$$URCS_{it} \text{ 或 } RRCS_{it} = \beta_0 + \beta_1 TAXS_{it-1} + \beta_2 Control_{it-1} + \eta T + \mu_i + \varepsilon_{it} \quad (6.1)$$

式中，i 表示省份，t 表示年份，$URCS_{it}$ 和 $RRCS_{it}$ 分别表示城镇居民消费结构和农村居民消费结构，$TAXS_{it}$ 表示税制结构，$Control_{it}$ 表示一系列控制变量，T 为时间趋势项，μ_i 表示个体固定效应，ε_{it} 为误差项。可见，该基准模型同时控制了（不随时间变化的）时间固定效应和个体固定效应。为缓解可能的内生性问题，所有解释变量取滞后一期。

具体而言，式（6.1）中城乡居民消费结构（$URCS_{it}$ 和 $RRCS_{it}$）的衡量指标分别为各省份之中城镇、农村居民发展和享受型消费支出占总消费支出的比重。发展和享受型消费支出所占比例越大，表示居民消费结构越高级。式（6.1）中的税制结构（$TAXS_{it}$）为：各省份间接税（消费税、增值税与营业税之和）在各省份总税收收入中的比重。式（6.1）中的控制变量主要包括：①人均财政支出水平（EXP_{it}），采用各省份实际人均财政支出（实际财政支出/常住人口数量）来衡量。政府通过社会保障和就业支出、医疗卫生支出、教育支出、一般公共服务支出等各类财政支出惠及当地居民，人均财政支出水平一定程度上反映了政府财政支出对居民个人收入的影响程度。②失业率（$UEMR_{it}$），采用城镇登记失业率来衡量。失业率越高，居民平均生活水平越低，消费结构就越难以升级。③人均国内生产总值（万元，取对数，$\ln GDP_{it}$）。人均 GDP 衡量了各省份的经济发展水平，也表征了居民平均收入水平。通常来说，人均 GDP 越高，当地的经济发展水平越高，人均收入水平越高，消费水平也越高，消费结构越趋于向更高层次发展。④产业结构（IS_{it}），采用各省份的第三产业增加值与第二产业增加值之比来衡量。通常而言，第三产业占比较高，表明当地的服务型行业较发达，此类消费的供给也较多，从而推动居民消费向现代服务等中高端层次升级（曹海娟，2012）。⑤教育水平（年，取对数，$\ln EDU_{it}$），选取人均受教育的年限，将各阶段的人数比例作为权重，即加权平均计算五种不同的教育水平——不识字（0 年）、小学（6 年）、初中（9 年）、高中（12 年）和大专及以上（16 年）。李军等（2015）研究指出，人均受教育年限越高，表明当地的平均人力资本存量越高，对更高层次的消费需求也越多，能够推动当地居民消费结构升级。⑥少儿抚养比（CDR_{it}），指的是 0 至 14 岁人口数量与 15 至 64 岁劳动人口数量的比例。一般来说，少儿抚养比越低，表示劳动人口在抚养方面压力越小，居民也越会增加发展和享受型方面的消费支出。笔者利用 GDP 平减指数将相关变量的名义值折算成实际值，以保证不同时期的数值具有可比性。

上述主要变量的定义及说明总结于表 6-1 中。

表 6-1 主要变量及定义

变量类型	变量名称	符号	变量定义
被解释变量	城镇居民消费结构	$URCS_{it}$	城镇居民发展和享受型消费支出/城镇居民总消费支出
	农村居民消费结构	$RRCS_{it}$	农村居民发展和享受型消费支出/农村居民总消费支出
核心解释变量	税制结构	$TAXS_{it}$	（增值税+消费税+营业税）/总税收收入
控制变量	人均 GDP	$\ln GDP_{it}$	人均实际 GDP（取对数）
	人均财政支出	EXP_{it}	实际财政支出/常住人口数量
	失业率	$UEMR_{it}$	城镇登记失业率
	产业结构	IS_{it}	第三产业增加值/第二产业增加值
	教育水平	$\ln EDU_{it}$	人均受教育年限（取对数）
	少儿抚养比	CDR_{it}	0 至 14 岁人口数量/15 至 64 岁劳动人口数量

6.4.2 数据说明

本章中采用的实证数据为 2002—2019 年期间我国 30 个省（自治区、直辖市）的平衡面板数据。数据的主要来源为《中国统计年鉴》、《中国税务年鉴》、国家统计局以及各省份的统计年鉴等。

表 6-2 为主要变量的描述性统计结果。从中可以看出全国各省（自治区、直辖市）城镇居民消费结构存在一定差距，发展与享受型消费支出所占比重最小值城镇为 41.6%，农村为 37.1%，最大值城镇为 75.5%，农村为 70.8%；各省（自治区、直辖市）间接税占总税收收入的均值为 62.5%。这说明虽然目前我国是双主体的税制结构，但样本期内我国各省（自治区、直辖市）间接税仍占较大比重。各解释变量之间的相关系数矩阵显示，不存在严重的多重共线性问题。

表 6-2 主要变量的描述性统计结果

变量	观测值	均值	标准差	最小值	最大值
城镇居民消费结构（$URCS_{it}$）	540	0.558	0.062	0.416	0.755

续表

变量	观测值	均值	标准差	最小值	最大值
农村居民消费结构（$RRCS_{it}$）	540	0.546	0.077	0.371	0.708
税制结构（$TAXS_{it}$）	540	0.625	0.088	0.303	0.795
人均财政支出（EXP_{it}）	540	0.553	0.420	0.068	2.358
失业率（$UEMR_{it}$）	540	0.035	0.007	0.012	0.065
人均GDP（$\ln GDP_{it}$）	540	0.709	0.674	-1.122	2.376
产业结构（IS_{it}）	540	1.153	0.614	0.527	5.234
教育水平（$\ln EDU_{it}$）	540	1.860	0.181	1.325	2.328
少儿抚养比（CDR_{it}）	540	0.242	0.071	0.096	0.446

6.4.3 实证结果分析

6.4.3.1 基准回归结果

在此，笔者先基于固定效应模型来研究税制结构对城镇和农村居民消费结构的影响。具体而言，就是采取逐步加入控制变量的方法，得到最终的回归结果，见表6-3和表6-4。

表6-3 税制结构对城镇居民消费结构的影响

序号	(1)	(2)	(3)	(4)	(5)	(6)	(7)
税制结构	-0.115 (0.0985)	-0.0944 (0.105)	-0.150 (0.121)	-0.152 (0.104)	-0.227** (0.0941)	-0.212** (0.0936)	-0.209** (0.0916)
人均财政支出	0.0304 (0.0197)	-0.0121 (0.0240)	-0.0163 (0.0198)	-0.0291 (0.0190)	-0.0352 (0.0212)	-0.0373* (0.0214)	
教育水平			0.200*** (0.0284)	0.165*** (0.0270)	0.158*** (0.0249)	0.149*** (0.0251)	0.145*** (0.0249)
少儿抚养比				0.444*** (0.103)	0.346*** (0.104)	0.322*** (0.109)	0.320*** (0.108)
人均GDP					-0.0709** (0.0344)	-0.0412 (0.0445)	-0.0451 (0.0443)
产业结构						0.0229 (0.0189)	0.0234 (0.0187)

续表

序号	(1)	(2)	(3)	(4)	(5)	(6)	(7)
失业率							−0.690
							(0.833)
时间效应	0.007 83***	0.006 30***	0.011 6***	0.013 0***	0.018 9***	0.015 8***	0.015 8***
	(0.001 35)	(0.001 48)	(0.001 62)	(0.001 47)	(0.003 22)	(0.004 21)	(0.004 17)
常数项	0.554***	0.541***	0.172*	0.120	0.199*	0.201*	0.232*
	(0.074 9)	(0.079 1)	(0.089 2)	(0.088 2)	(0.099 8)	(0.108)	(0.118)
个体效应	控制	控制	控制	控制	控制	控制	控制
观测值	510	510	510	510	510	510	510

注：括号内为稳健标准误，***、**、*分别表示在1%、5%、10%的水平上显著，下同。

表6-4 税制结构对农村居民消费结构的影响

序号	(8)	(9)	(10)	(11)	(12)	(13)	(14)
税制结构	−0.256***	−0.285***	−0.306***	−0.307***	−0.290***	−0.288***	−0.288***
	(0.091 0)	(0.083 7)	(0.086 1)	(0.082 8)	(0.087 7)	(0.084 8)	(0.085 6)
人均财政支出		−0.042 8*	−0.058 5**	−0.060 1**	−0.057 4**	−0.058 3*	−0.058 4*
		(0.022 6)	(0.026 6)	(0.028 7)	(0.027 8)	(0.030 3)	(0.030 7)
教育水平			0.074 1**	0.060 5*	0.062 0*	0.060 7*	0.060 5*
			(0.029 2)	(0.031 2)	(0.031 4)	(0.033 0)	(0.033 1)
少儿抚养比				0.169	0.190*	0.186*	0.186*
				(0.104)	(0.098 3)	(0.101)	(0.101)
人均GDP					0.015 2	0.019 5	0.019 2
					(0.035 9)	(0.040 5)	(0.040 3)
产业结构						0.003 33	0.003 36
						(0.019 3)	(0.019 3)
失业率							−0.043 2
							(0.683)
时间效应	0.008 06***	0.010 2***	0.012 2***	0.012 7***	0.011 5***	0.011 0**	0.011 0**
	(0.001 25)	(0.001 66)	(0.002 23)	(0.002 34)	(0.003 66)	(0.004 07)	(0.004 07)
常数项	0.631***	0.650***	0.514***	0.494***	0.477***	0.477***	0.479***
	(0.068 3)	(0.062 7)	(0.099 8)	(0.104)	(0.108)	(0.110)	(0.108)
个体效应	控制	控制	控制	控制	控制	控制	控制
观测值	510	510	510	510	510	510	510

由表 6-3 中模型（7）的回归结果可知，税制结构（间接税占总税收收入之比）对城镇居民消费结构（城镇居民发展和享受型消费支出占比）的影响系数为-0.209，且在 5%的显著性水平上是显著的。这表明间接税比重上升（也就是直接税比重下降）显著不利于城镇居民消费结构的升级。正如前文理论分析中所阐述的那样，间接税通过商品流转将部分或全部税负转嫁给了消费者，居民承担了大部分的间接税税负，受间接税的收入效应和替代效应的影响，居民的消费结构也随之变化。同时，具有累退性的间接税比重过高，不利于累进性较强的直接税发挥收入再分配功能，因而不利于缩小城乡居民收入差距和居民整体消费结构升级。各类间接税综合作用的结果，是抑制了我国城镇居民的消费结构升级。这与王春雷（2012）、范子英和张航（2018）等的研究结论一致，也从侧面证实了直接税比重上升有利于我国城镇居民消费结构升级。对农村而言，表 6-4 显示，无论是否加入控制变量，税制结构均显著地抑制了农村居民消费结构升级。并且，税制结构（间接税比重）对农村居民消费结构升级的抑制程度（影响系数为-0.288）明显大于对城镇居民消费结构升级的抑制程度（影响系数为-0.209）。这表明以间接税为主的税制结构对农村居民消费的不利影响远大于城镇。可能的原因在于，城镇居民总体收入水平较高，其收入除了用于维持基本生活的消费之外，还有一部分会用于中高端消费，这些消费需求具有一定的弹性，差异化间接税的征收对城镇居民而言更多的是产生替代效应，使其从某类中高端消费转向其他中高端消费，整体上对消费结构的不利影响较弱；由于我国农民的收入水平较低，且食品等维持基本生活的消费支出在总支出中的比重较高，加之这些消费的需求弹性又较低，有无差别化的间接税征收对其需求量影响不大，但间接税的收入效应使得税制结构对农村居民的发展和享受型消费的影响较大，农村居民会因此减少购买更高层次商品或服务的消费行为，从而抑制消费结构的升级。

同时表 6-3 和表 6-4 也显示，人均财政支出、教育水平、少儿抚养比等控制变量对城乡居民消费结构具有显著的影响。其中，人均财政支出显著抑制了居民（尤其是农村居民）的消费结构升级。可能的原因在于，财政支出对私人消费具有一定的挤出效应。财政支出带动总需求规模扩大，导致物价上涨，不利于私人增加消费和消费结构升级，而人均可支配收入较低的农村居民对物价上涨的反应尤为敏感（Coenen and Straub，2005）。教育水平显著促进了城乡居民消费结构升级，这证实了随着人力资本存量的增加，居民的消费层次也会逐渐提高，这主要是因为随着教育水平的提高，居民的收入水平也会不断提高，从而促进消费结构的不断升级。少儿抚养比也显著促进了居民消费结构升级，这是因为少儿占比越大，家庭对子女的教育投入越多，相关的教育、托育、娱乐等消费支出也越多，这一影响超过了由于少儿数量增加而造成的生活负担增加对消费的不利影响，从而整体上有利于居民消费结构升级。人均GDP、产业结构和失业率等变量对城镇和农村居民消费结构的影响均不显著。

6.4.3.2 区域差异性分析

由于我国各省（自治区、直辖市）之间在税制结构、居民消费结构、经济发展水平、地理位置、人文环境等方面存在显著的差异，税制结构对我国城乡居民消费结构的影响效应在区域之间可能存在异质性。笔者根据各省（自治区、直辖市）地理位置把我国划分为东部、中部、西部三个区域。东部地区包括北京、天津、河北、辽宁、上海、江苏、浙江、福建、山东、广东、海南和广西12个省（自治区、直辖市）；中部地区包括山西、内蒙古、吉林、黑龙江、安徽、江西、河南、湖北、湖南9个省（自治区）；西部地区包括四川、贵州、云南、重庆、陕西、甘肃、青海、宁夏、新疆9个省（自治区、直辖市）。然后分别对东、中、西部的税制结构和城乡居民消费结构之间的关系进行回归分析，结果见表6-5。

表6-5 区域异质性检验

城乡	城镇			农村		
地区	东部	中部	西部	东部	中部	西部
序号	（15）	（16）	（17）	（18）	（19）	（20）
税制结构	−0.024 5	−0.407**	−0.255	−0.098 9	−0.320	−0.404**
	（0.117）	（0.132）	（0.159）	（0.112）	（0.197）	（0.148）
人均财政支出	−0.029 3	−0.094 4**	−0.010 5	−0.076 4	−0.068 2	0.000 295
	（0.034 1）	（0.029 0）	（0.029 4）	（0.047 5）	（0.046 7）	（0.026 0）
教育水平	0.231***	0.148**	0.066 7	0.152*	−0.022 5	−0.001 50
	（0.042 0）	（0.055 6）	（0.049 0）	（0.072 6）	（0.062 9）	（0.062 4）
少儿抚养比	0.546***	0.187*	−0.100	0.364**	0.258	−0.156
	（0.118）	（0.100）	（0.212）	（0.163）	（0.152）	（0.106）
人均GDP	0.043 5	−0.106**	−0.137	0.040 9	−0.029 3	−0.007 50
	（0.046 7）	（0.036 4）	（0.076 2）	（0.067 3）	（0.054 2）	（0.046 5）

续表

城乡	城镇			农村		
地区	东部	中部	西部	东部	中部	西部
序号	（15）	（16）	（17）	（18）	（19）	（20）
产业结构	0.037 3*	0.020 7	0.120***	0.015 3	0.032 7	0.098 5**
	（0.019 1）	（0.033 8）	（0.033 9）	（0.024 7）	（0.030 2）	（0.033 8）
失业率	0.079 7	-2.737**	-1.999	-0.877	-0.057 7	1.245
	（0.847）	（1.113）	（1.666）	（0.728）	（1.793）	（1.502）
时间效应	0.010 3**	0.021 1***	0.018 1*	0.011 4**	0.014 7**	0.006 44
	（0.003 46）	（0.005 46）	（0.008 51）	（0.004 79）	（0.005 98）	（0.004 89）
常数项	-0.157	0.453***	0.437*	0.146	0.603**	0.632***
	（0.188）	（0.109）	（0.215）	（0.207）	（0.199）	（0.184）
个体效应	控制	控制	控制	控制	控制	控制
观测值	204	153	153	204	153	153

表6-5模型（15）至模型（17）的估计结果显示，对于城镇来说，中部地区间接税占总税收比重与居民消费结构之间存在负相关关系，即间接税比重提高不利于居民消费结构升级；但在东部和西部地区，税制结构对居民消费结构的影响并不显著。模型（18）至模型（20）的估计结果显示，对农村来说，西部地区的间接税占总税收比重显著抑制了居民消费结构升级，但在东部和中部地区，税制结构对居民消费结构的影响不显著。可见，税制结构对居民消费结构的影响在不同地区存在较大差异，而基准回归结果中所发现的税制结构对城乡居民消费结构升级的不利影响，主要集中在中部地区的城镇和西部地区的农村。

6.5 税制结构影响居民消费结构的作用机制分析

前文指出，税制结构可能会通过多种渠道作用于居民消费结构。其中，税制结构可通过调节社会整体的收入分配从而影响居民整体消费结构。其主要原因在于，累进性较强的直接税比重上升会缩小居民收入差距，当税制结构的调整使得低收入群体的收入有所增加时，就会释放低收入人群的消费潜力，提升居民整体消费倾向，从而带动居民整体消费结构升级（樊轶侠，2018；计金标等，2020）。此外，各类间接税优惠降低了低收入群体的税收负担，缩小了收入差距，可能也有利于居民消费结构升级（马骁等，2017）。

笔者利用类似于本书 4.5 节中的中介效应模型（Baron and Kenny，1986；温忠麟等，2004），检验税制结构是否通过居民收入分配这一渠道影响居民消费结构。具体而言，采取如下逐步回归法进行居民收入分配的中介效应检验：

第一步：检验税制结构（$TAXS_{it}$）对城乡居民消费结构（$URCS_{it}$ 或者 $RRCS_{it}$）的影响。

$$URCS_{it} \text{ 或 } RRCS_{it} = \beta_0 + \beta_1 TAXS_{it-1} + \beta_2 Control_{it-1} + \eta T + \mu_i + \varepsilon_{it}$$

此步骤已在基准模型估计中完成。

第二步：验证税制结构对居民收入分配差距（$INGAP_{it}$）的影响（系数 α_1）。

$$INGAP_{it} = \alpha_0 + \alpha_1 TAXS_{it-1} + \alpha_2 Control_{it-1} + \theta t + \mu_i + \varepsilon_{it} \quad (6.2)$$

这一步对于城镇地区和农村地区而言均相同。

第三步：检验税制结构和居民收入分配差距对城乡居民消费结构的影响（系数 β_1' 和 φ）。

$$URCS_{it} \text{ 或 } RRCS_{it} = \beta_0' + \beta_1' TAXS_{it-1} + \varphi INGAP_{it-1} + \beta_2' Control_{it-1} + \eta' t + \mu_i + \varepsilon_{it} \quad (6.3)$$

对于中介变量居民收入分配差距（$INGAP_{it}$），本章不同于本书第 4 章，采用的是城镇居民人均可支配收入与农村居民人均可支配收入之比作为衡量城乡居民收入分配差距的指标（张应良、徐亚东，2020）。该比值越大，表明城乡居民收入差距越大。如图 6-14 所示，我国城镇和农村人均可支配收入总体上都呈快速上升趋势，但是城镇和农村居民人均可支配收入差距较大，2000—2019 年期间城镇居民人均可支配收入平均为农村居民的 2.91 倍。城乡收入差距呈现先上升后下降的趋势：2010 年之前，城乡居民收入差距不断扩大，之后有所缓解，缓慢下降。但截至 2019 年，城镇居民人均可支配收入仍是农村居民的 2.64 倍。

表 6-6 给出了中介效应模型的逐步回归结果。具体而言，先在第一步（基准回归）中验证了间接税占比对城镇和农村居民消费结构升级均具有显著的抑制作用。第二步回归结果［表 6-6 中的模型（21）］显示，以间接税占比衡量的税制结构对城乡居民收入差距的影响系数显著为正，表明间接税比重上升显著拉大了城乡居民收入差距。第三步回归结果［表 6-6 中的模型（22）和模型（23）］显示，在基准回归方程中加入城乡居民收入差距后，以间接

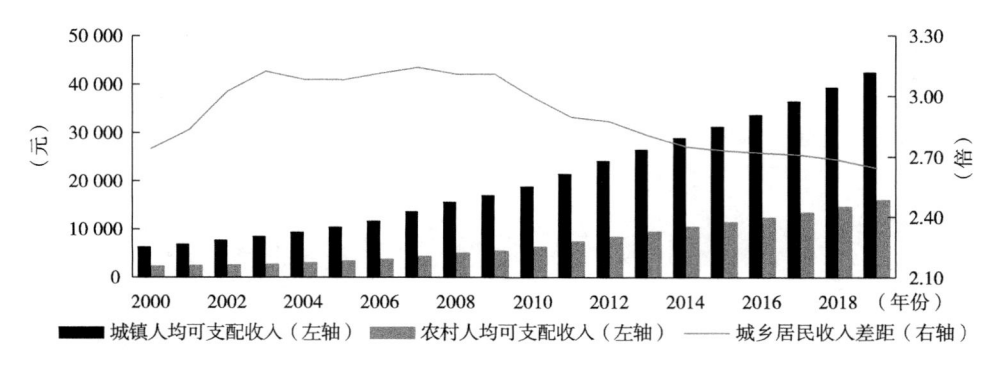

图 6-14 城镇与农村人均可支配收入情况（2000—2019 年）

税占比衡量的税制结构仍然显著抑制了城镇和农村居民消费结构升级，但影响程度（估计系数的绝对值）均有所降低，同时城乡居民收入差距对城镇和农村居民消费结构升级的影响也均显著为负。综合第一步到第三步的回归结果可知，城乡居民收入差距在税制结构影响居民消费结构中存在显著的中介效应，即税制结构确实能够通过影响城乡居民收入差距从而作用于城乡居民消费结构。具体而言，间接税占比的提高扩大了城乡居民收入差距，而城乡居民收入差距扩大抑制了居民消费结构升级。换言之，直接税比重提高有利于缩小城乡居民收入差距，从而有利于居民消费结构升级。

表 6-6 中介效应检验结果

检验步骤	第一步		第二步	第三步	
序号	（7）	（14）	（21）	（22）	（23）
被解释变量	城镇居民消费结构	农村居民消费结构	收入差距	城镇居民消费结构	农村居民消费结构
税制结构	-0.209 **	-0.288 ***	0.865 **	-0.168 *	-0.257 ***
	(0.091 6)	(0.085 6)	(0.414)	(0.089 8)	(0.082 4)
收入差距				-0.046 8 ***	-0.035 7 ***
				(0.013 8)	(0.011 8)
人均财政支出	-0.037 3 *	-0.058 4 *	0.089 5	-0.033 1 *	-0.055 2 **
	(0.021 4)	(0.030 7)	(0.201)	(0.019 2)	(0.026 0)
教育水平	0.145 ***	0.060 5 *	-0.371	0.128 ***	0.047 3
	(0.024 9)	(0.033 1)	(0.267)	(0.022 7)	(0.031 6)

续表

检验步骤	第一步		第二步	第三步	
序号	(7)	(14)	(21)	(22)	(23)
被解释变量	城镇居民消费结构	农村居民消费结构	收入差距	城镇居民消费结构	农村居民消费结构
少儿抚养比	0.320***	0.186*	-0.248	0.308***	0.177*
	(0.108)	(0.101)	(0.704)	(0.0998)	(0.0982)
人均GDP	-0.0451	0.0192	-0.632*	-0.0746*	-0.00330
	(0.0443)	(0.0403)	(0.324)	(0.0415)	(0.0348)
产业结构	0.0234	0.00336	0.0203	0.0244	0.00408
	(0.0187)	(0.0193)	(0.133)	(0.0152)	(0.0159)
失业率	-0.690	-0.0432	1.321	-0.628	0.00395
	(0.833)	(0.683)	(8.348)	(0.740)	(0.716)
时间效应	0.0158***	0.0110**	0.0119	0.0164***	0.0114***
	(0.00417)	(0.00407)	(0.0325)	(0.00401)	(0.00359)
常数项	0.232*	0.479***	3.243***	0.384***	0.595***
	(0.118)	(0.108)	(0.486)	(0.115)	(0.111)
个体效应	控制	控制	控制	控制	控制
观测值	510	510	510	510	510

6.6 本章小结

笔者在本章中运用我国2002—2019年期间是省际面板数据分析了税制结构对城乡居民消费结构的影响效应及作用机制。通过固定效应、异质性分析和中介效应检验，得出以下几点结论。

第一，以间接税占比衡量的税制结构不利于城镇和农村居民的消费结构升级。

第二，以间接税为主的税制结构对农村居民消费结构的不利影响远大于城镇居民。

第三，税制结构对居民消费结构的影响在不同地区存在较大差异，间接税占比上升对居民消费结构升级的不利影响主要集中在中部地区的城镇和西部地区的农村。

　　第四，从影响机制上看，税制结构通过影响城乡收入差距来影响居民消费结构升级，间接税占比越大，城乡收入差距越大，从而抑制居民消费结构升级。

第 7 章 地方政府收入结构与区域经济增长动态：以北京市为例

政府收入结构是财政体制尤其是财政收入体制的重要特征之一。作为地方财政收入的重要组成部分，政府非税收入及其征收管理对区域经济具有重要影响，然而已有研究往往忽略了非税收入在政府整体收入结构中的地位，从而不能很好地反映其经济影响。本章中以北京市为例，利用结构向量自回归（SVAR）模型，从政府收入结构这一视角研究非税收入增长与区域经济增长的动态关系及其具体影响途径，从而为区域经济的持续高质量发展以及财税体制改革提供有益依据和思路。

7.1 问题的提出

政府非税收入（以下简称"非税收入"）是除税收以外政府取得的各项收入，是我国各级政府进行宏微观经济调控的途径之一（王乔、汪柱旺，2009）。在我国，非税收入在中央财政收入中的比重较为正常，但在地方政府收入中占比较高（李谭君、何荣宣，2016）。按照财政部 2016 年发布的《政府非税收入管理办法》对非税收入的口径计算，北京市 2011—2018 年期间的非税财政收入在地方财政总收入中的占比平均为 37.01%（见图 7-1）。规模如此庞大的非税收入无疑与经济发展密切相关，而这也是本章研究的基本出发点。1994 年分税制改革以来，由于地方政府缺乏一般预算的自主权且支出责任较多，为应对严峻的支出压力，地方政府倾向于利用其在征收管理和支出安排上拥有较大权限的非税收入来扩充地方财力（王志刚、龚六堂，2009；童锦治等，2013；王佳杰等，2014；刘明慧、党立斌，2014；赵海益，2015）。因此，非税收入逐渐成为地方政府财政收入增长的重要来源。非税收入的快速增长，使其在地方政府财政收入中的比重逐年上升，对区域经济也产生了越发重要的影响。

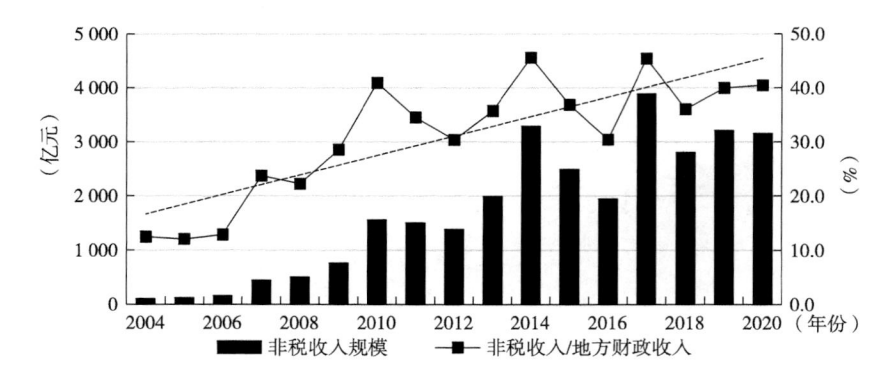

图 7-1　北京市非税收入规模变化情况（2004—2020年）

注：图中虚线表示最小二乘法（OLS）拟合的非税收占比发展趋势。

随着地方政府非税收入规模的逐渐扩大，其对区域经济增长的影响及作用机制越来越值得我们关注。大量研究表明，非税收入可以通过影响资源配置效率（贾康、刘军民，2005；王志刚、龚六堂，2009；童锦治等，2013）、矫正市场负外部效应（童锦治等，2013；张亚斌、彭舒，2014）、侵蚀税基（王立勇等，2015；刘明慧、党立斌，2014）等多种机制影响经济增长。近年来我国经济增长放缓，随着一系列"减税降费"政策的先后落实，地方政府财政收入的筹集面临巨大挑战，突如其来的新冠肺炎疫情冲击使地方财政雪上加霜，因而非税收入也在地方政府收入结构中占据更加重要的地位。在新的经济形势下，深入研究非税收入与政府收入结构的动态关联及其经济影响，不仅可以厘清非税收入的经济影响及其机理，而且可以为新时代背景下如何优化地方政府收入结构，以更好地促进区域经济高质量增长提供良好的理论和现实依据。北京市作为我国首都，地方政府财力雄厚，在非税收入管理改革领域也走在全国的前列。北京市财政局于2015年末印发了《关于加强和规范政府非税收入管理的意见》（京财综〔2015〕2630号），标志着北京市的非税收入管理改革迈上了新的台阶。应当认识到，更加深入的非税收入管理体制改革须建立在充分了解非税收入的经济影响及发展规律的基础之上。然而遗憾的是，目前鲜有学者针对北京市非税收入与经济增长的关系这一问题进行深入探讨和分析，尤其是鲜有文献从政府收入结构的全局视角出发考察非税收入与经济增长的动态关系。

基于以上研究的不足，笔者运用北京市 1996—2018 年期间的相关数据，构建了包含非税收入、政府收入结构、财政支出和经济增长等变量的四元 SVAR 模型，研究它们之间的动态互动关系，并在此基础上进一步分析非税收入、政府收入结构以及财政支出影响经济增长的具体途径。

本章研究的贡献主要有：

第一，从政府收入结构这一全局视角（同时也将财政支出纳入其中），全面考察非税收入、政府收入结构、财政支出与经济增长的动态互动关系，而以往相关文献主要研究的是非税收入与经济增长之间的相互关系。

第二，本章中采用的 SVAR 模型可以捕捉非税收入、政府收入结构、财政支出与经济增长之间的当期动态关系，从而能够反映财政自动稳定器作用下政府收支与产出的即期反馈效应。

第三，以北京市为考察对象，丰富了省级行政区域非税收入经济效应及其作用机制的研究，并可为地方政府非税收入政策优化及管理体制改革提供理论依据和经验借鉴。

7.2 实证方法

本章中采用 SVAR 模型来研究北京市非税收入、政府收入结构、财政支出与经济增长之间的长短期动态关系。根据财政自动稳定器理论，经济增长与财政收入之间存在短期互动关系。当经济繁荣时，财政收入规模扩张，从而约束经济进一步扩张；反之，当经济萧条时，税收收入、部分非税收入减少，同时社会保障等财政支出增加，从而促进经济恢复。并且，当期税收收入、非税收入及政府收入结构存在一定的关联。例如，在税收收入不及预期的年份，税务部门可能会加强非税收入的征管，而在非税收入超过预期的年份，税务部门可能会减少税务稽查力度。因此，研究非税收入、政府收入结构、财政支出及经济增长之间的动态相关性离不开对其当期互动关系的考察。相比传统的 VAR 模型，SVAR 模型通过对模型参数施加合理的约束条件，以捕捉各内生变量之间的同期结构关系，从而可以更加深入且全面地洞悉非税收入、政府收入结构与经济增长之间的动态关系，同时还能够成功识别模型中的结构式残差，使通过模型所得到的脉冲响应函数和方差分解结果具有更加明确的经济学含义

（Olivier and Roberto，2002；Aarle et al.，2003；李晓芳等，2005；李永友，2012；王文甫等，2015）。

笔者先从整体出发构建包含非税收入、政府收入结构、财政支出和经济增长的四元 SVAR 模型，检验经济增长对非税收入增长冲击以及政府收入结构冲击的动态响应。然后，从支出法 GDP 构成的角度出发，对 GDP 的三种构成成分（最终消费、资本形成总额以及货物和服务净出口）分别与非税收入增长、政府收入结构、财政支出构建 3 个四元 SVAR 模型，以分析非税收入增长影响地区经济增长的具体途径及效果。接下来仅以非税收入、政府收入结构、财政支出和经济增长四元 SVAR 模型（模型 1）为例说明本章中的实证方法。

具体而言，笔者基于简化 VAR 构建如下 SVAR（p）模型：

$$AX_t = C + \Gamma_1 X_{t-1} + \Gamma_2 X_{t-2} + \cdots + \Gamma_p X_{t-p} + u_t \tag{7.1}$$

式中，X_t 为内生变量向量；矩阵 A 反映了各变量之间的当期动态关系；C 为常数向量；Γ_p 刻画了内生变量当期值与 p 阶滞后值的相互关系；u_t 为独立同分布的结构冲击向量且 $E(u_t) = \mathbf{0}$，即：

$$X_t = \begin{bmatrix} gntax_t \\ stru_t \\ gexp_t \\ gy_t \end{bmatrix}, A = \begin{bmatrix} 1 & a_{12} & a_{13} & a_{14} \\ a_{21} & 1 & a_{23} & a_{24} \\ a_{31} & a_{32} & 1 & a_{34} \\ a_{41} & a_{42} & a_{43} & 1 \end{bmatrix}, C = \begin{bmatrix} c_1 \\ c_2 \\ c_3 \\ c_4 \end{bmatrix},$$

$$\Gamma_p = \begin{bmatrix} \gamma_{11}^p & \gamma_{12}^p & \gamma_{13}^p & \gamma_{14}^p \\ \gamma_{21}^p & \gamma_{22}^p & \gamma_{23}^p & \gamma_{24}^p \\ \gamma_{31}^p & \gamma_{32}^p & \gamma_{33}^p & \gamma_{34}^p \\ \gamma_{41}^p & \gamma_{42}^p & \gamma_{43}^p & \gamma_{44}^p \end{bmatrix}, u_t = \begin{bmatrix} u_{1t} \\ u_{2t} \\ u_{3t} \\ u_{4t} \end{bmatrix} \tag{7.2}$$

式中，$gntax_t$ 表示非税收入实际增长率，$stru_t$ 表示政府收入结构，$gexp_t$ 表示财政支出实际增长率，gy_t 表示实际经济增长率[1]。

当矩阵 A 可逆时，可将结构化方程即式（7.1）改为非约束 VAR：

$$X_t = A^{-1}C + A^{-1}\Gamma_1 X_{t-1} + A^{-1}\Gamma_2 X_{t-2} + \cdots + A^{-1}\Gamma_p X_{t-p} + \varepsilon_t \tag{7.3}$$

式中，ε_t 为白噪声向量，且 $\varepsilon_t = A^{-1}u_t$。

为满足上述模型的可识别条件，应对式（7.1）施加 $n(n-1)/2$（n 为内

---

[1] 当考察非税收入、政府收入结构等对地区经济增长的具体影响途径时，式（7.1）中的实际经济增长率分别替换为最终消费增长率、资本形成总额增长率以及货物和服务净出口增长率，从而分别建立 3 个不同的四元 SVAR 模型。

生变量个数，本章中 n 为 4）个约束条件，即 6 个约束条件（李晓芳等，2005）。笔者主要依据经济理论、我国经济的实际情况以及格兰杰因果检验结果，对式（7.1）中的矩阵 A 施加一定的约束条件（张孝岩、梁琪，2010；王君斌等，2011；刘建民等，2015）。在识别和估计 SVAR 模型的基础上，笔者利用脉冲响应函数和方差分解具体分析不同类型的政府收入与经济增长之间的动态关系。通过对 SVAR 模型进行乔里斯基（Cholesky）分解得到标准正交的脉冲响应函数，从而可以较直接地考察各内生变量冲击对彼此的影响。方差分解分析则通过分解各个结构性冲击对内生变量变动的贡献度，来评价不同变量冲击的相对重要性。

7.3 数据与变量说明

本章中选取北京市 1996—2018 年期间的相关数据作为样本，数据均来源于历年《北京统计年鉴》。

关于非税收入的衡量，目前有窄口径和宽口径之分。窄口径的非税收入为一般公共预算内除税收收入以外的政府收入，主要包括罚没收入、行政事业性收费、专项收入、国有资源有偿使用收入等（童锦治等，2013；王佳杰等，2014）。宽口径的非税收入则为除税收收入外的其他全部政府收入，包括一般公共预算收入中的非税收入、政府性基金预算收入、国有资本经营预算收入以及社会保险基金预算收入[①]等，在 2011 年以前，宽口径的非税收入还包括预算外收入。在现行的四本政府预算中，国有资本经营预算收入规模较小，而社保基金预算收入要专用于政府社会保险支出，其自由度小于其他类型的非税收入，同时考虑到数据的可获得性，本章中的非税收入为一般公共预算收入中的非税收入、预算外收入（2010 年及以前）与政府性基金预算收入[②]之和。

此外，笔者以非税收入占财政收入的比值来衡量政府收入结构，其中财政

[①] 对于社会保险基金预算收入是否应归为非税收入仍存在争议。一种观点认为社保基金预算收入是政府强制性征收的，且国际上很多国家征收了社会保险税，具有税的性质；另一种观点认为社保基金预算收入专用于社会保障领域支出，支出自由度也较小，并不完全等同于税，应属于非税收入。具体讨论参见郑秉文（2010）、庞凤喜（2011）、吴文芳（2014）等。

[②] 我国政府性基金预算科目经历过数次变化，其调整内容主要包括预算外收入转入、新设、停征、政府性基金预算内合并和转移、转出至一般公共预算等。由于新设或停征的政府性基金科目是相关财政政策的体现，且政府性基金预算内调整或转移至一般公共预算并不改变本章口径下的非税收入规模，因此本章中未对政府性基金预算数据口径进行调整。

收入包括一般公共预算收入、预算外收入（2010年及以前）与政府性基金预算收入。本章中的财政支出为一般公共财政预算支出、预算外支出（2010年及以前）和政府性基金预算支出之和。地区经济产出用支出法地区生产总值（GDP）来衡量；在考察非税收入影响地区经济增长的具体途径时，将GDP分别替换为最终消费、资本形成总额以及货物和服务净出口。

笔者对上述变量中的名义指标分别用GDP平减指数剔除价格变化因素并计算实际增长率，其基本统计描述见表7-1。从中可以看出，政府收入结构的最大值为0.460，说明北京市的非税收入占比最高时曾接近其地方财政总收入的一半；非税收入增长率均值上升到17.5%，表明样本期内北京市非税收入增长迅速，可能对政府收入结构、财政支出及经济增长产生较大影响。此外，ADF检验和菲利普斯-佩隆（Phillips-Perron，PP）单位根检验结果显示，所有变量在10%的显著性水平上均是平稳的（见表7-1最后两列）。

表7-1 变量的描述性统计值及平稳性检验

变量	符号	样本量	平均值	中位数	最大值	最小值	标准差	ADF检验	PP检验
政府收入结构	$stru_t$	23	0.311	0.303	0.460	0.204	0.069	-2.390**	-1.652*
非税收入增长率	$gntax_t$	23	0.175	0.122	0.954	-0.289	0.350	-1.711*	-6.473***
财政支出增长率	$gexp_t$	23	0.137	0.126	0.350	-0.037	0.097	-4.792***	-4.793***
GDP增长率	gy_t	23	0.092	0.102	0.133	-0.003	0.030	-7.350***	-4.100***
最终消费增长率	gc_t	23	0.097	0.095	0.165	-0.004	0.039	-4.623***	-4.560***
资本形成总额增长率	gi_t	23	0.065	0.068	0.146	-0.145	0.059	-7.611***	-6.829***
货物和服务净出口增长率	gnt_t	23	0.651	0.311	7.842	-3.256	2.155	-4.370***	-4.532***

注：*、**和***分别表示在10%、5%和1%的显著性水平上显著，下同。

7.4 实证结果分析

7.4.1 北京市非税收入与地区经济增长的总体动态关系分析

在此，先估计包含非税收入、政府收入结构、财政支出和经济增长的四元SVAR模型（模型1）。根据模型的AIC最小信息准则确定式（7.1）所示的

SVAR 模型最优滞后期为 2（即 $p=2$）。AR 根检验表明，本章中所构建的四元 SVAR（2）模型具有稳定性。为使模型是可识别的，笔者结合格兰杰因果分析结果（见表 7-2），对刻画当期动态关系的矩阵 A 施加如下约束：①非税收入的增长会引起当期政府收入结构调整和财政支出增长变动，但政府收入结构和财政支出增长变动对同期非税收入增长没有显著的影响，即 $a_{12}=a_{13}=0$；②政府收入结构不受即期的财政支出增长和 GDP 增长变动的影响，即 $a_{23}=a_{24}=0$；③财政支出增长会影响当期的 GDP 增长，但 GDP 增长对即期的财政支出增长无显著的影响，即 $a_{34}=0$；④GDP 增长对非税收入增长的影响系数为 1.91，即 $a_{14}=-1.91$[①]。

表 7-2 部分变量之间格兰杰因果关系检验结果

约束条件	格兰杰检验原假设	F 统计量	P 值	结论
$a_{12}=0$	政府收入结构不是非税收入增长的格兰杰原因	0.697	0.513	接受原假设
$a_{13}=0$	财政支出增长不是非税收入增长的格兰杰原因	0.614	0.553	接受原假设
$a_{23}=0$	财政支出增长不是政府收入结构的格兰杰原因	0.552	0.587	接受原假设
$a_{24}=0$	GDP 增长不是政府收入结构的格兰杰原因	0.405	0.673	接受原假设
$a_{34}=0$	GDP 增长不是财政支出增长的格兰杰原因	1.047	0.374	接受原假设

7.4.1.1 各内生变量同期互动关系估计结果

表 7-3 给出了内生变量同期动态关系矩阵 A 中非零及非约束元素的估计结果。由于矩阵 A 位于等式（7.1）的左边，因而影响系数与估计出的各元素符号相反。从中可以看出，北京市非税收入增长冲击对政府收入结构、财政支出增长以及 GDP 增长的即期影响系数分别显著为 0.166、0.593 和 -0.040，表明同期的非税收入增长提高了非税收入在财政收入中的比重，从而有利于财政支出增长，但对同期经济增长存在不利影响。政府收入结构冲击（即非税收入占比增加）对财政支出增长和 GDP 增长的即期影响系数分别为 -2.111 和 -0.290，说明政府收入结构变动既不利于即期财政支出增长，也不利于即期 GDP 增长。一方面，由于非税收入的不确定性，短期内地方财政支出增长受

[①] 参考李晓芳等（2005）、张孝岩和梁琪（2010）的做法，将非税收入增长率对 GDP 增长率进行简单一元回归并消除残差序列相关，回归结果为：$gntax_t = -0.09 + 1.91 gy_t + \varepsilon_t$（$R^2 = 0.19$，D.W. = 2.37，$\varepsilon_t$ 为残差项），由此得到 GDP 增长对非税收入增长的影响系数为 1.91。

到限制；另一方面，加大非税收入的征收力度增加了企业与居民的非税负担，不利于即期经济增长（谷成、潘小雨，2020）。同时，财政支出增长冲击对GDP增长的即期影响系数为-0.012，表明财政支出增长的加快在即期内也不利于GDP增长，但影响程度较小。上述结果表明，地方政府因面对严峻的支出压力而倾向于利用非税收入来扩充地方财力（童锦治等，2013；王佳杰等，2014），使得非税收入占比在短期内有所上升。此外，非税收入增长的加快在短期内对缓解财政支出增长压力有显著效果，但不利于经济增长。

表7-3　SVAR模型结构参数估计结果（模型1）

影响系数	含义	估计值	标准差	Z统计量	P值
$-a_{21}$	非税收入增长对政府收入结构的即期影响	0.166	0.010	16.121	0.000
$-a_{31}$	非税收入增长对财政支出增长的即期影响	0.593	0.126	4.964	0.000
$-a_{41}$	非税收入增长对GDP增长的即期影响	-0.040	0.017	-2.358	0.018
$-a_{32}$	政府收入结构对财政支出增长的即期影响	-2.111	0.738	-2.862	0.004
$-a_{42}$	政府收入结构对GDP增长的即期影响	-0.290	0.082	-3.550	0.000
$-a_{43}$	财政支出增长对GDP增长的即期影响	-0.012	0.021	-0.586	0.006

7.4.1.2　脉冲响应结果及分析

图7-2给出了非税收入增长冲击对自身增长、政府收入结构调整、财政支出增长和产出增长的影响。由图7-2（a）可知，非税收入增长具有一定的自相关关系：当给非税收入增长一个标准正向冲击时，其自身在第1期表现出了较强的正向响应，表明非税收入增长具有一定的惯性；第2期则转为微弱的负向响应，此后呈现正负交替趋势直至逐渐消失。图7-2（b）显示，当非税收入增长加快时，政府收入结构在观察期内均表现出了正向响应，即非税收入占比提高，表明非税收入增长会持续影响政府收入结构，且非税收入在一定程度上挤出了税收收入（李永刚、朱紫祎，2013）。图7-2（c）显示，当非税收入增长加快时，财政支出增长在第1期表现为正响应，但在第2期由正转负，其后一直保持负响应，表明非税收入增长的加快在短期内可以缓解财政支出压力，使财政支出增长加快，但是从长期来看对财政支出增长不利。这在一定程度上表明，采用加大非税收入征收力度方式所带来的地方财力提升的可持续性较差，从而影响地方财政支出的长期稳定增长。图7-2（d）显示，当给非税

收入增长标准以正向冲击时,产出增长始终保持负响应且在第 2 期达到最大,此后负响应逐渐变小但始终未完全消失。这表明北京市非税收入增长对北京市 GDP 增长具有持续的不利影响。可能的解释是:在财政支出压力较大的时期,非税收入的征收不规范、地方政府之间的非税竞争等因素导致企业负担加重,削弱了经济增长的潜力(白景明,1996;王志刚、龚六堂,2009;李永刚、朱紫祎,2013)。

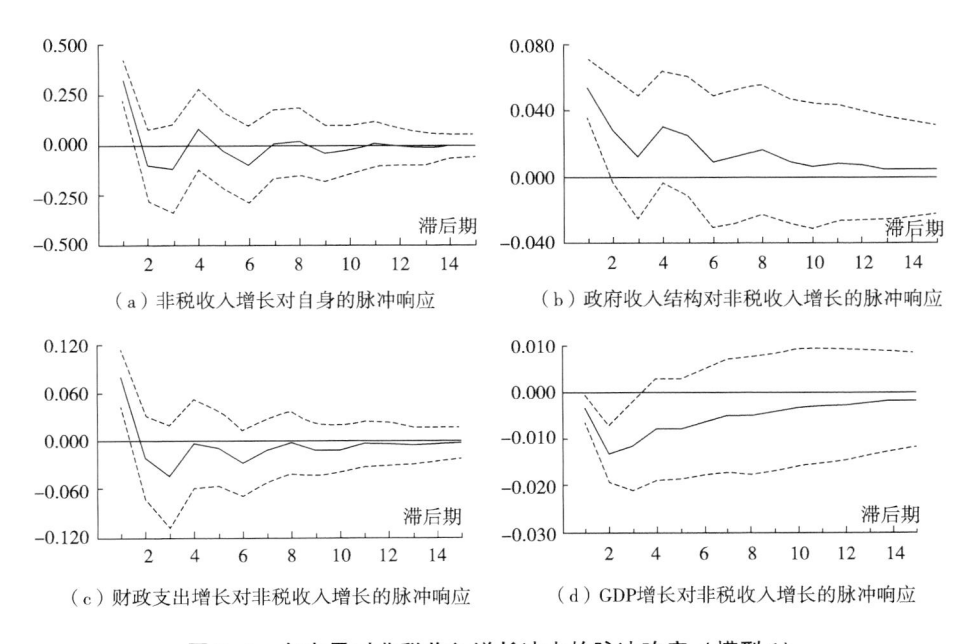

图 7-2 各变量对非税收入增长冲击的脉冲响应(模型 1)

注:实线为脉冲响应函数的计算值,虚线为脉冲响应函数值正负两倍标准差的偏离带。

图 7-3 给出了各变量对政府收入结构冲击的脉冲响应。图 7-3(a)显示,政府收入结构具有一定的惯性,但随时间的推移而逐渐减弱。图 7-3(b)表明,当给政府收入结构一个标准正向冲击时,非税收入增长的响应在前 2 期并未表现出较大的波动,第 3 期开始呈现正负交替的趋势直至逐渐消失,这说明政府收入结构的调整对非税收入增长的长期影响并不确定,这可能是由于税收收入规模变化才是政府收入结构调整的首选途径。与之类似,图 7-3(c)表明政府收入结构对财政支出增长有一定的影响,但长期而言也具有不确定性。图 7-3(d)显示,当给政府收入结构一个标准正向冲击时,GDP 增长除了在第 2 期出现正响应外,均表现出负向的响应,表明提高非税收入在财政收入中

的比重从长期来看不利于经济增长。非税收入在财政收入中的比重上升容易导致政府收入增长的不确定性，不利于政府宏观调控职能的发挥，影响财政政策的执行效率，从而不利于经济的持续增长（王立勇等，2015）。

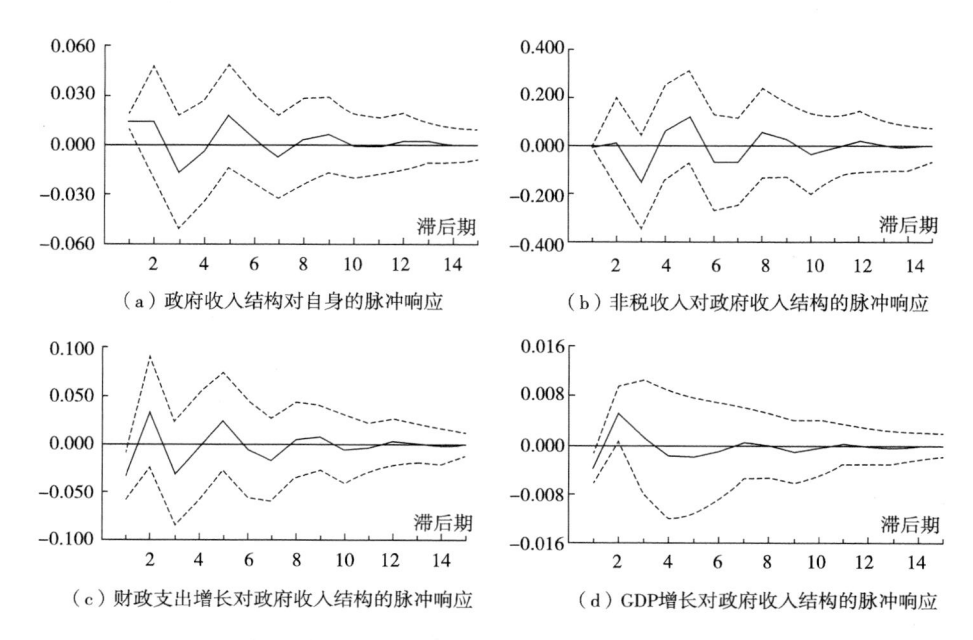

图 7-3　各变量对政府收入结构冲击的脉冲响应（模型 1）

注：实线为脉冲响应函数的计算值，虚线为脉冲响应函数值正负两倍标准差的偏离带。

7.4.1.3　方差分解结果及分析

图 7-4 反映了各内生变量冲击在 15 期内对 GDP 增长变动的相对贡献度。从整体上看，各要素冲击对 GDP 增长变动的相对贡献度在前 3 期均出现了较为明显的波动，但之后一直保持平稳状态。其中，GDP 增长对其自身变动的贡献度最大；随着时间的推移，非税收入增长对 GDP 增长的贡献增加，最终稳定在 20% 左右；政府收入结构冲击对 GDP 增长变动的贡献则一直稳定在 10% 左右；财政支出增长冲击的贡献亦随时间的变化有所增加，最终稳定在 13% 左右。

上述结果表明，非税收入增长冲击对经济增长变动具有较大影响，甚至超过了财政支出的影响；政府收入结构变迁对经济增长变动也具有持续而不可忽视的重要贡献。非税收入的征收与税收收入类似，直接从经济体中抽取了购买力，从而对社会经济活动产生了广泛影响；同时，非税收入规模扩张可能会侵

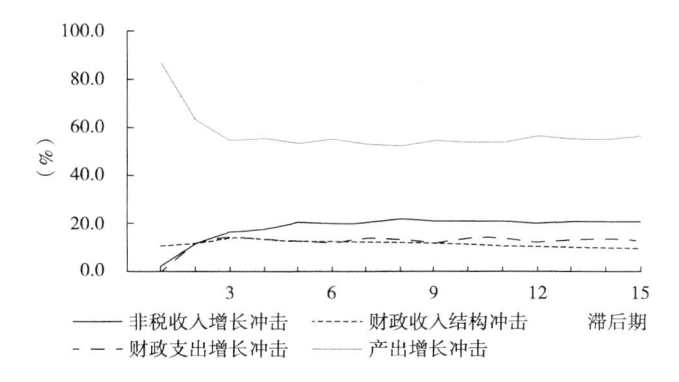

第 7 章 地方政府收入结构与区域经济增长动态：以北京市为例

图 7-4 各内生变量变动对 GDP 增长变动的贡献度（模型 1）

蚀税基，影响政府收入结构并加剧财政收入的不确定性，从而对经济增长产生较为复杂和长期的影响（Gilles and Adriana，2019）。

7.4.2 北京市非税收入对地区经济增长的具体影响途径分析

前文研究表明，非税收入增长对政府收入结构及经济增长具有显著影响，且政府收入结构对经济增长也具有一定影响。下文将对非税收入及政府收入结构影响经济增长的具体途径进行剖析。具体而言，笔者在本章中分别用北京市 GDP 构成中的最终消费、资本形成总额以及货物和服务净出口等 3 个成分的实际增长率替代模型 1 中的 GDP 实际增长率，从而分别构建 3 个四元 SVAR 模型。

模型 2：包含非税收入增长、政府收入结构、财政支出增长和最终消费增长的四元 SVAR。

模型 3：包含非税收入增长、政府收入结构、财政支出增长和资本形成总额增长的四元 SVAR。

模型 4：包含非税收入增长、政府收入结构、财政支出增长以及货物和服务净出口增长的四元 SVAR。

以上模型均通过了稳定性检验，且根据 AIC 最小信息准则确定各个 SVAR 模型的最优滞后期均为滞后 2 期。为方便比较，模型 2 至模型 4 施加的约束条件与模型 1 保持一致①。在分别得到上述模型的内生变量同期互动关系、冲击

---

① 与模型 1 相似，利用简单一元回归得出最终消费、资本形成总额以及货物和服务净出口对非税收入增长的影响系数分别为 1.88、2.14 和 0.02，从而模型 2 至模型 4 对于 a_{14} 的假设分别为 -1.88、-2.14 和 -0.02。

响应和方差分解结果后,与模型 1 的结果进行对比分析。

7.4.2.1 各内生变量同期互动关系估计结果及对比分析

表 7-4 给出了模型 2 至模型 4 各内生变量同期互动关系的估计结果。其中,非税收入增长对政府收入结构和财政支出增长的即期影响系数与模型 1 保持了较好的一致性,表明模型 1 具有较好的稳健性。非税收入增长对投资增长和净出口增长的影响系数显著为负,对消费增长的影响则不显著,说明非税收入增长主要通过影响投资增长和净出口增长从而作用于同期经济增长。可能的解释是,非税收入大多数直接向企业收取,对家庭和个人收入的直接影响较小,因而对消费增长的影响不明显。此外,政府收入结构对消费增长和投资增长的即期影响系数均不显著,其对净出口增长的影响系数则显著为负,表明政府收入结构主要通过净出口渠道影响同期经济增长。

表 7-4 SVAR 模型基本结构参数估计(模型 2 至模型 4)

影响系数	含义	模型 2（消费增长）	模型 3（投资增长）	模型 4（净出口增长）
$-a_{21}$	非税收入增长对政府收入结构的即期影响	0.176*** (0.009)	0.173*** (0.009)	0.179*** (0.009)
$-a_{31}$	非税收入增长对财政支出增长的即期影响	0.626*** (0.150)	0.604*** (0.143)	0.708*** (0.121)
$-a_{41}$	非税收入增长对经济增长的即期影响	-0.037 (0.114)	-0.214* (0.124)	-0.238*** (0.078)
$-a_{32}$	财政支出增长对经济增长的即期影响	-2.404*** (0.837)	-2.430*** (0.795)	-2.726*** (0.670)
$-a_{42}$	政府收入结构对经济增长的即期影响	-0.316 (0.556)	0.945 (0.607)	-1.269*** (0.357)
$-a_{43}$	政府收入结构对财政支出增长的即期影响	0.034 (0.121)	0.144 (0.136)	-1.205 (0.857)

7.4.2.2 脉冲响应结果及对比分析

先分析产出各项构成对非税收入增长的脉冲响应。图 7-5 给出了消费增长、投资增长以及净出口增长对非税收入增长的脉冲响应变化趋势。从中可知,非税收入增长冲击对消费增长和投资增长均产生了持久的负面影响,且前

第7章 地方政府收入结构与区域经济增长动态:以北京市为例

2期对投资增长的负向影响更加强烈。这表明非税收入增长加快不仅对短期消费和投资有较大不利影响,而且阻碍了消费和投资的长期增长。从长期来看,非税收入规模的不断扩张增加了本地区企业的经营成本和投资风险,影响了企业的现金流和投资决策,从而不利于固定资产和存货的形成(童锦治等,2013;彭飞等,2020);同时,非税收入扩张还会扭曲准公共品的价格,而企业也可能会通过提高商品价格等方式将非税负担转嫁给消费者,从而影响社会资源配置效率,不利于消费增长。非税收入冲击对净出口增长也产生了一定的负面影响,但持续时间较短(仅4期)。

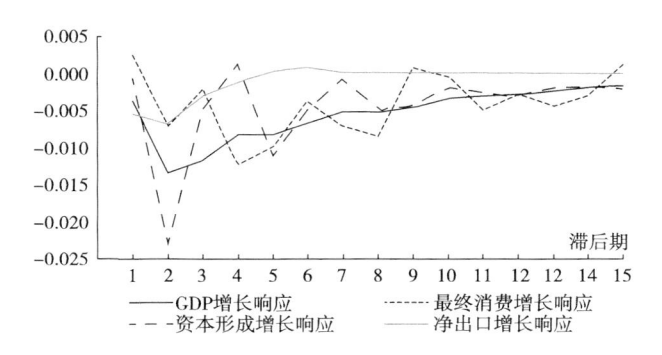

图 7-5 经济增长对非税收入增长冲击的脉冲响应

接下来分析产出各项构成对政府收入结构冲击的响应。模型2至模型4的脉冲响应分析显示,当给政府收入结构一个标准的正向冲击(即非税收入比重增加)时,地区产出的各项构成的脉冲响应有所不同(见图7-6)。资本形成总额增长除前2期呈现短暂的正向响应外,此后一致保持负向响应,且15期

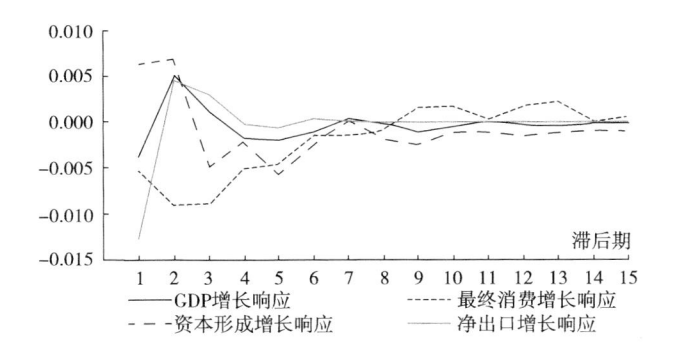

图 7-6 经济增长对政府收入结构冲击的脉冲响应

后仍未完全消失，这与图 7-5 中非税收入增长冲击对投资增长的影响较为一致。最终消费增长对财政结构的冲击只在前 4 期中呈现出较强的负向响应，此后负向响应逐渐减弱，到第 9 期转为微弱的正向响应，但仍不足以抵消投资增长的持续负向影响。净出口增长对财政结构的冲击先是呈现较强的负向响应（第 1 期），而后转为短暂的正向响应（第 2 期至第 3 期），此后正负交替直至第 7 期基本消失。上述脉冲响应表明，非税收入在财政收入中的占比增加虽然短期内对 GDP 增长有短暂的积极影响（主要通过投资和净出口渠道），但长期而言在消费和投资叠加影响下对经济增长产生了持续的不利影响。

7.4.2.3 方差分解结果及对比分析

图 7-7 分别反映了模型 1 至模型 4 中非税收入冲击和政府收入结构冲击对 GDP 及其各构成项增长变动的贡献度。总体而言，非税收入冲击对 GDP 及其各构成项增长变动的影响程度大于政府收入结构冲击。由图 7-7（a）可知，非税收入增长冲击对最终消费和资本形成总额增长变动的贡献较大，而对净出口增长变动的贡献较小。这表明非税收入主要通过影响消费和投资渠道影响经济增长，同时也印证了前文分析。图 7-7（b）显示，政府收入结构变动对最终消费以及净出口增长变动的贡献较大，而对资本形成总额增长变动的贡献相对较小，这表明政府收入结构主要通过消费和净出口渠道影响经济增长。

（a）非税收入增长变动对经济增长变动的贡献　　（b）政府收入结构变动对经济增长变动的贡献

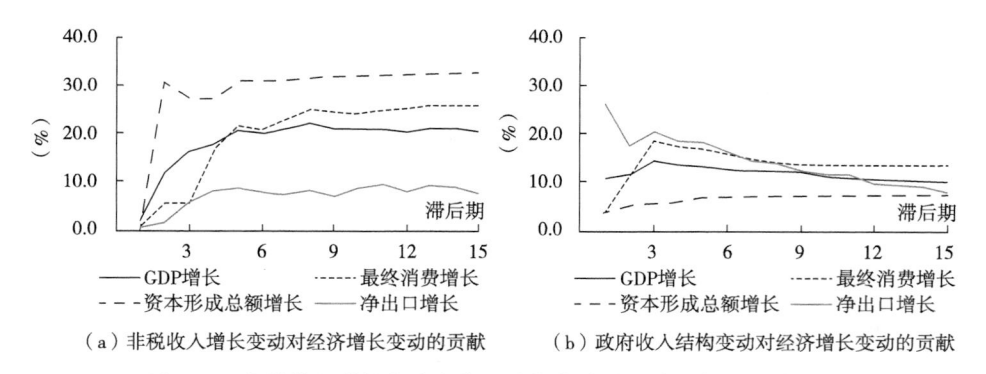

图 7-7　非税收入增长和政府收入结构变动对经济增长变动的贡献

7.5　本章小结

笔者在本章中从政府收入结构的视角出发，基于北京市 1996—2018 年期间的数据，利用 SVAR 模型分析了非税收入增长以及政府收入结构与经济增长的动态关系，并在此基础上深入剖析了非税收入增长对经济增长的具体影响途径。研究表明：

第一，非税收入增长提高了非税收入在财政收入中的比重，从而削弱了税收收入的财政收入筹集功能。

第二，非税收入增长的加快在短期内可以缓解财政支出压力，但其带来的地方财力提升的可持续性较差，不利于财政支出的长期稳定增长。

第三，非税收入增长加快或提高非税收入在财政收入中的比重均不利于经济增长。

第四，非税收入增长主要通过消费和投资渠道作用于经济增长，政府收入结构调整则主要通过消费和净出口渠道影响经济增长。

第 8 章 结论与建议

8.1 主要研究结论

笔者在本书中运用多种研究方法,从多个研究视角分析了我国政府规模、财政分权、税制结构、政府收入结构等财税体制特征与经济增长可持续性之间的关系。通过系统的理论和实证分析,主要结论如下。

第一,相似的财税体制特征和经济增长策略造成我国内地/大陆和亚洲"四小龙"在经济高速增长期的 TFP 增长及其对经济增长的贡献都十分有限。东亚增长奇迹和我国高速增长期的成就曾举世瞩目。笔者基于我国内地/大陆和亚洲"四小龙"高速增长期这两类经济增长奇迹的对比研究发现:TFP 增长过慢(中国香港和中国台湾地区、韩国),或在高速增长后期 TFP 增长乏力(新加坡),是亚洲"四小龙"在 20 世纪 90 年代中期以后经济增长陷入困境的主要原因之一;亚洲"四小龙"经济增长奇迹的结束也证实了以要素积累为主要经济增长源泉的经济增长方式是不可持续的。我国内地/大陆在 1978—2009 年高速增长期间的 TFP 增长率平均为 1.52%,对 GDP 增长的贡献比较低,仅有 15.75%;与亚洲"四小龙"的高速增长期相比,我国内地/大陆TFP 增长平均来看仅次于新加坡,好于中国香港、中国台湾地区以及韩国。与新加坡高速增长后期相似,我国内地/大陆 1995 年之后的 TFP 增长率明显慢于1995 年之前的 TFP 增长率。我国内地/大陆和亚洲"四小龙"在经济起飞阶段的 TFP 增长及其对经济增长的贡献都十分有限,这主要归因于其相似的财税体制特征和经济增长策略,包括政府(或行政机构)规模、出口导向、货币贬值等。用政府(或行政机构)支出占 GDP 的比重来衡量的政府(或行政机构)规模,在我国大陆和台湾地区,从长远来看是促进 TFP 增长的;但对于其他经济体而言,政府干预则阻碍了 TFP 增长。贸易开放和货币贬值对我国内地/大陆和亚洲"四小龙"高速增长期间的生产力和经济效率并没有带来显著的提升，贸易开放甚至阻碍了韩国的 TFP 增长，而低估的币值对中国台湾地区以及新加坡也有负面作用；并没有明确的证据表明中国内地/大陆和亚洲"四小龙"在样本期发生了投资嵌入式的技术进步，即投资的快速增长未能给上述五个经济体带来显著的生产力水平提升；此外，经济稳定性对 TFP 增长也有一定的影响，如在中国台湾地区以及新加坡，宏观经济越不稳定，即通货膨胀率越高，TFP 的增长会越慢。

第二，我国税制结构的变化（直接税占比提升）通过缩小城乡收入差距提高了技术进步率和规模效率，从而有利于 TFP 增长和经济增长可持续性。税制结构作为税收政策和税收制度的综合反映，可以通过多种渠道作用于 TFP 增长。笔者基于我国 1995—2018 年期间 30 个省（直辖市、自治区）的面板数据及动态空间计量模型，对我国税制结构变动影响各省份 TFP 增长的效果及其作用机制进行分析后发现：一是提高直接税比重能够显著促进我国 TFP 增长，并且有效推动技术进步；二是提高企业所得税和个人所得税占比均有利于我国 TFP 增长；三是在经济相对欠发达地区提高直接税比重能够发挥更大的作用；四是提高直接税比重能够有效发挥收入再分配作用，缩小城乡收入差距，从而促进 TFP 增长和技术进步。

第三，财政分权对改革开放以来我国地级市经济增长模式及其可持续性具有重要影响。经济增长可持续性不仅取决于经济增长速度，而且取决于经济增长稳定性。笔者基于我国 245 个地级市 1978—2014 年期间的面板数据和马尔科夫情势转换聚类面板模型研究发现，改革开放以来我国地级市经济增长呈现出三种动态增长模式，这三种模式在平均增速、增长状态及持续期、增长波动性乃至增长可持续性方面存在较明显的差异。利用（多项选择和二项选择）logit 面板模型进一步分析发现，总体而言我国财政支出分权削弱了地级市的经济增长可持续性，这主要体现在其显著增加了地级市归属低增长、高波动增长模式的概率，降低了其归属高增长、低波动增长模式的概率，1994 年分税制改革后则产生了较积极的影响。与之不同，我国财政收入分权总体上来看有利于增强地级市的经济增长可持续性，但 1994 年分税制改革后受地方纵向财政失衡加剧的不利影响，这一积极作用有所减弱。此外，增加地方财政自给度（即增加地方收支分权匹配度，减小地方纵向财政失衡）有利于增强地级市的经济增长可持续性，这一积极影响在 1994 年分税制改革后表现得尤为突出。

这些发现有利于更好地认识和理解改革开放以来我国经济增长的动态形成机制和可持续性，对于优化、完善我国财税体制以更好地实现经济可持续增长具有良好的启示。

第四，我国税制结构中的间接税占比过高，从而通过扩大城乡收入差距抑制了居民消费升级，不利于国内大循环和经济持续高质量增长。国内居民消费持续不断升级不仅是经济增长的内生动力之一，而且对于推动供给侧改革、畅通国内大循环、促进经济高质量发展具有重要的战略意义。笔者基于理论分析以及我国2002—2019年期间的省际面板数据，分析了税制结构与城乡居民消费结构之间的关系后提出：以间接税占比衡量的税制结构不利于城镇和农村居民的消费结构升级；以间接税为主的税制结构对农村居民消费结构的不利影响远大于城镇；税制结构对居民消费结构的影响在不同地区存在较大差异；间接税占比越大，城乡收入差距越大，从而抑制了居民消费结构升级。

第五，政府收入结构变动对区域经济增长动态及其可持续性具有重要影响。非税收入的快速增长，使其在地方政府收入中的比重逐年上升，对区域经济也将产生越发重要的影响。笔者基于北京市1996—2018年期间的数据，从政府收入结构的视角分析了非税收入增长、政府收入结构与经济增长的动态关系。结果表明：一是非税收入增长提高了非税收入在财政收入中的比重，从而削弱了税收收入的财政收入筹集功能；二是非税收入增长的加快在短期内可以缓解财政支出压力，但其带来的地方财力提升的可持续性较差，不利于财政支出的长期稳定增长；三是非税收入增长加快或提高非税收入在财政收入中的比重均不利于经济增长；四是非税收入增长主要通过消费和投资渠道作用于经济增长，政府收入结构调整则主要通过消费和净出口渠道影响经济增长。

8.2 财税体制改革建议

笔者在本书中的研究不仅从经济增长可持续性的角度重新描述了改革开放以来我国的全国经济增长与区域经济增长状况，而且从不同的财税体制特征入手，分别研究了这些特征及其变化对经济增长和经济增长可持续性的影响以及作用机制，从而增进了对我国财税体制经济影响效应的认识。更为重要的是，上述研究结论对于深化我国财税体制改革，从而促进经济可持续高质量增长具有重要的政策意义。

第 8 章 结论与建议

第一，财税体制改革和经济增长策略需要注重生产效率的提升，减少对投资等要素积累的依赖。以积极的政府干预（这意味着较大的政府规模）、高投资率、快速开放贸易、较强的出口导向为特征的相似的经济增长策略，被普遍认为是中国内地/大陆和亚洲"四小龙"在追赶阶段经济飞速增长的重要推动力量。然而，这样的增长策略也成为这些经济体 TFP 增长表现不佳的主要来源。首先，未来财政政策制定及财税体制改革需要更多考虑经济增长的质量、效率和长期可持续性。通过政府引导、完善产权与专利保护、市场激励等措施，促进和鼓励企业进行自主创新，提高科研成果的转化率，提高微观实体的经济软实力，减少进口技术依赖，从而提高投资的效率和物质资本的质量，并鼓励技术升级和出口结构向更先进的高科技产品转变，从而激发新的经济增长点。特别是要继续发挥政府规模对我国 TFP 增长的正向促进作用，但不应片面追求不断扩大财政支出规模，而应在现有可用资源和财政可持续的前提下，在优化财政支出结构，加大研发财政支出规模，鼓励和引导企业创新的同时，增加教育、培训和健康服务等财政支出，培养适应新的经济产业结构的专业人才。其次，继续厘清政府与市场的界限，恰当地控制政府规模，减少不必要的市场干预。特别是，应继续推进国有企业改革，这也是摒除生产效率壁垒、矫正市场扭曲的重要措施。越来越多的研究表明，低效的国有企业已成为我国近年来 TFP 增长的主要阻碍，迫切需要将国有企业改革作为供给侧结构性改革中的重点。更加深入有效的财税体制改革应致力于打破地方财政与地方国有企业之间的利益关联，真正让市场机制发挥优胜劣汰作用，促进经济良性循环。2008 年全球金融危机爆发后，积极的财政政策需要以政府融资平台为代表的国有企业的隐性融资支持，于是大量的资本和资产进入国有企业，从而放大了原有未被完全矫正的市场扭曲，并在一定程度上迟滞了国有企业改革的脚步，阻碍了整体经济效率提升。特别是一些国有"僵尸企业"占据了大量的土地、资金、技术等资源，某些地方政府的隐性担保影响了正常市场机制的发挥，阻碍了资源向效率更高和创新更活跃的私人企业和部门的流动，推高了民间企业部门的融资成本。当然，这样的改革策略是具有挑战性的，涉及许多短期成本，但对我国长期可持续的经济增长非常关键。

第二，优化财税体制应兼顾经济稳定与经济增长，以促进经济高质量发展。改革开放以来，中国经济实现了几十年的高速增长，但不同地区、不同时期呈现出了不同的动态增长特征。因此，单纯着眼于经济增速可能会忽略这些重要的事实及其蕴含的内在逻辑机理和深刻理论内涵，从而制约中国特色社会主义经济理论的形成与发展。笔者为弥补这一不足而提供了一个有益的分析框架，从而揭示了我国地区经济增长动态及其可持续性特征以及财政分权在其中所发挥的作用。特别是，1994年分税制改革后，财政支出分权在增强经济增长可持续性方面发挥了一定的积极作用。但也应清醒地认识到：当前我国地方政府承担的支出事务已相当繁重，收支责任不匹配矛盾日益突出，地方纵向财政失衡对经济可持续增长的负面影响日益凸显。因此，今后应适当减轻地方政府的支出责任，增加地方收入自主权，构建收支责任更为匹配、权责更为清晰的财税体制，以更好地发挥财政分权在促进经济可持续增长中的积极作用。财政分权等财政体制改革对不同地区的经济增长路径有着长期且稳定的异质性影响，但是自分税制改革以来财政分权对经济的负面影响在某些地区日益凸显，地方财政支出责任与财权不匹配、过多依靠转移支付等，不仅增加了财政政策实施的成本，而且削弱了中央的宏观调控能力，增加了财政政策实施效果的不确定性。因此，有必要对分税制改革后我国财政体制中存在的扭曲进行矫正，如明晰上下级之间的事权与支出责任，合理制定官员晋升的绩效考核制度，完善转移支付制度，加强对地区间收入分配的调节等。此外，提高地方经济增长的质量及其自身的抗冲击能力也是地区经济增长具有长期可持续性的保障。

第三，应继续调整并优化税制结构，适度提高直接税比重，加强财政的收入再分配功能，促进TFP增长以及居民消费结构升级。笔者的研究表明，直接税比重的提高因缩小了居民整体收入差距而有利于整体TFP增长，间接税比重过高因扩大了居民收入差距而不利于居民消费结构升级。逐步提高直接税在总税收中的比重，适度降低间接税比重，不仅可为实现社会公平创造机制条件，而且可以促进我国TFP增长和居民消费升级。一般而言，直接税的非转嫁性和普遍性有利于缩小收入差距从而实现公平的目标，如个人所得税和财产税直接以社会成员的收入作为计税依据按比例或者超额累计征收，具有较好的缩小社会成员收入差距的效果；而间接税是对产品的交易和流通环节征税，不仅影响了商品的价格，导致社会福利损失，而且可能存在重复计征的问题，从而影响社会公平。虽然目前我国已经形成了直接税和间接税双主体的税制结构，但是相对而言直接税在总税收中的占比仍然过低。因此，首先，有必要加强税制结构改革，逐步提高直接税在总税收中的比重，为实现社会公平创造制度条件，缩小居民收入差距，促进TFP增长和居民消费结构升级。其次，应不断完善税收体系，加快直接税内部的调整与优化。尽管近年来我国直接税总量的增长不断加速，但直接税的收入调节、促进社会公平等功能并没有得到很好发挥。从直接税的内部结构上看，我国税制结构还有很大的完善空间。一方面，个人所得税和财产税的比重较低，不利于税制发挥收入调节功能，税制整体的累进性有待加强；另一方面，企业所得税的比重和社会保险费的比重较高，企业负担较重，削弱了企业创新潜力。从间接税的内部结构上看，增值税占比仍然较大。增值税是流转税，理论上其税负由最终消费者负担。但是由于增值税的特殊征收体制、多档税率和各种税收优惠政策的存在，难以实现税收中性，从而增加了税收扭曲和福利损失，不利于社会公平。对此，应继续科学优化增值税税制设计，适度降低增值税税率，兼并税率档次，清理不必要的增值税税收优惠。最后，还应深化消费税改革，为促进居民消费升级创造更好的税制环境。未来，高端消费是经济内生增长的重要动力，可适度下调某些高档消费品的税率。随着居民生活水平的提高，一些曾经的高端消费品已逐渐成为居民必不可少的生活用品，如高档化妆品等。对于高污染和高耗能的产品则应适当增税，以促进环境保护和能源节约，从而有利于经济可持续健康发展。

第四，从政府收入结构全局出发，加快非税收入管理体制改革。近年来，在"减税降费"的背景下以及新冠肺炎疫情冲击下，地方政府非税收入规模仍在不断扩大，亟须通过更加深入的财政收入体制改革规范地方政府非税收入，优化地方政府收入结构，从而削弱非税收入增长对地区经济增长造成的不利影响。首先，应合理控制地方政府非税收入规模的增长以及非税收入在地方财政收入中的占比。非税收入过快增长不仅增加了居民和企业的负担从而抑制了消费和投资，而且影响了财政收入的不确定性，不利于积极财政政策的实施。其次，深化非税收入管理体制改革，及时清理非必要的非税收入，进一步提高非税收入征收与管理效率。根据中央的总体部署，目前地方政府非税收入权限已逐渐向地方税务部门划转，这有助于建立统一的非税收入管理体制，从而提升非税收入征收效率。然而应当认识到，在非税收入征收职责转移的过程中仍存在很多问题。例如，大多数非税收入的征收及使用政策是平移的，难以从根本上消除非税收入对经济的不利影响。因此，应及时甄别和清除不合理的非税收入，同时规范非税收入的用途，提高地方政府非税收入的支出效率，从而形成非税收入与地区经济发展的良性循环。最后，应健全地方税收体系，发挥税收在地方财政收入中的基础作用，降低地方政府对于非税收入的依赖。在现行分税制下，地方政府缺乏主体税种是造成非税收入不断扩张的重要体制原因。为此，应加快健全地方税收体系，提高地方政府财政收入征收及使用的自由度，同时应继续贯彻"减税降费"等积极财政政策，涵养税源以增加长期税收收入，从而逐步降低地方政府对非税收入的依赖。

参考文献

[1] 安体富. 优化税制结构：逐步提高直接税比重 [J]. 财政研究, 2015 (2): 41-44.

[2] 白景明. 政府非税收入对财政收入和税收政策的影响 [J]. 经济纵横, 1996 (5): 23-25.

[3] 白彦锋, 王婕, 彭雯雯. 非税收入与税收、经济增长的动态关系分析 [J]. 税收经济研究, 2013, 18 (1): 56-64.

[4] 蔡昉. 中国经济增长如何转向全要素生产率驱动型 [J]. 中国社会科学, 2013 (1): 56-71, 206.

[5] 蔡跃洲, 付一夫. 全要素生产率增长中的技术效应与结构效应：基于中国宏观和产业数据的测算及分解 [J]. 经济研究, 2017, 52 (1): 72-88.

[6] 曹海娟. 产业结构对税制结构动态响应的区域异质性：基于省级面板数据的PVAR分析 [J]. 财经研究, 2012, 38 (10): 26-35.

[7] 曹润林, 陈海林. 税收负担、税制结构对经济高质量发展的影响 [J]. 税务研究, 2021 (1): 126-133.

[8] 曾淑婉. 财政支出、空间溢出与全要素生产率增长：基于动态空间面板模型的实证研究 [J]. 财贸研究, 2013, 24 (1): 101-109.

[9] 曾淑婉, 刘向东, 张宇. 财政支出对区域经济差异变动的时空效应研究：基于动态空间面板模型的实证分析 [J]. 财经理论与实践, 2015, 36 (1): 89-94.

[10] 常世旺, 韩仁月. 经济增长视角下的税制结构优化 [J]. 税务研究, 2015 (1): 54-57.

[11] 钞小静, 沈坤荣. 城乡收入差距、劳动力质量与中国经济增长 [J]. 经济研究, 2014, 49 (6): 30-43.

[12] 陈昌兵. 新时代我国经济高质量发展动力转换研究 [J]. 上海经济研究, 2018 (5): 16-24, 41.

[13] 陈建宝, 李坤明. 收入分配、人口结构与消费结构：理论与实证研究 [J]. 上海经济研究, 2013, 25 (4): 74-87.

［14］陈俊营，王科．最优政府规模与经济增长：理论与证据［J］．现代财经（天津财经大学学报），2015，35（8）：13-22．

［15］陈浪南，刘宏伟．我国经济周期波动的非对称性和持续性研究［J］．经济研究，2007（4）：43-52．

［16］陈明．财政分权、政府竞争与企业全要素生产率［J］．技术经济与管理研究，2020（12）：76-81．

［17］陈欣远，赵璇，李影．新基建、产业结构与城市蔓延：基于中介效应和空间面板模型的实证分析［J］．调研世界，2021（12）：51-60．

［18］程中华，金伟．财政分权影响中国经济绿色增长吗？［J］．财贸研究，2021，32（3）：69-84．

［19］池建宇，赵家章．政府收支规模、波动与经济增长［J］．经济与管理研究，2018，39（9）：17-28．

［20］储德银，闫伟．税收政策与居民消费需求：基于结构效应视角的新思考［J］．经济理论与经济管理，2012，（3）：53-63．

［21］储德银，迟淑娴．转移支付降低了中国式财政纵向失衡吗［J］．财贸经济，2018，39（9）：23-38．

［22］单豪杰．中国资本存量K的再估算：1952—2006年［J］．数量经济技术经济研究，2008，25（10）：17-31．

［23］邓创，谢敬轩．资本账户开放对全要素生产率的影响效应：基于金融稳定的分析视角［J］．南京社会科学，2021（9）：26-36．

［24］丁从明，陈仲常．财政分权与经济周期波动研究：基于AS-AD的视角［J］．财经研究，2009，35（11）：4-15．

［25］杜彤伟，张屹山，杨成荣．财政纵向失衡、转移支付与地方财政可持续性［J］．财贸经济，2019，40（11）：5-19．

［26］樊轶侠．助推居民消费升级的税收政策优化研究［J］．税务研究，2018（12）：16-19．

［27］樊勇，姜辛．增值税的价格效应［J］．财政研究，2020（9）：105-118．

［28］范子英，张航．促进消费的税制改革思路［J］．税务研究，2018（12）：5-10．

［29］方福前，邢炜，王康．中国经济短期波动对长期增长的影响：资源在企业间重新配置的视角［J］．管理世界，2017（1）：30-50．

［30］高程．对东亚增长模式的回顾与反思：兼论中国在未来东亚经济合作中的契机［J］．国际经济评论，2008（4）：58-60．

［31］高帆，汪亚楠．城乡收入差距是如何影响全要素生产率的？［J］．数量经济技术经济研究，2016，33（1）：92-109．

［32］高琳. 分权的生产率增长效应：人力资本的作用［J］. 管理世界，2021，37（3）：6-8，67-83.

［33］高培勇，袁富华，胡怀国，等. 高质量发展的动力、机制与治理［J］. 经济研究，2020，55（4）：4-19.

［34］龚六堂，林东杰. 资源配置效率与经济高质量发展［J］. 北京大学学报（哲学社会科学版），2020，57（6）：105-112.

［35］谷成，张洪涛. 税收与居民消费：现代国家治理的思考［J］. 税务研究，2018（12）：10-15.

［36］谷成，潘小雨. 减税与财政收入结构：基于非税收入变动趋势的考察［J］. 财政研究，2020（6）：19-34.

［37］顾昕. 检验"瓦格纳定律"：中国经济增长与政府规模研究的现状与未来［J］. 武汉科技大学学报（社会科学版），2020，22（6）：595-607.

［38］郭峰，陈凯. 空间视域下互联网发展对城市环境质量的影响：基于空间杜宾模型和中介效应模型［J］. 经济问题探索，2021（1）：104-112.

［39］郭婧，岳希明. 税制结构的增长效应实证研究进展［J］. 经济学动态，2015（5）：120-130.

［40］郭庆旺，赵志耘，贾俊雪. 中国省份经济的全要素生产率分析［J］. 世界经济，2005（5）：46-53，80.

［41］郭庆旺，贾俊雪. 积极财政政策的全要素生产率增长效应［J］. 中国人民大学学报，2005（4）：54-62.

［42］郭庆旺，贾俊雪. 地方政府行为、投资冲动与宏观经济稳定［J］. 管理世界，2006（5）：19-25.

［43］郭庆旺，贾俊雪，刘晓路. 财政政策与宏观经济稳定：情势转变视角［J］. 管理世界，2007（5）：7-15，171.

［44］郭庆旺，贾俊雪，杨运杰. 中国经济周期运行特点及拐点识别分析［J］. 财贸经济，2007（6）：11-17，128.

［45］韩峰，谢锐. 生产性服务业集聚降低碳排放了吗？：对我国地级及以上城市面板数据的空间计量分析［J］. 数量经济技术经济研究，2017，34（3）：40-58.

［46］郝春虹，刁璟璐. 税收努力度、公共支出规模与全要素生产率增长研究：基于内蒙古自治区101个旗县区的空间计量测度［J］. 经济经纬，2019，36（1）：157-164.

［47］胡凯，吴清. R&D税收激励产业政策与企业生产率［J］. 产业经济研究，2018（3）：115-126.

［48］黄玖立，李坤望，黎德福. 中国地区实际经济周期的协同性［J］. 世界经济，2011，34（9）：19-41.

［49］计金标，应涛，刘建梅．提振国内居民消费、促进"双循环"的税收政策研究［J］．税务研究，2020（11）：5-10．

［50］贾俊雪，晁云霞，李紫霄．财政分权与经济增长可持续性：基于情势转换与聚类视角的分析［J］．金融研究，2020（10）：55-73．

［51］贾俊雪，余芽芳，刘静．地方政府支出规模、支出结构与区域经济收敛［J］．中国人民大学学报，2011，25（3）：104-112．

［52］贾俊雪．中国财政分权、地方政府行为与经济增长［M］．北京：中国人民大学出版社，2015．

［53］贾俊雪，郭庆旺．政府间财政收支责任安排的地区经济增长效应［J］．经济研究，2008（6）：37-49．

［54］贾俊雪，张超，秦聪，等．纵向财政失衡、政治晋升与土地财政［J］．中国软科学，2016（9）：144-155．

［55］贾康，刘军民．非税收入规范化管理研究［J］．华中师范大学学报（人文社会科学版），2005（3）：23-32．

［56］姜跃春．亚洲"四小龙"经济奇迹能否再现［J］．人民论坛，2016（6）：34-37．

［57］蒋震．经济体制转型、税制改革与税制结构演变［J］．公共财政研究，2021（2）：4-17．

［58］金碚．关于"高质量发展"的经济学研究［J］．中国工业经济，2018（4）：5-18．

［59］靳力．从"凯恩斯效应"到"阿米曲线"：政府规模与经济增长关系的非线性转向［J］．学术界，2012（6）：67-74，284．

［60］靳涛，李帅．中国经济增长之谜：基于体制柔性的解释［J］．吉林大学社会科学学报，2015，55（4）：108-121，251-252．

［61］李春根，徐建斌．税制结构、税收价格与居民的再分配需求［J］．财贸经济，2015（11）：27-39．

［62］李建军，肖育才．经济开放对地方财政收入规模及结构的影响实证分析［J］．公共管理学报，2011，8（3）：53-63，125．

［63］李军，黄园，谢维怡．教育对我国城镇居民消费结构的影响研究［J］．消费经济，2015，31（1）：56-59．

［64］李莉，刘慧，刘卫东，等．基于城市尺度的中国区域经济增长差异及其因素分解［J］．地理研究，2008（5）：1048-1058．

［65］李美琦，张巍，韩冰．空间异质性下非税收入规模合理化的影响机制：基于341个地级市空间面板模型实证［J］．财经科学，2021（7）：120-132．

［66］李猛，沈坤荣．地方政府行为对中国经济波动的影响［J］．经济研究，2010，45

（12）：35-47.

［67］李培. 中国城市经济增长的效率与差异［J］. 数量经济技术经济研究，2007（7）：97-106.

［68］李绍荣，耿莹. 中国的税收结构、经济增长与收入分配［J］. 经济研究，2005（5）：118-126.

［69］李谭君，何荣宣. 非税收入与经济发展：一个文献综述［J］. 地方财政研究，2016（12）：68-75.

［70］李涛，黄纯纯. 分权、地方公共支出和中国经济增长［J］. 中国人民大学学报，2008（3）：54-60.

［71］李文. 我国的税制结构与收入再分配［J］. 税务研究，2015（7）：38-42.

［72］李晓芳，高铁梅，梁云芳. 税收和政府支出政策对产出动态冲击效应的计量分析［J］. 财贸经济，2005（2）：32-39，97.

［73］李颖. 全口径计算下中国间接税规模特征、国际比较及对策［J］. 经济与管理研究，2016，37（7）：112-120.

［74］李颖. 商品税及税负转嫁对居民消费影响的实证研究［J］. 经济与管理评论，2015，31（4）：79-86.

［75］李永刚，朱紫祎. 财政收入构成与财政赤字规模：基于中国省级地方政府的分析［J］. 经济经纬，2013（6）：143-148.

［76］李永友. 市场主体信心与财政乘数效应的非线性特征：基于SVAR模型的反事实分析［J］. 管理世界，2012（1）：46-58，187.

［77］李永友，张帆. 垂直财政不平衡的形成机制与激励效应［J］. 管理世界，2019，35（7）：43-59.

［78］廖楚晖，段吟颖. 财政收入结构与经济增长：基于中国数据PVAR模型的实证检验［J］. 湖南社会科学，2014（4）：135-138.

［79］林光平，龙志和，吴梅. 我国地区经济收敛的空间计量实证分析：1978—2002年［J］. 经济学（季刊），2005（S1）：67-82.

［80］林毅夫，任若恩. 东亚经济增长模式相关争论的再探讨［J］. 经济研究，2007（8）：4-12，57.

［81］刘秉镰，武鹏，刘玉海. 交通基础设施与中国全要素生产率增长：基于省域数据的空间面板计量分析［J］. 中国工业经济，2010（3）：54-64.

［82］刘畅，田晓丽. 地区环保投资、城镇化与绿色技术创新：基于空间杜宾模型及中介效应的实证研究［J］. 科技管理研究，2020，40（15）：236-243.

［83］刘寒波，李晶，姚兴伍. 税收、非税收入与经济增长关系的实证分析［J］. 财政研究，2008（9）：16-18.

[84] 刘华, 陈力朋, 徐建斌. 税收凸显性对居民消费行为的影响: 以个人所得税、消费税为例的经验分析 [J]. 税务研究, 2015 (3): 22-27.

[85] 刘建民, 王蓓, 吴金光. 财政政策影响收入分配的区域差异效应研究: 基于中国 29 个省级面板数据的 SVAR 模型检验 [J]. 中国软科学, 2015 (2): 110-116.

[86] 刘金全, 郑挺国. 利率期限结构的马尔科夫区制转移模型与实证分析 [J]. 经济研究, 2006 (11): 82-91.

[87] 刘乐峥, 陆逸飞. 税收促进消费的理论逻辑与政策选择 [J]. 税务研究, 2021 (5): 104-107.

[88] 刘明慧, 党立斌. 地方财政收入的合意性: 基于结构视角的分析 [J]. 宏观经济研究, 2014 (8): 10-20.

[89] 刘尚希, 樊轶侠. 论高质量发展与税收制度的适应性改革 [J]. 税务研究, 2019 (5): 12-17.

[90] 刘生龙, 龚锋. 政府规模与经济增长: 理论及实证 [J]. 产业经济评论, 2017 (6): 43-59.

[91] 刘雅君, 田依民. 中国经济波动率对潜在经济增长率影响的实证分析 [J]. 经济学家, 2016 (8): 46-54.

[92] 刘怡, 刘维刚. 税收分享、征税努力与地方公共支出行为: 基于全国县级面板数据的研究 [J]. 财贸经济, 2015 (6): 32-44.

[93] 刘勇政, 贾俊雪, 丁思莹. 地方财政治理: 授人以鱼还是授人以渔: 基于省直管县财政体制改革的研究 [J]. 中国社会科学, 2019 (7): 43-63, 205.

[94] 刘元生, 李建军, 王文甫. 税制结构、收入分配与总产出 [J]. 财贸经济, 2020, 41 (9): 39-54.

[95] 刘志彪, 凌永辉. 结构转换、全要素生产率与高质量发展 [J]. 管理世界, 2020, 36 (7): 15-29.

[96] 刘志雄. 我国政府非税收入与经济增长关系研究 [J]. 商业研究, 2012 (5): 113-118.

[97] 刘智勇, 李海峥, 胡永远, 等. 人力资本结构高级化与经济增长: 兼论东中西部地区差距的形成和缩小 [J]. 经济研究, 2018, 53 (3): 50-63.

[98] 刘佐. 关于我国税制结构优化问题的探讨 [J]. 税务研究, 2009 (5): 37-38.

[99] 鲁晓东, 连玉君. 中国工业企业全要素生产率估计: 1999—2007 [J]. 经济学 (季刊), 2012, 11 (2): 541-558.

[100] 陆远权, 张德钢. 民生财政、税制结构与城乡居民消费差距 [J]. 经济问题探索, 2015 (7): 30-37.

[101] 骆永民, 樊丽明. 宏观税负约束下的间接税比重与城乡收入差距 [J]. 经济研

究，2019，54（11）：37-53.

[102] 吕冰洋. 税制结构理论的重构：从国民收入循环出发［J］. 税务研究，2017（8）：5-13.

[103] 吕捷，胡鞍钢，鄢一龙. 惯性约束下的中国经济增长转型［J］. 经济理论与经济管理，2013（6）：31-43.

[104] 马国强. 税制结构基础理论研究［J］. 税务研究，2015（1）：3-15.

[105] 马拴友. 政府规模与经济增长：兼论中国财政的最优规模［J］. 世界经济，2000（11）：59-64.

[106] 马骁，王斐然，陈建东，等. 直接税和间接税对城乡居民消费差距的影响分析［J］. 税务研究，2017（8）：21-27.

[107] 毛捷，吕冰洋，陈佩霞. 分税的事实：度量中国县级财政分权的数据基础［J］. 经济学（季刊），2018，17（2）：499-526.

[108] 那艺，贺京同，付婷婷. 供给侧结构性改革背景下的税收结构优化研究：基于实验宏观经济学方法［J］. 南开经济研究，2019（3）：139-159.

[109] 内蒙古财政科学研究所课题组. 内蒙古财政收入结构与经济结构关系研究［J］. 经济研究参考，2008（38）：29-46.

[110] 潘雅茹，罗良文. 财政分权视角下基础设施投资与中国经济的包容性增长［J］. 学习与探索，2019（1）：102-110.

[111] 庞凤喜. 社会保障缴款"税""费"形式选择中若干问题辨析：兼与郑秉文研究员商榷［J］. 财政研究，2011（10）：68-71.

[112] 彭定赟，陈玮仪. 基于消费差距泰尔指数的收入分配研究［J］. 中南财经政法大学学报，2014（2）：30-37.

[113] 彭飞，许文立，吕鹏，等. 未预期的非税负担冲击：基于"营改增"的研究［J］. 经济研究，2020，55（11）：67-83.

[114] 彭国华. 中国地区收入差距、全要素生产率及其收敛分析［J］. 经济研究，2005（9）：19-29.

[115] 彭洋，张龙，吴莉昀. 时变概率的区制转换泰勒规则设计及其"稳定器"作用机制研究［J］. 金融研究，2019（7）：19-37.

[116] 任保平，文丰安. 新时代中国高质量发展的判断标准、决定因素与实现途径［J］. 改革，2018（4）：5-16.

[117] 邵帅，张可，豆建民. 经济集聚的节能减排效应：理论与中国经验［J］. 管理世界，2019，35（1）：36-60，226.

[118] 沈坤荣，付文林. 中国的财政分权制度与地区经济增长［J］. 管理世界，2005（1）：31-39，171-172.

[119] 石先进, 赵惠. 地方政府规模对工业企业资本效率的影响研究: 基于空间面板模型回归的结果 [J]. 宏观经济研究, 2017 (7): 32-46.

[120] 史贞. 财政分权与企业全要素生产率: 促进还是抑制?: 基于地方政府行为的实证检验 [J]. 贵州社会科学, 2020 (4): 114-122.

[121] 宋准, 但思颖, 杨光普. 财政支出对全要素生产率有正向溢出效应吗?: 基于城市层面面板数据的研究 [J]. 经济问题探索, 2020 (12): 119-130.

[122] 孙早, 刘李华. 中国工业全要素生产率与结构演变: 1990-2013 年 [J]. 数量经济技术经济研究, 2016, 33 (10): 57-75.

[123] 唐飞鹏, 叶柳儿. 税收竞争、资本用脚投票与产业转型升级 [J]. 财贸经济, 2020, 41 (11): 20-34.

[124] 唐小飞, 王跃, 郑杰, 等. 最优政府规模研究述评 [J]. 经济学动态, 2011 (5): 141-144.

[125] 陶新宇, 靳涛, 杨伊婧. "东亚模式"的启迪与中国经济增长"结构之谜"的揭示 [J]. 经济研究, 2017, 52 (11): 43-58.

[126] 童锦治, 李星, 王佳杰. 非税收入、非税竞争与区域经济增长: 基于2000—2010 年省级空间面板数据的实证研究 [J]. 财贸研究, 2013, 24 (6): 70-77.

[127] 王春雷. 促进总需求结构调整扩大居民消费的税收政策 [J]. 经济与管理评论, 2012, 28 (6): 99-105.

[128] 王德祥, 薛桂芝. 中国城市全要素生产率的测算与分解 (1998—2013): 基于参数型生产前沿法 [J]. 财经科学, 2016 (9): 42-52.

[129] 王斐然, 陈建东. 减税降费对城镇居民消费差距的影响: 基于价格效应的消费行为分析 [J]. 浙江工商大学学报, 2020 (4): 111-124.

[130] 王佳杰, 童锦治, 李星. 税收竞争、财政支出压力与地方非税收入增长 [J]. 财贸经济, 2014 (5): 27-38.

[131] 王君斌, 郭新强, 蔡建波. 扩张性货币政策下的产出超调、消费抑制和通货膨胀惯性 [J]. 管理世界, 2011 (3): 7-21.

[132] 王立勇, 黄卫挺, 毕然. 中国财政失衡的动态调整特征研究 [J]. 数量经济技术经济研究, 2015, 32 (8): 89-103.

[133] 王立勇, 刘文革. 财政政策非线性效应及其解释: 兼论巴罗-格罗斯曼宏观一般非均衡模型在中国的适用性 [J]. 经济研究, 2009 (7): 65-78.

[134] 王梦珂, 唐爽. 稳定税负约束下税率调整对居民消费的影响 [J]. 统计与决策, 2021, 37 (23): 126-131.

[135] 王乔, 汪柱旺. 我国现行税制结构影响居民收入分配差距的实证分析 [J]. 当代财经, 2008 (2): 37-38, 125.

[136] 王乔, 汪柱旺. 政府非税收入对经济增长影响的实证分析 [J]. 当代财经, 2009 (12)：28-33.

[137] 王少平, 欧阳志刚. 中国城乡收入差距对实际经济增长的阈值效应 [J]. 中国社会科学, 2008 (2)：54-66, 205.

[138] 王玮. 财政分权与我国的宏观经济稳定 [J]. 财贸研究, 2003 (4)：41-46.

[139] 王文甫, 张南, 岳超云. 中国财政政策冲击的识别与效应：符号约束方法下的 SVAR 分析 [J]. 财经研究, 2015, 41 (6)：70-81.

[140] 王小鲁, 樊纲, 刘鹏. 中国经济增长方式转换和增长可持续性 [J]. 经济研究, 2009, 44 (1)：4-16.

[141] 王雄飞, 李香菊, 杨欢. 中国经济高质量发展下财政模式创新与政策选择 [J]. 当代财经, 2018 (11)：25-34.

[142] 王永钦, 张晏, 章元, 等. 中国的大国发展道路：论分权式改革的得失 [J]. 经济研究, 2007 (1)：4-16.

[143] 王志刚, 龚六堂. 财政分权和地方政府非税收入：基于省级财政数据 [J]. 世界经济文汇, 2009 (5)：17-38.

[144] 王智煊, 邓力平. 税制结构优化与我国消费增长 [J]. 税务研究, 2015 (9)：3-8.

[145] 温桂荣, 黄纪强. 税制结构影响湖南省城乡居民消费的实证研究 [J]. 财会研究, 2020 (2)：18-26.

[146] 温忠麟. 张雷, 侯杰泰, 等. 中介效应检验程序及其应用 [J]. 心理学报, 2004 (5)：614-620.

[147] 文雁兵. 政府规模的扩张偏向与福利效应：理论新假说与实证再检验 [J]. 中国工业经济, 2014 (5)：31-43.

[148] 闻媛. 我国税制结构对居民收入分配影响的分析与思考 [J]. 经济理论与经济管理, 2009 (4)：43-48.

[149] 翁媛媛. 中国经济增长的可持续性研究 [D]. 上海：上海交通大学, 2011.

[150] 吴福象, 刘志彪. 城市化群落驱动经济增长的机制研究：来自长三角 16 个城市的经验证据 [J]. 经济研究, 2008, 43 (11)：126-136.

[151] 吴辉航, 刘小兵, 季永宝. 减税能否提高企业生产效率？：基于西部大开发准自然实验的研究 [J]. 财经研究, 2017, 43 (4)：55-67.

[152] 吴敏, 刘畅, 范子英. 转移支付与地方政府支出规模膨胀：基于中国预算制度的一个实证解释 [J]. 金融研究, 2019 (3)：74-91.

[153] 吴文芳. 社会保障费与税之关系的基础理论探究 [J]. 税务研究, 2014 (7)：86-89.

[154] 肖叶, 刘小兵. 税收竞争促进了产业结构转型升级吗？：基于总量与结构双重视角 [J]. 财政研究, 2018 (5): 45, 60-74.

[155] 肖叶. 税制结构对创新产出的影响：基于286个地级市专利授权数据的实证分析 [J]. 税务研究, 2019 (8): 26-31.

[156] 谢贞发, 朱恺容, 李培. 税收分成、财政激励与城市土地配置 [J]. 经济研究, 2019, 54 (10): 57-73.

[157] 徐瑾. 中等收入陷阱研究评述：兼对"东亚增长模式"的思考及启示 [J]. 经济学动态, 2014 (5): 96-103.

[158] 徐永胜, 乔宝云. 财政分权度的衡量：理论及中国1985—2007年的经验分析 [J]. 经济研究, 2012, 47 (10): 4-13.

[159] 许海平, 王岳龙. 我国城乡收入差距与全要素生产率：基于省域数据的空间计量分析 [J]. 金融研究, 2010 (10): 54-67.

[160] 薛钢, 陈思霞, 蔡璐. 城镇化与全要素生产率差异：公共支出政策的作用 [J]. 中国人口·资源与环境, 2015, 25 (3): 50-55.

[161] 杨汝岱. 中国制造业企业全要素生产率研究 [J]. 经济研究, 2015, 50 (2): 61-74.

[162] 杨耀武, 张平. 中国经济高质量发展的逻辑、测度与治理 [J]. 经济研究, 2021, 56 (1): 26-42.

[163] 杨志勇. 税制结构：现状分析与优化路径选择 [J]. 税务研究, 2014 (6): 10-14.

[164] 杨中全, 邹俊伟, 陈洪宛. 中国宏观税负、非税负担与经济增长 [J]. 中央财经大学学报, 2010 (3): 11-16.

[165] 杨子晖. 政府规模、政府支出增长与经济增长关系的非线性研究 [J]. 数量经济技术经济研究, 2011, 28 (6): 77-92.

[166] 叶园园, 殷红, 吴超林. 税收政策对居民消费的"异质性"效应：基于规模结构双重视角下的实证分析 [J]. 南方经济, 2021 (4): 106-122.

[167] 殷红, 张龙, 叶祥松. 中国产业结构调整对全要素生产率的时变效应 [J]. 世界经济, 2020, 43 (1): 122-142.

[168] 于斌斌. 产业结构调整与生产率提升的经济增长效应：基于中国城市动态空间面板模型的分析 [J]. 中国工业经济, 2015 (12): 83-98.

[169] 于井远. 税制结构优化与地区经济增长质量：基于包容性全要素生产率视角 [J]. 经济评论, 2022 (2): 36-50.

[170] 于永达, 吕冰洋. 中国生产率争论：方法的局限性和结论的不确定性 [J]. 清华大学学报（哲学社会科学版）, 2010, 25 (3): 141-153, 161.

[171] 余泳泽. 异质性视角下中国省际全要素生产率再估算：1978—2012 [J]. 经济学（季刊），2017，16（3）：1051-1072.

[172] 余泳泽，刘大勇. "中国式财政分权"与全要素生产率："竞次"还是"竞优"[J]. 财贸经济，2018，39（1）：23-37，83.

[173] 余泳泽. 中国省际全要素生产率动态空间收敛性研究 [J]. 世界经济，2015，38（10）：30-55.

[174] 袁堂军. 中国企业全要素生产率水平研究 [J]. 经济研究，2009，44（6）：52-64.

[175] 原倩. 城市群是否能够促进城市发展 [J]. 世界经济，2016，39（9）：99-123.

[176] 张斌. 税收制度与收入再分配 [J]. 税务研究，2006（8）：18-22.

[177] 张可. 区域一体化有利于减排吗？[J]. 金融研究，2018（1）：67-83.

[178] 张敏，李颖，曹青. 间接税税负归宿对城镇居民收入分配的影响研究 [J]. 税务研究，2021（9）：112-117.

[179] 张曙霄，戴永安. 异质性、财政分权与城市经济增长：基于面板分位数回归模型的研究 [J]. 金融研究，2012（1）：103-115.

[180] 张天华，张少华. 中国工业企业全要素生产率的稳健估计 [J]. 世界经济，2016，39（4）：44-69.

[181] 张同斌，高铁梅. 中国经济周期波动的阶段特征及驱动机制研究：基于时变概率马尔科夫区制转移（MS-TVTP）模型的实证分析 [J]. 财贸经济，2015（1）：27-39.

[182] 张晓旭. 税制结构对城乡居民收入差距的影响研究 [J]. 金融经济，2019（2）：119-120.

[183] 张孝岩，梁琪. 中国利率市场化的效果研究：基于我国农村经济数据的实证分析 [J]. 数量经济技术经济研究，2010，27（6）：35-46.

[184] 张馨，康锋莉. 中国相机抉择型财政政策：时间一致性分析 [J]. 管理世界，2007（9）：17-26.

[185] 张亚斌，彭舒. 非税收入对经济增长有贡献吗？：基于湖南省非税收入结构视角的经验证据 [J]. 经济与管理研究，2014（4）：5-11.

[186] 张晏，龚六堂. 分税制改革、财政分权与中国经济增长 [J]. 经济学（季刊），2005（4）：75-108.

[187] 张应良，徐亚东. 金融发展、劳动收入分配与城乡收入差距：基于省级面板数据的实证分析 [J]. 改革，2020（11）：135-146.

[188] 赵海益. 中国地方政府罚没收入为何连年快速增长？：基于政府理财视角分析 [J]. 经济与管理研究，2015，36（6）：90-96.

[189] 赵健. 优化财政收入结构问题研究 [J]. 财政研究，2008（5）：52-55.

[190] 赵彦云,王康,邢炜. 转型期中国省际经济波动对经济增长的空间溢出效应 [J]. 统计研究,2017,34(5):3-16.

[191] 赵勇,白永秀. 中国城市群功能分工测度与分析 [J]. 中国工业经济,2012 (11):18-30.

[192] 赵志耘,杨朝峰. 经济增长与税收负担、税制结构关系的脉冲响应分析 [J]. 财经问题研究,2010(1):3-9.

[193] 郑宝红,张兆国. 企业所得税率降低会影响全要素生产率吗?:来自我国上市公司的经验证据 [J]. 会计研究,2018(5):13-20.

[194] 郑秉文. 费改税不符合中国社会保障制度发展战略取向 [J]. 中国人民大学学报,2010,24(5):23-30.

[195] 郑尚植,陈子昂,侯琳. 地方政府规模与经济增长的门槛效应研究 [J]. 经济与管理评论,2019,35(4):116-127.

[196] 郑玉歆. 全要素生产率的测算及其增长的规律:由东亚增长模式的争论谈起 [J]. 数量经济技术经济研究,1998(10):28-34.

[197] 汤铎铎,刘学良,倪红福,等. 全球经济大变局、中国潜在增长率与后疫情时期高质量发展 [J]. 经济研究,2020,55(8):4-23.

[198] 钟军委,万道侠. 地方政府竞争、资本流动及其空间配置效率 [J]. 经济经纬,2018,35(4):141-149.

[199] 周波. 基于我国省域面板的财政政策产出稳定效应研究 [J]. 管理世界,2014 (7):52-66.

[200] 周光召. 中国可持续发展战略:领导干部读本 [M]. 北京:西苑出版社,2000.

[201] 周慧. 城镇化、空间溢出与经济增长:基于我国中部地区地级市面板数据的经验证据 [J]. 上海经济研究,2016(2):93-102.

[202] 周业安,章泉. 财政分权、经济增长和波动 [J]. 管理世界,2008(3):6-15,186.

[203] 周占伟,贺心悦. 地方财政分权程度对企业全要素生产率的影响 [J]. 华东经济管理,2022,36(3):82-92.

[204] 祝平衡,王秀兰,李世刚. 政府支出规模与资源配置效率:基于中国工业企业数据的经验研究 [J]. 财经理论与实践,2018,39(2):95-100.

[205] AARLE B V, GARRESTSEN H, GOBBIN N. Monetary and fiscal policy transmission in the Euro-area: evidence from a structural VAR analysis [J]. Journal of economics and business, 2003, 55(5/6):609-638.

[206] AFONSO A, FURCERI D. Government size, composition, volatility and economic growth [J]. European journal of political economy, 2010, 26(4):517-532.

参考文献

[207] AGHION P, HOWITT P. A Model of growth through creative destruction [J]. Econometrica, 1992, 60 (2): 323-351.

[208] AGHION P, BACCHETTA P, RANCIERE R, Rogoff K. Exchange rate volatility and productivity growth: The role of financial development [J]. Journal of monetary economics, 2009, 56 (4): 494-513.

[209] AGHION P, HOWITT P, BRANT-COLLETT M, GARCÍA-PEÑALOSA C. Endogenous growth theory [M]. Cambridge: MIT Press, 1998.

[210] ANGELOPOULOS K, PHILIPPOPOULOS A, TSIONAS E. Does public sector efficiency matter? revisiting the relation between fiscal size and economic growth in a world sample [J]. Public choice, 2008, 137 (1): 245-278.

[211] ARMEY R K. The freedom revolution [R]. Washington, D.C: Regnery Publishing Co., 1995.

[212] ARTIS M, KROLZIG H M, TORO J. The European business cycle [J]. Oxford economic papers, 2004, 56 (1): 1-44.

[213] BARBIER E. The concept of sustainable economic development [J]. Environmental conservation, 1987, 14 (2): 101-110.

[214] BARON R M, KENNY D A. The moderator-mediator variable distinction in social psychological research: conceptual, strategic, and statistical considerations [J]. Journal of personality and social psychology, 1986, 51 (6): 1173.

[215] BARRIOS S, HUIZINGA H, LAEVEN L, NICODÈME G. International taxation and multinational firm location decisions [J]. Journal of public economics, 2012, 96 (11/12): 946-958.

[216] BARRO R. Government spending in a simple model of endogenous growth [J]. Journal of political economy, 1990, 98 (5, Part 2): 103-125.

[217] BARRO R, LEE J W. International data on educational attainment: updates and implications [J]. Oxford economic papers, 2001, 53 (3): 541-563.

[218] BARRO R, SALA-I-MARTIN X. Economic growth [M]. New York: McGraw-Hill, 1995.

[219] BERG A, OSTRY J, ZETTELMEYER J. What makes growth sustained? [J]. Journal of development economics, 2012, 98 (2): 149-166.

[220] BERGH A, KARLSSON M. Government size and growth: accounting for economic freedom and globalization [J]. Public Choice, 2010, 142 (1): 195-213.

[221] BERUMENT M, DINCER N, MUSTAFAOGLU Z. Effects of growth volatility on economic performance: empirical evidence from Turkey [J]. European journal of operational

research, 2012, 217 (2): 351-356.

[222] BHAGWATI J. The "Miracle" that did happen: Understanding East Asia in comparative perspective [M] //Taiwan's development experience: lessons on roles of government and market. Springer, Boston, MA, 1999: 21-39.

[223] BLUMKIN T, RUFFLE B J, GANUN Y. Are income and consumption taxes ever really equivalent? evidence from a real-effort experiment with real goods [J]. European economic review, 2012, 56 (6): 1200-1219.

[224] BOETERS S, BÖHRINGER C, BÜTTNER T, KRAUS M. Economic effects of VAT reforms in Germany [J]. Applied economics, 2010, 42 (17): 2165-2182.

[225] BOLTHO A, WEBER M. Did China follow the East Asian development model? [J]. The European journal of comparative economics, 2009, 6 (2): 267-286.

[226] BORGE L E, BRUECKNER J K, RATTSØ J. Partial fiscal decentralization and demand responsiveness of the local public sector: theory and evidence from Norway [J]. Journal of urban economics, 2014, 80: 153-163.

[227] BOSWORTH B, COLLINS S. Accounting for growth: comparing China and India [J]. Journal of economic perspectives, 2008, 22 (1): 45-66.

[228] BRANDT L. Policy Perspectives from the bottom up: what do firm-level data tell us China needs to do? 2015 [C]. Policy challenges in a diverging global economy, San Francisco, Federal Reserve Bank of San Francisco: 281.

[229] BRANDT L, ZHU X. Accounting for China's growth [R]. 2010. Working paper, Department of Economics, University of Toronto, No. 395.

[230] BRANDT L, TOMBE T, ZHU X. Factor market distortions across time, space and sectors in China [J]. Review of economic dynamics, 2013, 16 (1): 39-58.

[231] DE V, CAVALCANTI T V, MOHADDES K, RAISSI M. Commodity price volatility and the sources of growth [J]. Journal of applied econometrics, 2015, 30 (6): 857-873.

[232] CAVES D W, CHRISTENSEN L R, DIEWERT W E. Multilateral comparisons of output, input, and productivity using superlative index numbers [J]. The economic journal, 1982, 92 (365): 73-86.

[233] CHAMORRO-NARVAEZ R. The composition of government spending and economic growth in developing countries: the case of Latin America [J]. OIDA International journal of sustainable development, 2012, 5 (6): 39-50.

[234] CHEN E K Y. The total factor productivity debate: determinants of economic growth in East Asia [J]. Asian-Pacific economic literature, 1997, 11 (1): 18-38.

[235] CHOI E K. The politics of fee extraction from private enterprises, 1996-2003 [J].

The China journal, 2009, 62 (7): 79-102.

[236] CHOW G. Capital formation and economic growth in China [J]. The quarterly journal of economics, 1993, 108 (3): 809-842.

[237] CHOW G, LIN A. Accounting for economic growth in Taiwan and Mainland China: a comparative analysis [J]. Journal of comparative economics, 2002, 30 (3): 507-530.

[238] CHU J, ZHENG X P. China's fiscal decentralization and regional economic growth [J]. Japanese economic review, 2013, 64 (4): 537-549.

[239] COENEN G, STRAUB R. Does government spending crowd in private consumption? Theory and empirical evidence for the euro area [J]. International finance, 2005, 8 (3): 435-470.

[240] COLLINS S M, BOSWORTH B P, RODRIK D. Economic growth in East Asia: accumulation versus assimilation [J]. Brookings papers on economic activity, 1996 (2): 135-203.

[241] COLOMBIER C. Growth effects of fiscal policies: an application of robust modified M-estimator [J]. Applied Economics, 2009, 41 (7): 899-912.

[242] CONG L W, GAO H, PONTICELLI J, YANG X. Credit allocation under economic stimulus: evidence from China [J]. The review of financial studies, 2019, 32 (9): 3412-3460.

[243] DAVOODI H, ZOU H. Fiscal decentralization and economic growth: a cross-country study [J]. Journal of urban economics, 1998, 43 (2): 244-257.

[244] DE GRANGE L, GONZÁLEZ F, VARGAS I, TRONCOSO R. A logit model with endogenous explanatory variables and network externalities [J]. Networks and spatial economics, 2015, 15 (1): 89-116.

[245] DELPACHITRA S, VAN DAI P. The determinants of TFP growth in middle income economies in ASEAN: implication of financial crises [J]. International journal of business and economics, 2012, 11 (1): 63.

[246] DONG Z, WEI X, ZHANG Y. The Allocation of entrepreneurial efforts in a rent seeking society: evidence from China [J]. Journal of comparative economics, 2016, 44 (2): 353-371.

[247] EASTERLY W, LEVINE R. It's not factor accumulation: stylized facts and growth models [R]. Banco Central de Chile, 2002.

[248] EASTERLY W, FISCHER S. What we can learn from the Soviet collapse [J]. Finance & development, 1994, 31 (4): 2-5.

[249] ELHORST J P. Spatial Panel Data Models [M] // FISCHER M M, GETIS A. Handbook of applied spatial analysis. Springer, Berlin, Heidelberg and New York, 2010:

377-407.

[250] ELHORST J P. Matlab software for spatial panels [J]. International regional science review, 2014, 37 (3): 389-405.

[251] ELLER M, FIDRMUC J, FUNGÁČOVÁ Z. Fiscal policy and regional output volatility: evidence from Russia [J]. Regional studies, 2016, 50 (11): 1849-1862.

[252] EZAKI M, SUN L. Growth accounting in China for national, regional, and provincial economies: 1981-1995 [J]. Asian economic journal, 1999, 13 (1): 39-71.

[253] FARE R, GROSSKOPF S, NORRIS M, ZHANG Z. Productivity growth, technical progress, and efficiency change in industrialized countries [J]. American economic review, 1994, 84: 66-83.

[254] FATÁS A, MIHOV I. Government size and automatic stabilizers: international and intranational evidence [J]. Journal of international economics, 2001, 55 (1): 3-28.

[255] FISCHER S. The role of macroeconomic factors in growth [J]. Journal of monetary economics, 1993, 32 (3): 485-512.

[256] FRÜHWIRTH-SCHNATTER S. Estimating marginal likelihoods for mixture and Markov switching models using bridge sampling techniques [J]. The econometrics journal, 2004, 7 (1): 143-167.

[257] FRÖHWIRTH-SCHNATTER S, KAUFMANN S. Model-based clustering of multiple time series [J]. Journal of business & economic statistics, 2008, 26 (1): 78-89.

[258] FRÜHWIRTH-SCHNATTER S. Fully Bayesian analysis of switching Gaussian state space models [J]. Annals of the institute of statistical mathematics, 2001, 53 (1): 31-49.

[259] FRÜHWIRTH-SCHNATTER S. Model-based clustering of time series: a review from a Bayesian perspective [R]. Working Paper, 2011.

[260] FRÜHWIRTH-SCHNATTER S, KAUFMANN S. How do changes in monetary policy affect bank lending? an analysis of Austrian bank data [J]. Journal of applied econometrics, 2006, 21 (3): 275-305.

[261] FUENTES J R, MORALES M. On the measurement of total factor productivity: a latent variable approach [J]. Macroeconomic dynamics, 2011, 15 (2): 145-159.

[262] FURCERI D. Long-run growth and volatility: which source really matters? [J]. Applied economics, 2010, 42 (15): 1865-1874.

[263] FURCERI D, SACCHI A, SALOTTI S. Can fiscal decentralization alleviate government consumption volatility? [J]. Open economies review, 2016, 27 (4): 611-636.

[264] GADEA-RIVAS M, GOMEZ-LOSCOS A, BANDRES E. Clustering regional business cycles [J]. Economics letters, 2018, 162 (Jan): 171-176.

[265] GALI J. Government size and macroeconomic stability [J]. European economic review, 1994, 38 (1): 117-132.

[266] MOURRE G, REUT A. Non-tax revenue in the European Union: a source of fiscal risk? [J]. International tax and public finance, 2019, 26 (1): 198-223.

[267] GREENWOOD J, JOVANOVIC B. Accounting for growth [J]. New developments in productivity analysis, 2001 (22): 1-55.

[268] GROSSMAN G M, HELPMAN E. Trade, knowledge spillovers, and growth [J]. European economic review, 1991, 35 (2): 517-526.

[269] GUEVARA C A. Critical assessment of five methods to correct for endogeneity in discrete-choice models [J]. Transportation research part A: policy and Practice, 2015, 82 (12): 240-254.

[270] GUEVARA C A, BEN-AKIVA M. Addressing endogeneity in discrete choice models: assessing control-function and latent-variable methods [M] //Choice modelling: the state-of-the-art and the state-of-practice. Emerald Group Publishing Limited, 2010: 353-370.

[271] HAMILTON J D, OWYANG M T. The propagation of regional recessions [J]. Review of economics and statistics, 2012, 94 (4): 935-947.

[272] HARBERGER A C. A vision of the growth process [J]. The American economic review, 1998, 88 (1): 1-32.

[273] HEGERTY, S. Output volatility and its transmission in transition economies: implications for European integration [J]. Journal of economic integration, 2012, 27 (4): 520-536.

[274] HERRERIAS M, ORTS V. Is the export-led growth hypothesis enough to account for China's growth? [J]. China & world economy, 2010, 18 (4): 34-51.

[275] HESTON A, SUMMERS R, ATEN B. Penn World Table Version 7.0, 2011.

[276] HIGGINS S, PEREIRA C. The effects of Brazil's taxation and social spending on the distribution of household income [J]. Public finance review, 2014, 42 (3): 346-367.

[277] HUNGERFORD T L. The redistributive effect of selected federal transfer and tax provisions [J]. Public finance review, 2010, 38 (4): 450-472.

[278] IMBS J. Growth and volatility [J]. Journal of monetary economics, 2007, 54 (7): 1848-1862.

[279] JALIL A, FERIDUN M, SAWHNEY B. Growth effects of fiscal decentralization: empirical evidence from China's province [J]. Emerging markets finance and trade, 2014, 50 (4): 176-195.

[280] JEANNENEY S G, HUA P. Real exchange rate and productivity in China [C] //The

4th international conference on the Chinese economy, the efficiency of China's economic policy, october. 2003: 23-24.

[281] JIA J, CHAO Y. Growth strategy and TFP Growth: comparing China and four Asian Tigers [J]. Economic and political studies, 2016, 4 (2): 156-170.

[282] JIA J, GUO Q, ZHANG J. Fiscal decentralization and local expenditure policy in China [J]. China economic review, 2014, 28 (C): 107-122.

[283] JIA J, DING S, LIU Y. Decentralization, incentives, and local tax enforcement [J]. Journal of urban economics, 2020 (115): 103-225.

[284] JIN H, QIAN Y, WEINGAST B R. Regional decentralization and fiscal incentives: federalism, Chinese style [J]. Journal of public economics, 2005, 89 (9-10): 1719-1742.

[285] JOHANSSON A, Heady C, Arnold J, BRYS B, VARTIA L, SPIER P. Taxes and firm performance: evidence from the OECD [M] // Tax Reform in Open Economies. Edward Elgar Publishing, 2010.

[286] JONES C I. R & D-based models of economic growth [J]. Journal of political economy, 1995, 103 (4): 759-784.

[287] KARRAS G, SONG F. Sources of business-cycle volatility: an exploratory study on a sample of OECD countries [J]. Journal of macroeconomics, 1996, 18 (4): 621-637.

[288] KAUFMANN S. The business cycle of European countries Bayesian clustering of country-individual IP growth series [R]. Oesterreichische National Bank Working Paper, 2003, No. 83.

[289] KEEN M, LAHIRI S, RAIMONDOS-MOLLER P. Tax principles and tax harmonization under imperfect competition: a cautionary example [J]. European economic review, 2002, 46 (8): 1559-1568.

[290] KEREKES M. Growth miracles and failures in a Markov switching classification model of growth [J]. Journal of development economics, 2012, 98 (2): 167-177.

[291] KIM D-H, Lin S-C, Suen Y-B. Trade, growth and growth volatility: new panel evidence [J]. International review of economics & finance, 2016 (45): 384-399.

[292] KIM J-I, LAU L-J. The sources of economic growth of the East Asian newly industrialized countries [J]. Journal of the Japanese and international economies, 1994, 8 (3): 235-271.

[293] KONGSAMUT P, REBELO S, XIE D. Beyond balanced growth [J]. The review of economic studies, 2001, 68 (4): 869-882.

[294] KRUGMAN P. The myth of Asia's miracle [J]. Foreign affairs, 1994, 73 (6): 62-78.

[295] KRUGMAN P. Geography and trade [M]. Cambridge: MIT Press, 1991.

[296] LESAGE J, PACE R. K. Introduction to spatial econometrics [M]. Chapman and Hall/CRC, 2009.

[297] LIN B. H, SMITH T. A, LEE J. Y, HALL K. D. Measuring weight outcomes for obesity intervention strategies: the case of a sugar-sweetened beverage tax [J]. Economics & human biology, 2011, 9 (4): 329-341.

[298] LIN J. Y., LIU Z. Fiscal Decentralization and economic growth in China [J]. Economic development and cultural change, 2000, 49 (1): 1-21.

[299] LIN T. C. Education, technical progress, and economic growth: the case of Taiwan [J]. Economics of education review, 2003, 22 (2): 213-220.

[300] LUCAS R. On the mechanics of economic development [J]. Journal of monetary economics, 1988, 22 (1): 3-42.

[301] MALMQUIST S. Index numbers and indifference Curves [J]. Trabajos de Estatistica, 1953 (4): 209-242.

[302] MILLER S, UPADHYAY M P. The effects of openness, trade orientation, and human capital on total factor productivity [J]. Journal of development economics, 2000, 63 (2): 399-423.

[303] MYLES G D. Economic growth and the role of taxation [R]. OECD Economics Department Working Papers, 2009 (7): 39-44.

[304] NELSON R, PACK H. The Asian miracle and modern growth theory [J]. The economic journal, 1999, 109 (457): 416-436.

[305] NISHIMURA Y. Human fallibility, complementarity, and fiscal decentralization [J]. Journal of Public Economic Theory, 2006, 8 (3): 487-501.

[306] NIU W-Y, HARRIS W-M. China: The forecast of its environmental situation in the 21st century [J]. Journal of environmental management, 1996, 47 (2): 101-114.

[307] NIU W-Y, Lu J, Khan A. Spatial systems approach to sustainable development: a conceptual framework [J]. Environmental management, 1993, 17 (2): 179-186.

[308] OATES W E. Fiscal federalism [M]. New York: Harcourt Brace Jovanovich, 1972.

[309] OECD. Economic survey of China 2005 [M]. OECD Publishing, 2005.

[310] OHTSUKA Y, KAKAMU K. Regional growth and business cycles in Japan [J]. Review of urban & regional development studies, 2018, 30 (1): 1-25.

[311] OLIVIER B, ROBERTO P. An empirical characterization of the dynamic effects of changes in government spending and taxes on output [J]. The quarterly journal of economics, 2002, 117 (4): 1329-1368.

[312] PANDEY A. K, DIXIT A. Causality between non-tax revenue and state domestic product: a study of 20 states in India [J]. The IUP journal of public finance, 2009, 7 (2): 25.

[313] PARENTE S, PRESCOTT E. Barriers to technology adoption and development [J]. Journal of political economy, 1994, 102 (2): 298-321.

[314] PERKINS D, Rawski T. Forecasting China's economic growth to 2025 [M]. Cambridge and New York: Cambridge University Press. 2008.

[315] PRESCOTT E. Needed: a theory of total factor productivity [J]. International economic review, 1998, 39 (3): 525-551.

[316] PRICHARD W, SALARDI P, SEGAL P. Taxation, non-tax revenue and democracy: new evidence using new cross-country data [J]. World development, 2018 (109): 295-312.

[317] PRITCHETT L. Understanding patterns of economic growth: searching for hills among plateaus, mountains, and plains [J]. The World Bank economic review, 2000, 14 (2): 221-250.

[318] PYO H K, Rhee K H, HA BC. Growth accounting, productivity analysis, and purchasing power parity in Korea (1984-2000) [C]. The Fourth Workshop on the International Comparison of Productivity among Asian Countries, Tokyo, Japan, 2003.

[319] QIAN Y, WEINGAST B. R. China's transition to markets: market-preserving federalism, Chinese style [J]. The journal of policy reform, 1996, 1 (2): 149-185.

[320] QIAN Y, ROLAND G. Federalism and the soft budget constraint [J]. American economic review, 1998, 88 (5): 1143-1162.

[321] RAM R. Government size and economic growth: a new framework and some evidence from cross-section and time-series data [J]. The American economic review, 1986, 76 (1): 191-203.

[322] RAMEY G, RAMEY A. Cross-Country Evidence on the link between volatility and growth [J]. The American economic review, 1995, 85 (5): 1138-1151.

[323] RANI S, SIKKA G. Recent techniques of clustering of time series data: a survey [J]. International journal of computer applications, 2012, 52 (15): 1-9.

[324] REBELO S. Long-run policy analysis and long-run growth [J]. Journal of political economy, 1991, 99 (3): 500-521.

[325] RODDEN J, ESKELAND J. S, LITVAVK J. I. Fiscal Decentralization and the challenge of hard budget constraints [M]. Cambridge, Massachusetts: The MIT Press, 2003.

[326] ROMER P. Increasing returns and long-run growth [J]. Journal of political economy, 1986, 94 (5): 1002-1037.

[327] ROMER P. Endogenous technological change [J]. Journal of political economy,

1990, 98 (5, Part 2): S71-S102.

[328] ROMERO-ÁVILA D, STRAUCH R. Public finances and long-term growth in Europe: evidence from a panel data analysis [J]. European journal of political economy, 2008, 24 (1): 172-191.

[329] SAREL M. Growth in East Asia: what we can and what we cannot infer [C] // Washington D. C.: International Monetary Fund, Economic issues, 1996.

[330] SCHREYER P. Measuring productivity: measurement of aggregate and industry-level productivity growth: OECD manual [M]. Organization for Economic Co-operation and Development, 2001.

[331] SHENG L. Growth-volatility tradeoff in the face of financial openness: a perspective of developing economies [J]. Cambridge review of international affairs, 2010, 23 (4): 609-622.

[332] SHORROCKS A. F. The class of additively decomposable inequality measures [J]. Econometrica, 1980, 48 (3): 613-625.

[333] SOLOW R. Technical change and the aggregate production function [J]. The review of economics and statistics, 1957, 39 (3): 312-320.

[334] SOLOW R. Intergenerational equity and exhaustible resources [J]. The review of economic studies, 1974 (41): 29-45.

[335] SOLOW R. An almost practical step toward sustainability [J]. Resources policy, 1993, 19 (3): 162-172.

[336] STIGLITZ J. Growth with Exhaustible Natural Resources: efficient and optimal growth paths [J]. The review of economic studies, 1974 (41): 123-137.

[337] STIGLITZ J. Some Lessons from the East Asian Miracle [J]. The world bank research observer, 1996, 11 (2): 151-177.

[338] SUNG M. J, PARK K. B. Effects of taxes and benefits on income distribution in Korea [J]. Review of income and wealth, 2011, 57 (2): 345-363.

[339] SWAN T. W. Economic growth and capital accumulation [J]. Economic record, 1956, 32 (2): 334-361.

[340] THOMAS V, Wang Y. Distortions, interventions, and productivity growth: is East Asia different? [J]. Economic development and cultural change, 1996, 44 (2): 265-288.

[341] TIAN X, Yu X. The enigmas of TFP in China: a meta-analysis [J]. China economic review, 2012, 23 (2): 396-414.

[342] TIEBOUT C. A pure theory of local expenditures [J]. Journal of political economy, 1956, 64 (5): 416-424.

[343] TIMMER M P, VAN ARK B. Capital formation and productivity growth in South Korea

and Taiwan: beating diminishing returns through realising the catch-up potential [C]. The 26th General Conference of The International Association for Research in Income and Wealth, Cracow, Poland, 2000.

[344] TINBERGEN J. Zur Theorie Der Langfristigen Wirtschaftsentwicklung [J]. Weltwirtschaftliches Archiv, 1942 (55): 511-549.

[345] VASILEV A. Progressive taxation and (in) stability in an endogenous growth model with human capital accumulation: the case of Bulgaria [J]. Journal of economics and econometrics, 2016, 59 (2): 1-15.

[346] WEIL D. Economic growth [M]. 2nd ed. New York: Addison Wesley Press, 2009.

[347] WEINGAST B R. Second generation fiscal federalism: the implications of fiscal incentives [J]. Journal of urban economics, 2009 (65): 279-293.

[348] WEINGAST B R. The Economic role of political institutions: market-preserving Federalism and economic development [J]. Journal of law, economics and organization, 1995 (11): 1-31.

[349] WOOLDRIDGE J. M. Control function methods in applied econometrics [J]. Journal of human resources, 2015, 50 (2): 420-445.

[350] WORLD BANK. The East Asian miracle: Economic growth and public policy [M]. Washington D. C: Oxford University Press, 1993.

[351] WORLD BANK. World Development Indicators 2010, available at http://data.worldbank.org/data-catalog/world-development-indicators/wdi-2010, 2010.

[352] WU H. Measuring productivity performance by industry in China, 1980-2005 [J]. International Productivity Monitor, 2007 (15): 55-74.

[353] WU H. Accounting for China's growth in 1952-2008: China's growth performance debate revisited with a newly constructed data set [R]. RIETI discussion papers, 2011, No. 11-E-003.

[354] WU H. China's growth and productivity performance debate revisited [C]//The Conference Board Economics Working Papers, 2014, No. 14-01.

[355] XIE D, ZOU H-F, DAVOODI H. Fiscal decentralization and economic growth in the United States [J]. Journal of urban economics, 1999, 45 (2): 228-239.

[356] XU C. The fundamental institutions of China's reforms and development [J]. Journal of economic literature, 2011, 49 (4): 1076-1151.

[357] XU Y. China's export-led growth strategy: An international comparison [J]. China & world economy, 2010, 18 (4): 18-33.

[358] YOUNG A. A tale of two cities: Factor accumulation and technical change in Hong

Kong and Singapore [J]. NBER macroeconomics annual, 1992 (7): 13-54.

[359] YOUNG A. Lessons from the East Asian Nics: A contrarian view [J]. European economic review, 1994, 38 (3): 964-973.

[360] YOUNG A. The tyranny of numbers: Confronting the statistical realities of the East Asian growth experience [J]. The quarterly journal of economics, 1995, 110 (3): 641-680.

[361] YOUNG A. Gold into base metals: productivity growth in the People's Republic of China during the reform period [J]. Journal of political economy, 2003, 111 (1): 220-1261.

[362] ZHANG L, CHEN Y, HE Z. The effect of investment tax incentives: evidence from China's value-added tax reform [J]. International tax and public finance, 2018, 25 (4): 913-945.

[363] ZHANG T, ZOU H. Fiscal decentralization, public spending and economic growth in China [J]. Journal of public economics, 1998, 67 (2): 221-240.

[364] ZHENG J, BIGSTEN A, HU A. Can China's growth be sustained? a productivity perspective [J]. World development, 2019, 37 (4): 874-888.